同一片风景 / 不同的视角和心境 / 会演绎出不同的故事

英国风物记

A Cultural Guide to the British

张讴 ◎ 著

北京·旅游教育出版社

目　录

第一辑　性情和爱好

聊天的意境……………………………………………………………008

英国人的性格…………………………………………………………011
冷漠　幽默　沉默

酒馆和酒文化…………………………………………………………021
酒馆和酒精　苏荷区的酒吧　品味威士忌　酗酒无解

寡淡菜肴和满桌礼仪…………………………………………………030
单调的食物　土豆　炸鱼薯条　餐桌礼仪

穿衣戴帽英伦风………………………………………………………040
英伦风　服装演变　帽子

家和后花园……………………………………………………………047
安家置业　后花园　壁炉　卫生间

乡村……………………………………………………………………055
住在乡村　乡村格局　农舍　乡野围栏　文学原乡　土地流转

花园天堂………………………………………………………………070
英式花园　弗吉尼亚·伍尔夫的私家花园　城市公园　国家公园

排队与规矩……………………………………………………………082

爱心善行………………………………………………………………085

中产者的活法…………………………………………………………088
性格和心理　品位和生活　阶层和焦虑

节日和节气·· 095

第二辑　社会与群体

议会和议员们·· 102
　辩论的意义　格局和传统　议员和责任

茶叶帝国·· 113
　初识茶叶　茶叶贸易　开发茶园　女性与饮茶　饮茶器具　英式茶文化

不一样的英国人··· 129

老移民与新移民··· 134
　老移民　新移民

岛国和欧陆··· 143

教堂风格和内饰艺术··· 148
　信仰与建筑　教堂艺术

老建筑是历史文脉·· 156
　老建筑的维护　伦敦法学院　历史文脉

淑女与绅士··· 166
　淑女　绅士

贵族们的蜕变·· 171
　世袭贵族　贵族与王室　家族财富与遗产税　政治影响力式微　终身贵族

欧陆游学·· 182

家庭教育·· 187

精英教育·· 191

第三辑　游走与凝视

湖区··· 198
　游走湖区　寻访华兹华斯　彼得兔妈妈的伊甸园

目 录

城堡探秘·· 210
　古堡是战略要塞　城堡内的生活　衰落与延续

庄园与遗产·· 219
　格局和生活　庄园管理　文化遗产

莎士比亚密码·· 227

哈德良长城·· 231

旧书店·· 234

墙上的名人牌·· 238

舰队街·· 242

老炮儿记者·· 247

革命小道·· 251

摄政运河·· 255

博物馆·· 258

纪念碑·· 265

行走伦敦·· 269

参考书目··· 274

后　记··· 276

第一辑

性情和爱好

英国风物记  A Cultural Guide to the British

聊天的意境

　　四月乍暖还寒，泡一杯英式红茶，用双手捂住杯壁，不浪费一丝热量，脸凑上去，奶茶热气扑过来，传递出温馨暖意。茶杯旁是司康饼，还有奶油和果酱。等到浑身发暖，便把司康饼从中间掰开，用餐刀在上面涂抹奶油和果酱。果酱不那么讲究，奶油一定是产自德文郡的凝脂奶油。这种奶油入口后有一种浓郁的香味，少了这种奶油，口腔里就少了一股馨香。几杯红茶过后，夏天就快来了。地心的热能顺着植物根须慢慢爬上来，与海洋飘来的冷气汇合后，化成雾气，湿得可以攥出水来。

　　岛国地处北纬49度至61度之间，具有温和湿润的海洋性气候。这种气候极易营造出迷离凄美的氛围。木围栏在雨水中变成灰黑，石墙上长满苔藓。人们早已习惯了这种天气。邻家老妇人把刚洗的衣服挂出来，不在意让雨水再淋浇一遍。快干透的衣服，有时突遭暴雨，也没有人出来收回家，而是等待太阳再把衣服晒干为止。漂浮的云朵证明这些生活逻辑的合理性，也让岛民对天气有了拟人化的描述。望着阴云密布的天气，有人会说："已经连着阴了好几天，它辜负了我们的一片好心。"或者说，"太阳一直想露脸呢，可惜云彩太厚了。谁也没有办法"。阴雨天里，偶尔也有片刻惊艳。这边小雨淅沥，远处却有阳光穿透雨幕，一束光照亮了教堂尖顶，又把一大片屋顶点亮。天空似乎开启了希望之门。我直到现在也没搞清楚，是基督教让民众习惯仰望天空，还是习惯仰望天空的民族，更容易接受基督教信仰。

第一辑　性情和爱好

夏日周末，人们都会根据天气预报安排活动，如草地野炊、山野健步。天气预报员在预报天气时，不敢使用任何形容词，只是根据云团走向，来做出大致推测。天气预报说，明天天气晴好，英国人也是将信将疑。他们知道阳光很难持续一天，总会有雨水参与他们的活动。雨下大了，他们就躲在一起避雨。偶尔会有人抱怨几句。这种抱怨是群体抱团取暖的方式。一次，我孤零零地站在一旁，有人调侃地向我打招呼，"还好吧，雨不算大！"我回答，"真是这样呢！"声音不高不低，宛若自言自语。谈论天气是两个人之间的"填充物"。两个人不再有距离感，至少起到"减震"效果，能平缓地切入任何话题。这种交流方式被称作"赞同定律"。表示赞同，双方就有了共同点，也就有了继续聊天的基础。接着无论谈什么，都会变得流畅。如果继续下雨，人们就开车回家，也是一副不气不恼的样子。

在夏日里，室内温度总比室外低两三度。老房子保温效果差，有的木门上还有投信口。这是不折不扣的风洞。一阵冷风窜进来，先在客厅里打

▼只要天气好，人们就出来晒太阳

旋，扑灭所有热气，然后慢慢匍匐进卧室里。室内潮气太重，桌子上的生日卡片都会变软，无法长久站立。我泡上一杯下午茶，茶杯上冒出丝丝热气，那是对温度的依依不舍。老人们依然在屋子里喝茶读书。多变的天气让英国人不相信环境，而是相信自己的内心，这让英国人具有极强的独立精神。

阴雨天的唯一好处是让我懂得了艳阳的珍贵。一道阳光都会让我怦然心跳，让我内心充满愉悦和活力。柔蓝衬托着轻盈白云，几朵云彩汇聚在一起，又悄悄散去，似乎被一种看不见的力量所操纵，留下深邃的蓝。花卉和绿草在阳光下变得张扬。习惯了阴沉天气的美女，赶紧减掉衣服，把心理承受底线一压再压，尽力多暴露出肌肤，干脆穿着内衣裤做日光浴，半个小时翻一次身，让阳光均匀地分配在她们身上，吸收光线里的生命能量。她们戴着墨镜，手里捧着一本旅游书，任思绪随着文字飘得很远。一年中，人们对明媚天气的记忆之深刻，犹如冰岛人记得火山喷发一样，在脑子里清晰如图画。

晴天落日又是一番绚烂景象。橘黄的阳光挂满林梢，在天边渲染出红云。红色双层巴士带着落日余晖满街奔跑。人们回到家里，吃完晚饭后去阳台透气，只见几颗亮星早已站好位置，一点点伸展光芒，扩大自己的领地，引出无数星星捍卫自己的存在。人间灯火繁华，开始了夜伦敦的喧闹。过了后半夜，如果恰好醒来，掀开窗帘，望一望窗外，马路上石子发着幽光，那是飘过的一阵细雨，已经为第二天早晨准备好了话题。

第一辑　**性情和爱好**

英国人的性格

初次接触英国人，你感受到的可能是冷漠。这种冷漠让交流变得寡淡无味。等到相识以后，你会发现他们的幽默特性。他们会利用各种机会来调侃，既能烘托气氛，又可以传递自己的看法。特别是在酒馆里，酒友们聊天，不时爆发出哄笑。在酒精刺激下，每个人的鼻头和脸颊都是红扑扑的。平常日子里，多数英国人习惯沉思默想。他们拿着一本书，一边阅读一边晒太阳，成了周围环境的一部分。

冷漠

英国人的冷漠，如同大海里的游鱼，用水隔开同类或其他生物。这泛着光泽的水代表距离，也是自己生命的依托。他们也有活鱼的表情，带有滑黏的无感，层次分明的僵硬。这种冷漠有时近乎傲慢，又似沉思中的忘我。只有眼珠一转，眉毛一挑，你才知道对方深藏想法，呈现给你的却是无害的淡然，也许是善意和真诚。

湿冷的岛国天气，加重了陌生人之间的疏离感，似乎每人身上都透着寒气。这是天生自带的防御系统。他们以自我为中心，对周围有一种超感应能力，疾走中也不会触碰到旁人。偶然挤在一起，会听到一连串"对不起"。其频率之高，如同花粉过敏者遇到花粉时的本能反应。如果你不小心踩到对方的脚，他也会忙不迭地道歉，甚至还没触碰到对方时，道歉声

英国风物记  A Cultural Guide to the British

已飘了过来。道歉是一种教养，一种礼仪。礼仪需要程式化动作和表述。这既是尊重对方，也是在保护自己。这通常伴随着一个程式化的微笑，既不虚伪，也非出自真心。

英国人的冷漠是分层次和地区的。伦敦通常是深冷。从伦敦往外的距离越远，冷漠程度就越低，甚至转化为和善友好。伦敦居民每天被外国游客挤撞和吵闹着。他们通常采取回避态度，竖起衣领，用手机挡住半张脸，围拢出一个私人空间。对于任何让他们尴尬的事情，他们都努力视而不见。如果不小心发生目光接触，他们脸上会泛起短暂微笑，心里想的是：好尴尬啊，向你微笑表示我看见你了，千万别过来啊。我真的不想和你说话。除了游客问路外，英国人不喜欢与陌生人搭腔。他们固执地认为，为陌生人指路不属于对话范畴。遇到不识趣者大声讲话或打电话，他们很少主动上来制止，而是用眼神或嘴角表达不满。这种冷漠是一种利器。对于他们不喜欢或厌恶的人或事，他们不会主动站出来品头论足，而是冷对和忽视他们。这种冷漠也有强悍的力量。

英国人不过分关注他人私事。冷漠是这种态度的妥善表达。虽然触碰隐私是英国社会的一大禁忌，但涉及隐私的八卦小报有着最高销量。这种

▼平日里冷漠的人在节日里也爱超级搞笑

第一辑 性情和爱好

社会禁忌与窥探心理，反映了文化的矛盾性。一对青年男女谈恋爱是隐私，订婚却是公开，甚至要登报声明。当新郎新娘进入新婚蜜月后，生活又变成了隐私。英国人一直游走在这种矛盾文化中。这种好奇与禁忌让他们在公共场合变得低调。这种低调与傲气融合后，便成了一副冷漠相或寡淡的客气。这自然也会影响了他们的表述。他们说感兴趣，可能是不想让你扫兴。他说有空时一起喝杯茶，如果没有提到具体时间和地点，也不必当真。一个英国人说"我们"时，未必是指本人所属阶层，而有可能是指其上面或下面的阶层。这可以尽情调侃或严厉批评"自己"："我们没有人拼命工作，都在装样子，显得很忙碌。这个国家毫无希望。"也有另一种情况，如果他说自己从事运输业，他可能只是个卡车司机。这并非出自虚荣，而是不想公开自己的真实身份。

英国人的脑子比欧洲大陆人多了一道弯，他们很少直接表达观点，而是善用明喻暗喻、甚至明褒暗贬的修辞方式。他们说话时，嘴巴开合很小，语调缓慢优雅，却有手术刀的锋利。英人的冷漠有时是以"好奇"面目示人的。1988年我在英国留学时，在假期里去酒馆做兼职。当时大陆留学生稀少。他们故作惊讶，或客客气气，眼神早已出卖了他们对"红色中国"的看法。我问："共产主义理论不是诞生在伦敦吗？"他们很夸张地明白了我的意思。在这种无聊的对话中，英国人依然十分礼貌，"请、谢谢、劳烦"的字眼不离嘴边，对我报以微笑。一旦转身，脸上的表情立刻松弛下来，仿佛内心与脸上的表情相互较劲，嘴唇竭力扭转脸上的轻蔑表情。无奈矫枉太过用力，让脸上的表情涌起几分滑稽。这种冷漠性格总让我联想到了多佛的白垩悬崖。英格兰海岸特有的白垩远看似坚固，实际上很松软，有点像皮肤病。我甚至从中闻到了一股消毒液的气味儿。

英国人的这种冷漠性格，既是文化基因的遗传，也有其历史原因。在中世纪，贵族们要把自家孩子送到另一个家庭里学习和生活。一位意大利人在15世纪末访问英格兰时，对这一习俗深感震惊："英国人缺乏亲情可以从他们对待孩子的方式上直接展现出来。无论男孩还是女孩，当他们在家里长到7岁，最高到9岁时，都要送到其他家庭里当仆童，他们要在那里生活7~9年。这被称为学徒期。很少有人在生下来后能够回避这一命运。"孩子们的孤独感如影随形,甚至伴其一生。到了维多利亚时期,男孩子不再去另一个家庭,而是进入寄宿学校。与父母长期分离的孩子,对父母的反哺之情也随之淡化,势必造成人际关系的冷漠。这种冷漠感让英国人有很强的克制力。在葬礼上,亲朋家人低头祈祷,默默抽泣,少有人号啕大哭。

英国牧师兼作家罗伯特·伯顿(Robert Burton,1577—1640)曾经研究了英国人冷漠忧郁的特质。他在其作品《忧郁的解剖》(*The Anatomy of Melancholy*)一书里开出了精神药方,却未奏效。直到维多利亚时代,岛国的生活变得富裕和优雅。英国人在增加体重的同时,脸上才堆出了层层笑意,其典型形象就是"约翰牛"。约翰牛与整个世界掰手腕,百年间独步天下,其他民族只有掌握了英语,才有与约翰牛交流的资格。约翰牛们去外国旅行,要住在讲英语的饭店,吃英式早餐和午茶。在看各种新闻时,只有涉及英国的新闻时,才会抬头关注一下。他们在旅游中搭乘交通工具时,也在报纸上做填字游戏,尽可能与国内生活保持一致。很少有人乐意学他国语言,更别提了解别国的习俗和体制了。这种傲慢如今让英国人陷入了无尽烦恼。他们最烦两个外国老乡在他们面前用本国语言交谈。这让他们气愤又无奈。他们只能把冷傲隐藏在礼貌背后,竖在汗毛孔内,对谈话充满警惕,甚至形成一种逼迫气场。

这种冷漠慎行被社会学家比喻为狐狸性格。狐狸对一切保持好奇心,却总压低视线,以怀疑态度审视一切,最后找到最有利于自己的解决方法。这确实与英国人的性格有些近似。他们敢于接纳和吸收相悖的观点,找出最简单易行的管控方式。英国诞生了世界上最早的火车、地铁和公路。经过探索和实践,他们把所有交通规则都简化成色线和图形标识,简单到仅靠大脑条件反射就能识别。这些色带和标识布满全国通道路的地方,没有一寸疏漏。这是法规和法网概念。无论是敬畏法律,还是出自内心,英国人都会遵从自己制定的法规。那脸上的高冷表情,也就成了维护国民价值观的坚硬外壳。

第一辑　**性情和爱好**

幽默

我在莱斯特大学留学的第一课，是老师介绍如何在当地生活和购物。老师说莱斯特市中心有个大菜市场，是西欧最大的露天菜市场之一，还用了好几个火辣的比喻，脸上带着诡异微笑。这让我们从心底里升起自豪感。虽说莱斯特大学在英国排名不高，但是有排名第一的菜市场，也很令人鼓舞和骄傲。我和几位同学下课后跑去看，顿时有些傻眼。菜市场面积只有篮球场大小。老师从"最好"里面分出来的"之一"，究竟算是老几呢？同学们面面相觑。20年后，我探访母校时又去了这个菜市场。它已经搭建起了顶棚，环境更干净。我想起了留学第一课。此情此景，我体会到当时老师是在调侃。那是毛茸茸的幽默，温暖着，又酸酸地刺痒着。

英国人爱幽默，也乐意与朋友分享幽默。语言幽默有思维方面的机智，也有语意双关的文字游戏。说话曲里拐弯，话音刚落，敏感者会立刻捕捉到言语里的精妙。反应迟钝者回过神来，也会心一笑。人心隔肚皮，却可以用话语挠对方的痒处。这种柔韧又睿智的调侃，是英国人特有的交流形式。用牛津大学人类学家罗宾·邓巴（Robin Dunbar）的话来说，这相当于猴子们相互梳理毛发。话语配合肢体动作和眼神交流，可以不断刺激大脑皮层，生出更多兴奋和乐趣。剧作

▲ "这样挺方便。"这是伦敦黑兹尔伍德雨伞专营店（Hazelwood House）的橱窗广告

015

家王尔德是幽默高手。他经常妙语连珠,转弯抹角地表达观点:"有些人一来大家就高兴,有些人一走大家就高兴。"简洁明了的句子里有大深意。

英国人心里有一个自我认可的标准。当这个标准被扭曲或受到戏谑时,他们的第一反应不是愤怒,而是感到好笑,心里便会冒个幽默泡泡。这个泡泡里包含着价值评价。有研究者将幽默分成"正幽默"和"冷幽默"两种。前者是用乐观态度笑谈人生,后者是用揶揄和自嘲来掩饰尴尬。英国人以"冷幽默"见长。这与英国人的冷漠性格简直是绝配。这里有一个经典段子:有一疯汉在伦敦交通要道演说,声言要烧掉白金汉宫,绞死首相。这立刻吸引了众多行人,一时交通大乱。警察急忙赶过来说:"各位注意,赞成绞死首相的站到那边,赞成烧掉白金汉宫的站这边。留出中间的路让行人通过!"众人大笑,随之散去。这个段子只适合英国人。

抖笑料是一种智慧,也是创意。我去北威尔士旅游时,看到贝茨柯依德(Betws-y-Coed)火车站出口有个指示牌。上面写着距离燕子瀑布(Swallow Falls)5千米。那是溪流汇成的微型瀑布,勉强算是当地八景之一,大部分英国人闻所未闻。当地人故意标出了它与世界著名瀑布的距离——距离世界上最大的尼亚加拉大瀑布7229千米,距离世界上最高的委内瑞拉天使瀑布10 161千米。这种小老鼠与大象比个头的倔强气势,让人哑然失笑。英国河水溪流多平静,在僻静处来一点浪漫描述,可以点燃游客的乐趣,非要去看一眼不可。这个创意广告为旅游景点加了高分。

英国并不总是美好,唯有自嘲可以彰显民族的乐观态度。英国Channel 4播出的喜剧《权力的猴戏》(Power Monkeys)有很高的收视率。每集约有三分之一的内容选自当天新闻,然后串联起观众感兴趣的事件,造成反差和夸张的喜剧效果。2016年6月的英国脱欧公投结果,引发了社群撕裂。这也成了《权力的猴戏》的戏谑内容。剧中有这样一句台词:"所以这就是公投,不知道将发生什么的人,向不知道正在发生什么的人提了一个无人知晓答案的问题。正是这样。啊,原来这就是民主。"这种幽默不是调和,不是妥协,而是一针见血的英式质问和嘲弄。英国喜剧最爱拿政治人物开玩笑。经典喜剧《是,大臣》(Yes Minister)通过喜剧情节和台词,揭开了政党体制和文官制的弊端和黑幕。这种嘲弄政治体制的做法,

第一辑　**性情和爱好**

看似自我贬低，却是英国人深层自信心的体现。

幽默不仅需要共同的文化心理和社会背景，还需要语境和环境，否则难以引起共鸣。英语中的同音词和多义词都是制造笑料的手段。英国人特别善于运用委婉说法（euphemism）来表达身体功能，自来水厂（waterworks）指泌尿系统，晃动的钻头（dangly bit）指阴茎。搞不清这些委婉说法，就会误认为双方在聊工程项目，毫无笑点。如果不知道一些典故出处，也会更让人不知所云。在一个喜剧节目中，一

▲ 布里斯托尔街道上的幽默画

位剧中人从窗户里探出头来，低声说自己正在"讨论乌干达事务"，观众一片爆笑。原来在1970年的一个伦敦媒体招待会上，一位乌干达政府内阁大臣与一位女记者性交时被当场发现。两人一边穿衣服一边声称在讨论乌干达事务。这一桃色事件被媒体披露后，成了一个经典笑料。

幽默当然也有很多禁忌，拿残障人的缺陷开玩笑就是一大忌讳。有些女性也不喜欢别人说自己形象差。瑞贝卡·阿德灵顿（Rebecca Adlington）是北京奥运会上的两枚游泳金牌得主。一位电视节目主持人说阿德灵顿的脸盘长得像饭勺，能减少水阻力。这引发了她和母亲的强烈不满。幽默是讨喜的方式。如果落入"必须幽默"的强制心理中，反而会弄巧成拙。

沉默

在大部分时间里，英国人都是在沉默。沉默是放空内心，沉浸在冥想当中，把自己幻想成了隐形人。哲学家罗素说："所谓幸福的生活，一定

英国风物记  A Cultural Guide to the British

是指安静的生活,缘由是只有在安静的气氛中,才能够产生真实的人生乐趣。"这种安静和沉默,可以制造内心的喜悦,而不是无聊和枯燥。英国人很享受这个过程。他们极少炫耀,也不爱吹嘘。他们把激动兴奋化为无动于衷,把传奇经历说得平淡无奇。听者需要懂得"平淡无奇"后面的深意。

沉默是礼仪的一部分。第4代切斯特菲尔德伯爵(Earl of Chesterfield, 1694—1773)在《教子书》(*Letters to His Son*)中告诫儿子:"永远不要显得比你周围人更聪明,更有学识。将你的学识像怀表一样,小心放进自己的衣袋里。不要轻易拿出来炫耀,不要故意让别人知道你也拥有它。"这是贵族的内心独白,也是贵族的做人准则。要懂得该闭嘴时闭嘴,自己不懂的东西不妄加评论。这种自审和谦逊往内心发展,就是理性中的沉默。有时沉默是一块磨刀石,让人的思考和洞察力更加锐利。

沉默可以分为不同级别。知识分子喜欢在沉默中思考人生。下层民众倾向于想入非非。英国多雾和湿气,容易唤起民众的古怪念头。暗夜中风吹草动,有人会说看到了中世纪骑士的影子。一个老教堂里漏雨,有人会说有少女在午夜抽泣。每当有鬼魂消息传出后,一张张苍白无力的脸,转瞬间像从烤箱里端出来的香肠一样,满血复活。他们相互招呼着,立刻开启"寻鬼之旅"。科学无法证实幽灵存在,也无法证实不存在。这就是他们热衷鬼故事的理由。我留学时也有类似经历。大学里有各种竞选活动,活跃分子经常把传单从门缝里塞进我的宿舍,期待我的投票。时间一长,我就感到有些厌烦。我想出一招,当小册子被塞进来时,我蹑手蹑脚走过去,猛然把小册子抽进来。外面的人看到小册子"自动"进了屋内,噌的一下子跑开了,边跑边喊,有鬼啊。我自己在屋里捂嘴偷笑。几次以后,我看到有学生在楼外指指点点。大概是在议论"闹鬼"的事。竞选时间过后,没有人再送传单了,这一恶作剧也就寿终正寝了。

在体会到人与人之间缺乏信任后,沉默就是最好的自我保护手段。固有的阶层意识让英国人倾向于警戒和寡言。沉默寡言背后,就是习惯开动脑筋进行推理和判断。福尔摩斯就是这样一位沉默寡言的大侦探。他话语不多,善于从对方的表情和言语中捕捉破案线索,通过蛛丝马迹寻找真

第一辑　性情和爱好

相。虽然福尔摩斯是小说中的虚构人物，却集中体现了英国人的侦探意识和推理爱好。沉默冷峻的福尔摩斯雕像就矗立在伦敦贝克街旁的地铁站。他的"住宅"门牌是在贝克街221B。1936年伦敦城市扩建时，设计者根据小说中的描述，把福尔摩斯的家安置在此处，里面摆放了19世纪的家具和侦探设备，简直就是福尔摩斯故居博物馆。

沉默隐含着复杂情感。压抑自我、为他人而牺牲自己、毫无怨言地接受命运，这些都是英国人的显著性格。女王伊丽莎白一世有句名言："我观看，而且我沉默。"这是一种慎思笃行的态度。当代君主有三项政治权利，即咨询、鼓励和警告。女王伊丽莎白二世为君主增加了第四项权利，这就是沉默和不公开表态的义务。电影《女王》（*The Queen*）讲述了黛安娜王妃意外死亡的故事，重点刻画了伊丽莎白二世的内心活动。女王说："现在的人们喜欢煽情和眼泪，华丽的表演。我不擅长这个，从不擅长。我习惯将感情深藏不露，不大惊小怪，不把喜怒哀乐都摆在脸上。责任第一，个

▼贝克街附近的福尔摩斯雕像

人第二,这就是我从小被灌输的理念,这就是我所知的一切。"这是英国正统的文化价值观。2005年7月伦敦遭遇恐怖袭击后,人们并没有惊慌失措,而是沉着冷静,按部就班地工作。

英国人喜欢安静的思考,一旦考虑成熟,就会付诸行动。这种性格塑造了英国社会的独特渐进模式。从社会中冒出来的新兴力量,总有些自恋和任性。如果受到传统势力的压制,就会变得坚硬锐利,必须摧毁掉对手。如果未受到传统势力的阻挠,那么新兴力量也懒得管它。这就是英国人的多面性。一个人习惯沉默,不喜欢讲话,他走上舞台后也可以侃侃而谈,妙语连珠;一个人可能不喜欢社交,遇到老朋友后,他们也许会站着聊上几个小时,也可能在谈完天气后,开始漫长的沉默。这种沉默不是负担,而是自在随意。沉默包裹着私人空间,这个私人空间大得出奇,里面装满各种想法。外人触碰不得,也难以猜测。对于英国人来说,那种沉默,不亚于满天的烟花。

第一辑　性情和爱好

酒馆和酒文化

英国男人多嗜酒。倘若路前面有一酒馆招牌，他便不能走直线了，脚尖会自动斜向酒馆。到了酒馆前，内心会挣扎一番，否则就会失去抵抗力，被黑洞洞的酒馆大门吸进去。若有人问路，他会下意识地把酒馆招牌当坐标，告诉行人该如何行走。酒馆沿街分布，一条三四百米长的街道，通常会有两三家酒馆。

酒馆和酒精

对于居家稍显局促的民众，酒馆算是自家的半个客厅。周末下班后，三五好友会约定一家酒馆，在里面喝酒聊天。他们最爱聊足球队的比赛表现。一位老者长得十分圆润，讲起话来手舞足蹈，如同一只圆肚大蜘蛛。听者表情丰富。在聊起足球教练中场换人是否得当时，争论随之而起。那热闹劲儿犹如几个约翰牛凑在了一起。约翰牛是英国人自嘲的胖老头形象，身上具有直率、滑稽和热情的性格。说话粗鲁者是真约翰牛，容易发怒者是成长期的约翰牛，不懂附庸风雅者是乡村约翰牛。争论累了，有人会站起来为大家买酒，提议碰杯，相当于握手言和。啤酒喝到一定程度，会对一切都满意。最后总会有人说："生活嘛，嗯，正常。"算是告一段落，然后醺醺然地走出酒馆。

酒馆的英文是"Public House"，简称"Pub"。8万多家酒馆遍布英国的城市和乡村。伦敦舰队街上的老酒馆 Ye Olde Cheshire Cheese 从 17 世纪开业一直经营到现在。酒馆入口位于巷内。走进小巷，右侧墙壁上有酒馆编年史和菜单，让你不由得产生一种虚幻，再次确认自己是否在跟着阿瑟·柯南·道尔的脚步，走进了同一家酒馆。这位侦探作家经常来这里喝酒。我推开陈旧的木门，里面有些昏暗。各种酒瓶在幽幽灯光下亮着边缘，不深不浅，恰好勾勒出黑暗的轮廓。更多光线尚未抵达粗大厚重的桌椅时，就被黑暗吸收掉了。酒馆里的灯光也故意调得有些朦胧，有助于酒客放松心情。语言学家塞缪尔·约翰逊博士在 1746 年搬到了附近的高夫广场（Gough Square）后，也经常来这里喝酒。他的名言流传至今："酒馆椅子就是人类幸福的王座。"

我在伦敦采访一位古建筑专家时，他特意把采访地点选在了酒馆。这是一个轻松的环境。我抵达酒馆时，这位老专家早已提前到达，且一杯啤酒已经下肚。我又要了两杯啤酒，一人一杯。我们进入话题很快，这位专家思路清晰，很快回答了我的两个问题。这时酒馆老板回来了。他和这位专家是老朋友，老板送来了两大杯啤酒。我酒量有限，就把我那杯啤酒转给了老专家。这显然是一个错误。这位老兄喝了三杯半后开始出汗，脸变得潮红。他不断重复着几句话，前言不搭后语，又过了一会儿，他低头不语，昏昏然睡去。老板走过来说："这位老兄喝高了。等他醒酒后，我会为他叫一辆出租车的。"我只好遗憾地离开了。这次不成功的采访也让我有了意外收获：采访的黄金时间是一杯酒下肚后，被采访者的思维最敏捷。如果还没有喝酒，对方会比较腼腆，问一句答一句。喝多了则滔滔不绝，思维已经飞出窗外，这就是酒文化

▲ 舰队街上最老的酒馆

第一辑　性情和爱好

的矛盾性。

英国最早的酒精饮料是麦芽酒（Ale）。麦芽酒用烘焙过的麦芽酿制而成。在 13 世纪以前，这种麦芽酒里还没有加入啤酒花。酿酒者在发酵过程中加入啤酒花后，造就了口味独特的麦芽啤酒。麦芽产生香甜味，啤酒花带来苦爽味和果香味，三种味道此消彼长，而且还延长了啤酒保存期。英国人对麦芽啤酒有一种原始而直接的爱。他们不需要任何佐餐，手里拿着一杯啤酒，可以站着聊上两三个小时。几乎每个男人都有醉酒的经历，而名人的嗜酒则流传成了故事。前首相丘吉尔就嗜酒成瘾，他 25 岁前往南非报道布尔战争时，就带了 40 瓶葡萄酒、18 瓶陈年威士忌。他吃饭时要喝香槟酒和麦芽啤酒。他喝威士忌要兑入苏打水，但比例很难掌握。有一次他大发雷霆，说威士忌太淡，简直就是漱口水。他喝白兰地时从不加水，认为加水就等于糟蹋白兰地。他说喝酒让他头脑更灵活，"我从酒中获得的东西，远多于酒带走的东西"。"二战"期间，他有一次喝醉了，一个重要会议只好从晚上 10 点推迟到了第二天凌晨 2 点。一位女议员劝丘吉尔少喝酒，以免误事。丘吉尔脖子一梗说："你说的对，女士，我确实喝醉了。第二天早晨我会清醒，而你还是那么丑。"酒陪伴着英国人，给他们灵感，缓解他们的紧张情绪，也不时给他们惹来麻烦。

酒馆大约在公元 560 年就出现了。酒馆都挂有招牌。老酒馆都标注创办年代。历史传说、宗教符号、家族纹章都可以构成酒馆招牌的元素。历史学家威廉·梅特兰（William Maitland, 1693—1757）在 1739 年撰写《伦敦史》时，统计出伦敦酒馆有 8000 多家，咖啡馆有 551 家。当时伦敦只有 50 万人口。两者有不同的服务对象，商人和知识分子喜欢去咖啡馆。酒馆提供的大都是质量难以保证的杜松子酒和白兰地。到了 19 世纪末，商人、作家和上流人士都有自己喜欢的咖啡馆，咖啡馆成了各种商业交易、写作和小众的聚集地，逐渐走向了封闭，甚至禁止非会员入内。大批有钱人陆续搬到郊区居住，咖啡馆的社交功能几乎完全丧失。这一功能被酒馆全盘接收了过来。咖啡馆变成了一种记忆、一段历史，甚至一个神话。这种神话氛围又丰富了酒馆内涵。

苏荷区的酒吧

除了大众化的酒馆外,城市里还有相对小众的酒吧(Bar)。英文"bar"原为"棒条"的意思。依照传统习俗,许多小酒店柜台前的脚下,都装置了一根铜条,以便顾客用一只脚踩上去,可以让身体更加放松自在。我曾经邀请朋友去酒吧,却被拦在了酒吧门外。门卫说:"抱歉,你不能进去。"我感到奇怪。对方解释说:"你穿着牛仔裤。这里禁止穿牛仔裤的人进去喝酒。"原来,不光是顾客选酒吧。酒吧也在按着自己的规矩挑选顾客。

唐人街附近的苏荷广场,在1680年前后曾是伦敦北界,再往北就是田野。贵族经常来这里狩猎。他们在狩猎时喜欢高喊"Soho(苏荷)"。这便是苏荷区名字的来历。一个世纪后,苏荷区纳入了伦敦市区。当时这里的街道污水横流,石块铺成的马路高低不平,车轮外缘是铁箍,与地面摩擦时发出刺耳的噪音。为了减少噪音,很多居民在靠近马路的窗外铺撒了麦秸。雨水浸泡的麦秸发出腐烂味道,街道污秽不堪。这里曾有"一平方英里之罪孽"的说法。19世纪以后,这里成了伦敦的娱乐中心。在迷宫似的街巷里,有剧院、红灯区、性商店和各类酒吧。很多人下班后都乐意来这里喝酒消遣。

伦敦苏荷区的酒吧颇有情调。外面有霓虹灯闪烁,酒吧里面有不锈钢支架的高脚凳。墙上悬挂着老照片,酒吧里弥漫着一股波西米亚气息。每个酒吧都有不同的消费群体,有的光线朦胧,有的安静优雅。进入酒吧后,就没有了性别、种族和社会地

▲一酒吧的墙上挂满了当地名人和风景照片

位的差异。无论是修理工还是哲学家,每个人在踏入酒吧前,就必须抱着一种平等心态。一个酒吧不仅仅是一堆酒杯和桌椅,也不仅仅是一群人凑在一起,而是一种环境与消费的集合。它背后是上百年凝聚起来的习俗和文化。

酒吧老板都殷勤好客。他们的聊天也是营销的一部分。其中很多老板都是话痨,不忙的时候会给你讲趣闻逸事。一位老板告诉我,16世纪以来,贵族和城市新贵都积极参加下院议员和地方议会选举,而且竞争越来越激烈。这种竞争并非完全基于政治观点的不同,而是家族之间的权势之争。在1784年的威斯敏斯特区地方选举时,无畏福克斯酒吧(The Intrepid Fox)的老板山姆·豪斯特别推崇辉格党竞选人查尔斯·福克斯。无奈福克斯的知名度不高。到了大选投票日,山姆·豪斯动员很多朋友和贵妇人来酒吧里喝酒,条件是必须为福克斯投票。查尔斯·福克斯是德文郡公爵夫人乔治亚娜·斯宾塞的远房侄子。乔治亚娜·斯宾塞也积极为福克斯拉票,以接吻换选票。她的优雅身段、漂亮容貌吸引了很多男人。查尔斯·福克斯靠此一招,赢得了足够多的选票,击败了对手。这成了英国早期民主选举的笑料。

卡尔·马克思、法国总统戴高乐都曾是苏荷区酒吧常客。1849年5~6月,马克思受到普鲁士当局和法国政府的驱逐,于8月下旬带着家人来到伦敦,起初住在迪恩街64号,1851年才搬到了迪恩街28号,一直住到1856年。他经常到附近的红狮酒吧(Red Lion)喝酒。1850年前后,很多从欧洲大陆来的共产党人,会前来拜访马克思。他们经常邀请马克思来这间酒吧聚会,探讨工人运动问题。他们的一举一动都受到了普鲁士特工的监视。普鲁士内政部曾向英国外交大臣帕默斯顿通报信息,说伦敦有一群共产党人计划行刺维多利亚女王。英国外交大臣对此却无动于衷。帕默斯顿说:"根据我们的法律,仅仅谈论弑君……不足以构成逮捕谋划者的理由。"

很多艺术家和文人都喜欢在这里的酒吧聚会。在特殊的氛围里,激情碰撞,灵光一闪,就会在酒单边缘写下一首名诗。菲茨罗伊酒吧(Fitzroy Tavern)位于夏洛特街与风车街交会处,从1920年到"二战"结束,这个

英国风物记  A Cultural Guide to the British

▲ 老酒馆内景

酒吧一直是伦敦知识分子和波西米亚艺术家的聚会地。威尔士女艺人尼娜·哈姆奈特（Nina Hamnet）与老乡狄兰·托马斯（Dylan Thomas, 1914—1953）在这里喝酒聊天。狄兰·托马斯写出了《不要温和地走进那个良宵》："不要温和地走进那个良宵，老年应当在日暮时燃烧咆哮；怒斥，怒斥光明的遁逃。"诗人用诗歌鼓励父亲与疾病抗争，写出了人生豁达和顽强。阿盖尔街上的阿盖尔纹章酒吧（Argyll Arms）是作家乔治·奥威尔经常光顾的地方。他在这里撰写了多篇文章，其中一篇就是批评英国广播公司记者不信任下层民众。

老康普顿街（Old Compton Street）有多家酒吧、餐馆和咖啡馆。这里的夜晚灯火通明。很多人在附近剧场看完戏后，意犹未尽，来这里喝一杯。1871年，法国象征派诗人保尔·魏尔伦（Paul Verlaine, 1844—1896）与阿尔蒂尔·兰波（Arthur Rimbaud, 1854—1891）从巴黎来到伦敦。伦敦有宽松自由的创作环境，但是气候却让他们难以适应。兰波曾经抱怨伦敦泥泞，雾气沉沉，他把伦敦形容为"黢黑如乌鸦，吵闹如鸭子"。酒吧里除了提供啤酒外，还有威士忌、白兰地、朗姆酒、伏特加和杜松子酒。很多小商贩私自酿制杜松子酒。兰波抱怨说，酒吧里的杜松子酒如"下水道里的浓缩污水"。

随着网络销售的增加，民众减少了去酒吧的次数。有些酒吧已经难以维持，伦敦为此出台了保护性法规。新法规允许社区民众把自己喜欢的酒吧和酒馆，选定为"有价值的社区财产"。这可以保护酒吧和酒馆免遭拆除。英国酒吧和酒馆在世界上是独一无二的，是非常传统的存在。它们也是社区文化的重要组成部分。

第一辑　**性情和爱好**

品味威士忌

我在苏格兰采访时，经常到酒馆里就餐。苏格兰的酒吧显得古朴厚重。灰泥墙上挂着红铜器皿和酒具，有的还有鹿角和鹿头装饰。厚重的橡木桌椅边缘被摩挲得锃光瓦亮。我经常看到很多酒客穿着方格裙走了进来，估计是刚参加完婚礼或某项重要活动。方格裙在英语中叫"Kilts"，完全没有"裙子"的意思。方格裙用宽皮带系牢，腰带前面挂一皮质腰包，上身穿着背心和花呢夹克。这种方格呢图案多达上千种，有的以姓氏命名，有的以家族命名。不同部族都有属于自己的专属方格图案。方格裙、威士忌和风笛是苏格兰的三大文化遗产。苏格兰酒馆里，威士忌多达上百种，是当地人最爱的酒精饮料。

只要喝上一口威士忌，苏格兰人脸上的表情就变得丰富起来，体内的血液加速流动。苏格兰人称自己"Scots"，苏格兰酿制的威士忌称统称"Scotch"。这是专属苏格兰威士忌的名字。苏格兰人的经商天赋极高，爱丁堡城堡附近有威士忌品尝中心，里面展示了苏格兰各地酿制的威士忌。专家们会告诉你如何品尝威士忌、果香味和烟熏味威士忌的不同酿制过程。体验者通过品尝，会选出自己喜欢的威士忌口味。喝过几次后，就会爱上威士忌。

威士忌酒的起源存在争议。爱尔兰人和苏格兰人都相信威士忌是从生命之水（拉丁语称为"aqua vitae"）演变而来。双方言之凿凿，都认为生命之水是自己首创。苏格兰学者认为，威士忌是从本地的驱寒药水发展而来。威士忌在苏格兰拼写为"whisky"，在爱尔兰则拼写为"whiskey"。无论是谁先发明的威士忌，其时间先后不过是一个"e"字母的差异，而且发音都一样。

苏格兰的旅游线路中，都包括参观威士忌厂。这也是苏格兰人的营销策略。大麦芽要用当地产的泥煤（Peat）慢火熏焙，这种独特的烟熏味会渗入威士忌里。酿酒人把粉碎的大麦芽放入不锈钢容器中加温水搅拌，被溶解的淀粉转化为糖分，然后在过滤出的浆液里加入活酵母进行发酵，使麦浆中的糖分转化成酒精。不同酵母和用量会让威士忌的口味不同，每个

英国风物记  A Cultural Guide to the British

▲ 酿造威士忌的车间

厂家都有秘不外传的独门绝技。最后一道工序是通过蒸馏产生新酒。新酒都用橡木桶贮存。橡木的芳香渗入威士忌中，会增加威士忌的醇香味道。橡木桶有透气性，一年会蒸发掉 2%~3%。苏格兰人称此为天使份额（Angel's Share），意思是被那些看不见的天使们悄悄喝掉了。

威士忌存放 3 年以后，便会变成琥珀色，存放时间越长，色泽越深。最优质的成品酒都要存放 15~20 年。储存时间超过 20 年后，威士忌的质量会下降。我在威士忌厂里品尝了单芽威士忌。品酒师把威士忌浇在冰块上，形成了琥珀色液体，引出威士忌潜藏的橡木香气。我轻轻饮上一口，口腔里有一种烟味的醇香，慢慢地，劲道的热流弥漫全身。

酗酒无解

英国的饮酒者逐年增多，且呈低龄化趋势，这与欧洲大陆的情况正好相反。政府部门统计，英国成年男性每年喝掉相当于 11.4 升的纯酒精。换算下来，这等于喝掉了 180 瓶葡萄酒，或 1137 品脱啤酒。人醉酒后就会失去自控力。平时礼貌、含蓄和内敛的人，顷刻就变得丑陋、粗鲁和暴力。金发女郎衣服裸露地醉倒在马路上。男人大声喊叫，当众撒尿，似乎受了天大委屈，要借醉酒发泄出来。根据政府卫生部门的测算，酗酒每年让政府付出巨大的财政支出，包括医疗费、误工、警察额外出警费和清理费。每年有 12.5 万年轻人因酗酒造成身体损伤。每年与酗酒有关的暴力事件和驾车事故多达 100 万起。

第一辑　性情和爱好

英国没有法国或意大利式的咖啡馆，民众通常去酒馆喝酒聊天，把喝酒当成缓解工作压力或自我治疗社交焦虑症的手段。一位英国人说，他与朋友聊天时，如果不拿上一杯酒，心里特别不踏实，也聊不过瘾。酒杯成了他交流的重要道具。很多人知道自己醉后撒酒疯，又禁不住酒的诱惑，便选择廉价航班，飞到葡萄牙或布拉格的酒馆，那里的酒比英国便宜很多，且无人认识自己，完全可以放松下来。一个英国人独处时会比较安静，有一定自控力。一旦成群结队，每个人都变得有恃无恐，甚至充满暴力倾向。他们在午夜里拿着酒瓶沿街叫嚷，让当地居民不得安宁。英国人酗酒闹事，已经成了欧洲一大公害，让英国驻当地的使领馆疲于应对。他们也成了盗窃团伙的下手目标，盗贼经常趁他们醉酒时，拿走他们的钱包、护照，甚至衣服。

政府采取过加税措施，出台过限制酒馆营业时间的法规，甚至还限制外卖酒精饮料的数量，都没有收到很好的效果，反而引发了酿酒业和酒馆的抱怨。在20世纪80年代，撒切尔夫人领导的保守党政府，打破了啤酒酿造商对酒馆的垄断，允许物业公司加入进来。这增加了酒馆之间的竞争，也带来了混乱。很多独立公司把盈利放在第一位，他们有权决定销售哪些品牌的啤酒，有权提高酒馆租金。这类公司没有酒馆与酿造商的密切联系。当酒馆不能带来利润后，他们就会将其开发成住宅或超市。这对酒馆经营带来了消极影响。

自1188年亨利二世推行啤酒税至今，啤酒税一直是政府的重要税收。目前酒类税收每年高达70亿英镑。英国每年要拿出20多亿英镑，用于治疗与酗酒有关的疾病。何为酗酒？几个人在一起喝酒，喝多少才算适量？这很难有统一标准。专业机构对酗酒的定义也各不相同。国际酒精饮料政策中心（ICAP）提供的信息显示：在瑞典，一次喝半瓶酒精饮料或两瓶葡萄酒算是酗酒。在芬兰，一次喝六瓶以上啤酒才算酗酒。对酗酒的认识不一致，让英国酗酒问题至今无解。英国人酗酒的界定标准大概是这样：饮酒者喝到舌头发直，吐字不清。仔细辨别，才听清楚是在说："几点啦？再来一杯，伙计。"

英国风物记  A Cultural Guide to the British

寡淡菜肴和满桌礼仪

留学期间，我的导师请我吃饭。这是我第一次吃英式正餐。主餐是煮鸡仔。在富有情调的烛光下，我试图用餐刀和餐叉把鸡撕开，却插不进去，稍一用力，鸡仔竟滑出了盘子，让我好不尴尬。鸡肉有些硬，味道寡淡。导师说，英国人把身体当成了机器，吃饭就是为机器加注燃料。他用餐叉指着那只煮鸡仔说，这是固体燃料，能量不低，对肠胃磨损可能有点儿大。导师做了一个撇嘴的表情，那嘴角分明带着微笑和满足。

单调的食物

在英国工作期间，我经常驱车前往各地采访。加油站是我休息和就餐的地点。每个加油站都有餐厅和小超市。所有食品都是千篇一律的快餐。这里通常十分安静、服务快捷。墙壁上有咖啡、汉堡包和香肠的照片，提醒人们简单食物也能提供足够营养。这是一个没有选择的环境。一个简便的汉堡包，搭配一小碗蔬菜沙拉，外加一杯红茶，就是一顿标准的英式快餐。这种快餐果腹尚可，绝对说不上好吃。我问一位货车司机，这里的快餐如何。他答非所问："在这个地方休息一会儿，上个厕所，还不错。"看着他艰难下咽的样子，我没好意思再追问下去。

加油站设在城市之间，周围是空旷的田野和呼啸而过的汽车。我意识到，当单调的环境让人没有更多食物选择时，盘子里的食物就多了些滋味。这正是英国人对待饭菜的文化心理。在这里就餐的人很少抱怨快餐不好吃，也无人关注他人的感受。同车的人围坐在餐桌前，强化了人与食物的直接联系。我看到人们选择最多的是三明治。这可能是英国人最喜欢的快餐。其做法也很简单，两片白面包夹生菜叶、西红柿片，上面挤上沙拉酱或奶黄酱，再放上熏咸肉、鲔鱼片等，拼摆好后对角切开，用牙签固定好就可以吃了。这个名字源自英国第四代三明治伯爵（4th Earl of Sandwich）。这位伯爵迷恋牌桌，就发明了这种吃法，省去用刀叉进食的烦琐程序。

英国媒体人深知国民对烹饪不感兴趣，甚至不了解欧洲大陆的寻常食物。他们在愚人节经常发布关于食物的虚假消息，让国民屡屡上当。1957年，英国广播公司的《全景》（Panorama）栏目拍摄了一个虚假故事，讲的是瑞士面条喜获丰收。那些面条都是在拍摄前煮熟的，然后挂在树枝上。镜头里只有瑞士农夫把面条从树上摘下来，放在太阳下晾晒。身穿节日盛装的瑞士人满脸喜悦。当时有 800 万电视观众收看了这个节目。大部分观众相信面条就长在树上。其他媒体也跟着起哄，宣称只要去欧洲大陆买回这种面条，插在面条酱罐头里，面条就会在里面扎根，然后会长成面条树。见多识广的知识分子笑而不语，也不戳穿这个恶作剧，让快乐延续了很长一段时间。观众知道自己上当后，也跟着快乐了一阵子。

岛国的土地还算肥沃，可以生长出精妙语言和缜密思维，却难以出产香料和丰富蔬菜，只生长土豆、胡萝卜、燕麦和牧草。超市里的根茎菜多于绿叶菜。食材的贫乏必然会拖累烹饪技能和创意。英国小说和戏剧中有大段的人物心理活动描写，却鲜有赞美英国烹饪的段落。这绝不意味着英国作家不会赞赏美食。19 世纪散文家查尔斯·兰姆（Charles Lamb）对广东烤乳猪有这样的描绘："天下有哪种美味比得上烤乳猪的脆皮儿。它是烤工在极佳火候下用绝妙娴熟技艺精制而成，一咬即碎、稍抿便化、香酥爽口、金黄娇嫩。看它烤着的样儿——那么温驯地接受着炙烤，仿佛不是什么火辣的燥热，而是清爽可人的温煦。它又是怎样围着那吊杆稳稳地转着！此刻它已经烤好了，恰到好处。看它在幼小的年纪是多么出奇得敏感——双眼哭得通红——像果冻——像流星——再看它在盘子里的样儿，神态多么安详！难道你愿意看到这小天真将来变得粗鄙难驯。它完全有可能长成一个贪吃、懒惰、执拗、可憎的家伙——完全沉溺于肮脏勾当中难以自拔——可它现在已被从这罪孽渊薮中拯救了出来——它在记忆中总是那么芳馥可爱。它会在一位考究美食家的真正识货的高雅胃口里，找到它自己的理想归宿。"这种灵感迸溅的描述，证明英国作家对美食既不缺乏想象力，也不吝啬使用动人词汇。

与丰富的思想文化相比，英国的食物确实太过单调。根据达尔文的进化理论，这大概导致了他们舌头上味蕾数目不断减少。这又反过来制约了他们创造美食的欲望。人的口味定型于童年时代。小时候吃到的那个味道，就是家乡味道和贴心食物，所以他们从不抱怨。妈妈们力求把简单的食物做好做精，比如煮鸡蛋，每家厨房里都有鸡蛋托，有煮蛋计时器，甚至还有专门为鸡蛋编织的保温线帽。空荡荡的餐桌上站着几枚戴帽子的白鸡蛋，等待主人剥开后放入嘴里，颇有英式情调。这让英国文学家难以有垂涎欲滴的描述和想象空间。

食谱简单的族群通常注重精神愉悦。清教徒思想是英国文化中的一股潜流。他们认为贪食是精神上的堕落，沉迷于美食会让人有一种罪恶感，是最不可原谅的生活方式。简单食物才是上帝赞赏的食物。在"二战"结束后的10年里，英国人都处在节衣缩食中。我的英国房东回忆战后生活时说，每个家庭都有一个食物配给本。家庭成员的食品都是定量供应。孩子把胡萝卜当糖果吃。每家都不敢多煮一勺饭。家里煮过蔬菜的水不会倒掉，在里面加入醋、糖浆、蔗糖、蜜枣、西红柿酱和香料后，就是万能的高汤，可以搭配粗面包吃。当时最好吃的甜点是用土豆泥加上猪油、砂糖、干果和面粉烤制而成。这种甜点只能放在嘴里慢慢咀嚼，生怕一下子吞到肚子里，让嘴里失去了甜味儿。战后的贫苦环境，强化了清教徒的传统思想，即食物不属于感官愉悦，而是身体需要。

当今英国人家庭的主要食谱，基本是在19世纪晚期确立下来的。这些食谱都收集在了比顿夫人（Mrs Beeton）于1861年出版的《家政管理手册》（*Mrs Beeton's Household Management*）里。早餐是牛奶泡燕麦片和干果，烤面包片配果酱和黄油，还有煎蛋、火腿、烤蘑菇、烤西红柿、烤血肠等，最后是水果和果汁，也有开罐即食的番茄汁焗豆。每家的早餐都是以上内容的简化版。午餐相对简单，都是在街边快餐店里买个三明治，外加一杯红茶和一小盒沙拉。晚餐是正餐，程序略微复杂。第一道菜通常是蘑菇汤之类的。主妇把汤中的菜叶打碎，搅拌成糊状，再加入其他佐料。汤羹爽滑，菜味浓郁。第二道菜是烤肉，一般是牛排或羊排，配菜为土豆泥，煮红萝卜、豆角或菜花。

说英国人食物不丰富，未免有失公允。英国人喜欢吃的食物都十分丰盛。超市里的奶制品多达上百种，仅牛奶就有十多种，有脱脂奶、半脱脂奶、全脂奶、豆奶、山羊奶、香蕉味牛奶等。英国人爱吃的沙拉也十分丰富，有鸡蛋沙拉、火腿沙拉、金枪鱼沙拉、鸡肉沙拉、虾肉沙拉。面包也有二十多种，有黑面包、粗粮面包、果仁面包等。英国人对面包十分讲究。我参观简·奥斯丁故居时，看到她家的院子里有一烤面包房。厨师先要用柴火烧热石板，然后把炭灰清到两侧，再把面包放进去，用炭灰的温度烤熟面包，外侧还可以烤馅饼。面包烤熟后，余热还用来烘干水果或融化油脂。

除了快餐外，英国也有个性强烈的食物。一个是苏格兰的羊杂碎小肚（Haggis），另一个是黏稠的马麦酱（Marmite）。马麦酱是由酿酒时提取的酵母秘制而成，其他成分包括盐、香料、芹菜、叶酸、维生素 B12 等。马麦酱通

▲英国食品节上销量最大的是奶酪

常涂抹在吐司上食用，挖一勺放入开水中就成了英式靓汤。我在超市里买了一瓶，回家后尝了一点。整个人瞬间晕眩了，那味道又咸又涩，仿佛是快熬干的中药汤，不小心又把一盐罐打翻在里面。它成功地搞乱了我的味蕾。这肯定不是我一个人的感受。《卫报》《太阳报》和《每日电讯报》都宣称马麦酱有驱蚊效果。马麦酱的广告词都这样说：爱它或者恨它（Love it or Hate it）。对我来说，马麦酱简直就是生化武器，我可以用它来对付入室盗贼。我用马麦酱汁泼他、溅他，让盗贼暂时窒息或晕厥。它的厉害名声早已远播欧洲大陆，丹麦等国对销售马麦酱有严格规定。这是担心它有损健康？还是有难以启齿的原因？

很多英国人坚信，马麦酱是富含叶酸和多种维生素的最佳佐餐。很多人爱它到疯狂，吃吐司时须臾离不开它。估计它像老北京的豆汁儿一样，喜欢的人真是爱好这一口。我不知道英国人牙齿不好，是否与吃马麦酱有关，还是饮用水中含氟量高的缘故。反正英国人牙齿差在欧洲十分有名。大部分英国人的牙齿发黄。生活水平越低，牙齿越不健康。那牙齿如同墓园里东倒西歪的破石碑一样，似乎还有洪水浸泡过的痕迹。一位英国牙医说，英国水中含氟量确实高。英国牙医人数与患者比例严重失调。病人预约看牙疾，往往需要等上几个月的时间。

英国美食实在不多，厨房用具却一样不少。墙壁上挂满不同造型的杯子和厨房用具，装饰性大于实用性。英国人就讲究这种视觉感受。爱吃喝的君主也是如此。御膳房里挂满了各种铜质炊具，锃光瓦亮，却没有留下一道美食。值得欣慰的是，这些厨房和餐桌上的各种金属器皿，最早也是体育比赛冠军的奖品。这是英国人的又一大发明。水罐演绎成了奖杯。银盘刻上冠军名字，便成了奖盘。这一传统被西方体育比赛广泛采用，可谓无心栽柳柳成行。这是英国餐饮业对世界体育比赛的一大贡献。

土豆

土豆是英国人最常吃的食物。超市里的土豆有十多种。这些来自英国不同地区的土豆，大小不等，口感有细微差异，可以做出不同的主食。每种土豆的包装上都印有土豆食谱和最佳烹饪方式。通常是烤土豆、白水煮土豆。烤土豆的英文名字是"Jacket Potato"，意为"夹克衫土豆"，外面的土豆皮焦黄，如同穿着牛皮夹克衫的胖小子。在烤土豆之前，用牙签在洗净的土豆上扎几个小眼，烤制时不易爆皮。把烤熟的土豆切开，加入碎奶酪，奶酪即刻融化，渗透土豆里面，立刻飘出一股奶酪香。把煮熟的土

第一辑　**性情和爱好**

豆捣成泥，拌入黄油和盐，再加入一点牛奶，也是一道主食。炸土豆条有多种吃法，可以蘸番茄酱，可以配蟹肉沙拉，也可以淋上醋和细盐，或撒上碎奶酪、浇上肉汁等。每一种都会吃出不同的味道。有健康营养专家说，蒸土豆最为健康，还可以保留食物的原味。

▲ 土豆牛肉餐

　　土豆是英国人的主要食粮，每年人均消费56千克。土豆来自南美洲安第斯山区，哥伦布发现新大陆以后，将土豆带回本国和葡萄牙种植。伊丽莎白一世统治时期，探险家沃尔特·雷利爵士（Sir Walter Raleigh）获得女王钦准，前往北美大陆探险。雷利爵士是一位远见卓识的海洋战略家。他最早提出了海洋战略构想："谁控制了海洋，谁就控制了贸易；谁控制了世界贸易，谁就控制了世界的财富，最后也就控制了世界。"雷利爵士从美洲带回了大量土豆，最先栽种在他在爱尔兰的庄园里。当年就获得了好收成。土豆先后进入爱尔兰和英格兰，如同找到了失散多年的母亲，扎在泥土里不肯出来，而且果实累累，从泥土里挖出的土豆多汁且脆，煮熟后却多了几分软糯。

　　爱尔兰人起初并不喜欢土豆。英语中的"小土豆（small potatoes）"是指那些无足轻重的小人物。爱尔兰土地贫瘠，却特别适合这种来自异域的作物，收成比小麦和大麦高出许多。土豆在爱尔兰迅速普及。土豆种植之前，爱尔兰青年结婚需要攒钱买地，以维持家庭口粮和生计，这一过程痛苦而漫长。土豆产量高，缩短了攒钱周期，变相降低了婚育年龄，进而带来了爱尔兰人口的高出生率，也提升了爱尔兰人对土豆的依赖。1845年，一种引发土豆枯萎病的真菌爆发，使土豆变黑枯死。这造成了爱尔兰大饥荒，爱尔兰人被迫移民北美洲。美国人口统计数字显示，从土豆饥荒开始的1845—1854年，大约有200多万人移民美国，约占爱尔兰全国人口的 1/4。

英格兰人在 18 世纪开始广泛食用土豆。半斤新鲜土豆可以维持一位成年人一昼夜所需维生素。种植土豆极其简单，不需要大量劳动力，而且易于保存和运输。这就为工业革命提供了充足劳动力和食物能源。到了 19 世纪中叶，土豆在英国烹饪中开始占据了突出地位。比顿夫人在《家政管理手册》中列出了英国人最喜欢的两个菜谱，一个是油煎土豆卷心菜，即把卷心菜和土豆放在开水中煮熟，捞出后与炖熟的牛肉放在一起炒。另一个是烤牛肉配菠菜和烤土豆。

土豆的大面积种植，也刺激了养猪业。英国有养猪的传统。猪一般都在固定区域内散养。到了秋天，山毛榉和橡树的果实散落到地上，成了猪的美食。猪血与燕麦或大麦粉混合后，再加上香料，就是传统美食黑布丁。到了 15 世纪末，新航路把羊毛交易中心从地中海转移到大西洋沿岸，英国正处在新航运的中心线上，羊毛出口和毛纺织业兴旺发达。农场地主开始圈占耕地，把农田改造成牧场，羊提供羊毛和羊肉。这使得猪的地位一落千丈。

当土豆成为主要农作物后，养猪又逐渐流行起来。土豆收获后，猪被驱赶到农田里，用鼻子拱翻土地，寻找遗漏的土豆，既解决了喂养，又翻松了土地。由猪肉制作的培根和香肠，是英国人最喜爱的食物。香肠或烤肉，搭配上清水煮菜花或烤土豆，再浇上牛肉汁，可以说是英国餐桌上的绝配。土豆让英国人度过了"二战"后的食物短缺期。民众对土豆又多了一份情感。在出售土豆的摊位上，都特意强调"英国产土豆"。这是品质的象征，里面也包含着信任和情感。

炸鱼薯条

土豆在欧洲各国有不同的名字，形象又有趣，如地豆、地苹果、地梨、荷兰薯、爱尔兰豆薯等。这与土豆的来源、性味和形状有关。英国人称其为 potato，译为土豆或马铃薯。马铃薯是它在全世界的通用名字。炸鱼薯条（Fish & Chips）是英国的传统快餐。无刺的海鱼片裹上面糊后，放入油锅里炸,形成了酥脆的外壳,鱼肉鲜嫩不腻。配上一包炸薯条,再往鱼和薯条上洒上麦芽醋、细盐,吃起来口感更佳。有的店家还配有豌豆泥、小黄瓜、洋葱圈等。

▲ 炸鱼薯条趁热吃,味道绝佳

英国人是真爱这一口儿。如果换成清蒸鱼或海鲜炖豆腐,英国人未必会喜欢。

居住在西欧的犹太人大约在16世纪把炸鱼技术带到了英格兰。当时交通不便,炸鱼只在沿海城镇流行。铁路运输在19世纪中期兴起,新鲜海鱼可以当日运到各大城市里。拖网捕鱼技术的进步,使得海鱼价格大幅降低,为炸鱼提供了充足原料。英国当时已经盛产土豆。油炸薯条的技术从法国传入英格兰。英国人把炸鱼和炸薯条结合在了一起。距离曼彻斯特东北7英里处的小镇奥德姆,有一家开办于1860年的炸鱼薯条店(Levers Fish and Chip Shop),被列为英格兰最早的炸鱼薯条店之一。几乎在稍晚时候,一位叫约瑟夫·马林(Joseph Malin)的犹太人在伦敦推出了首家炸鱼薯条店。19世纪末,炸鱼薯条在伦敦和东南部英格兰已经流行起来。

英国在1913年成立了炸鱼薯条联合会,并制定出行业标准和规范烹饪技术。炸鱼要首选北海鳕鱼,还有黑线鳕、绿青鳕、鲽鱼。作为辅料的面糊搭配也很讲究。一般是用水、面、发酵粉搅拌成面糊。有的店家在面糊里加入醋或啤酒,可以让面糊产生气泡。炸出来的鱼外焦里嫩、香脆不腻。薯条要采用国产土豆。炸出的薯条通体金黄,咬下去香软醇糯。炸油每天必须更换。换下来的油通常制成生物燃油。每年英国人要消费超过3亿份炸鱼薯条。英国现有8500家专营店,一些海鲜餐厅也出售炸鱼薯条。

炸鱼薯条最早是用旧报纸包裹,旧报纸既隔热又吸油。为了食品卫生,旧报纸已被禁止使用,一般采用食品包装纸、纸盒和塑料袋。很多店

英国风物记  A Cultural Guide to the British

家在包装外面印上标题新闻，看上去像旧报纸，让人有一种怀旧感。

餐桌礼仪

英国的餐桌礼仪远比食物更讲究。英国人花费在餐桌礼仪上的时间，远高于烹饪食物的时间。英国人开始用餐时，就会变得安静起来，似乎有什么难言之隐。尽量控制嘴巴不出声，眼睛里多了一丝警戒，希望别人不要看到自己嘴巴上的面包渣或饭粒。尽管食物单调，他们绝少浪费。许多基督教家庭在饭前有祷告习惯，感谢上帝赐予的一餐一饭。他们会把剩下的饭菜收集起来，投喂过往的飞禽野鸟。

礼仪说到底都是一种受约束的行为。虽然未必发自内心，却是行为准则。英国人实际上更注重"吃相"。餐桌前的坐姿、咀嚼方式，能够反映一个人是否懂得礼仪。公司或中介公司考察一个人是否懂礼仪，往往要看其在餐桌前的表现。在中世纪，牛津大学万灵学院在审核奖学金候选人资格时，其中遴选条件之一就是让候选人在不知情的情况下，在餐桌上吃芦笋、葡萄、水果馅饼，同时要看他们如何处理盘子里的馅饼渣。一个人是否贪婪自私，是否懂礼貌，是否有社交能力或思考能力，都可以通过吃相表现出来。在重视传统的百姓家里，吃饭也有很多规矩：吃饭时要端坐，嘴里有食物时不能说话，不能大声咀嚼。手指沾上油腻时，不能放到嘴里吸吮；后背不要碰到椅子上，必须坐直；无论糕点多么松脆易碎，也不要低头在盘子里吃，要轻轻把食物送入嘴中；唯一例外是喝汤。喝汤时可以轻轻把头低下，但要避免发出吸溜声。"请"和"谢谢"是餐桌上使用频率很高的词汇。孩子让母亲盛饭时，要说"请"。儿女为父母递过餐刀时，父母也要说"谢谢"。

在餐馆就餐时，食客不会大声招呼服务员，而是举手或注视服务员。当目光相遇时，服务员自然会走过来，低声交流几句，接着是点菜和酒水。上菜时，盘子里的食物并不多，慢慢咀嚼有助于品味食物的味道。取食物时，左手持餐叉，右手握餐刀。在使用餐叉时，总是叉背朝上，即使吃豌豆一类的食物，也不会把餐叉翻过来当铲子用。在吃土豆或牛排时，左手用餐叉固定食物，右手握刀轻轻切割。切下一小块后，用餐叉插住食物，送进嘴里，闭嘴咀嚼。若举杯喝酒时，刀叉要交叉放于食盘下半部。刀在下，刀刃朝内。叉在上，叉齿朝下。就餐完毕，刀叉并排放于食盘中间，顺便还要赞美几句。

高档餐馆的环境也是餐饮文化的一部分。里面光线幽暗，典雅的餐桌上铺着熨烫平整的白色桌布，酒杯透亮无瑕。在点菜时，侍者先要问"忌口"问题：对哪种食物过敏？是否能吃带面筋或乳糖的食物？是否是素食者？是纯素食还是半素食？这种高档餐馆讲究氛围。餐桌上刀叉列阵，盘子亮眼、餐巾平整。上菜慢是刻意而为之，让客人把心思放在吃饭上。盘子里的美食很少，空白处摆放着娇艳欲滴的菜叶。每道菜都单独端上来，保证了菜肴味道的独立性。每吃一道菜都要换一套餐具，刀叉交错，银光闪闪，如同微型演武场。最后对饭菜表示满意，也是不可缺少的环节。

礼仪是一个人精神和道德品质的组成部分。不同性格的人，对礼仪也有各种理解。面对美食，一位意大利人可能会兴奋地手舞足蹈。英国人则会微笑着说，"真好"！英国人性格内敛含蓄，他们很少使用形容词的比较级，很少用"非常（very）"。我当年留学时曾在餐馆打工，领教过英国食客的保留性陈述（understatement）。如果不喜欢端上来的饭菜，英国人很少吵嚷抗议，只是象征性地吃几口。等到侍者过来时，他们会以退为进地抱怨几句，先道歉，似乎是对自己的无知表示歉意，然后说出自己对饭菜的看法。如果不认同侍者的解释，也很少争辩，只是不再与对方有任何目光交流，以免暴露出自己的真实态度。我曾经问过一位食客，如果食物不对自己的口味，又不抱怨，是否是丧失了自己的消费权益。对方肯定地说，不会。吃饭如同交朋友，人一生能有几位交心朋友呢。

英国风物记  A Cultural Guide to the British

穿衣戴帽英伦风

穿衣戴帽是身体需要，如何穿衣戴帽则是社会和审美需要。这也是礼仪的一部分。英国人穿衣打扮有自己的一套标准：英国人喜欢本国的老品牌，但是他们对品味的重视，又胜于品牌。与腔调和体态动作一样，穿衣戴帽体现了一个人的性情和教养，也是一个人的性格外化。

英伦风

英式服装总给人高端低调、内敛庄重的印象，以男装最为突出。青年人的防水猎装、中年人的褐色与绿色花纹编织羊毛服装、老年人的灰色和墨蓝色条纹呢子服装，都是典型的英式服装。在萧瑟风雨中，他们外面穿上风衣，收紧袖口和腰带，再打上一把长柄黑伞，对身体和心理起到双重保护作用。

在休闲时光里，人们的着装随性自然，衣饰搭配有不落俗的随意。青年女性是纤弱温婉与野性张力并存。她们多穿休闲棉质上衣搭配合身长裤，风衣搭配牛仔裤，还有松垮系结的围巾，稍带凌乱的头发，混搭之下是无法模仿的精致。中年女性中肥胖者众多，富有弹力的衣衫裹着滚圆的身体。这让她们在造型上空怀一腔热情。女性到了老年后才显露丰韵和优雅。无论是穿长裙，还是简洁的上衣与长裤搭配，都有一种毫不费力的韵味和气质。男性的服装相对单调。男子衬衣下摆放在裤子外面，更便于活动。从年龄上看，男青年喜欢穿套头外衣，带帽子的外衣，中产男士喜欢穿粗呢外套、高领毛衣。上流人士更为低调，领带以沉稳的素色或小花格图案为主。到了冬天，男女的装束趋于一致，外面加上毛衣或呢子大衣。北部居民喜欢穿羽绒服或保暖夹克衫。

在极其传统又隆重的场合，那种夸张的穿戴风格才会出现。法官在法庭上戴一片只盖住头顶的短假发。大法官穿着马裤、紧身上衣、银扣长筒靴，戴长可及肩的假发。剑桥学生在接受学位证书时穿长袍礼服，戴学位帽。绅士们参加赛马活动时，要戴圆顶礼帽。乡绅们在传统节日中，喜欢穿缀满螺钿图案的服装。议会上院的贵族服装更是一片绚烂。不同爵位的贵族议员都有不同的着装规定。他们身穿深红色的丝绒长袍，帽子上缝镶的貂皮数量，以及金环和银环的装饰，都与爵位级别有关。这些服装色彩之丰富，只有伦敦卡姆敦商业街（Camden Hight Street）的服饰能与之匹敌。

卡姆敦商业街是伦敦的前卫时尚圈，购物者多是身穿奇装异服的青年人。这是年轻人对传统审美意识的反叛。他们喜欢多元化、独创性的服装。有的在鼻子上穿个圆环，在嘴唇或舌头上钉上一个铆钉。女子穿着低腰裤、露着肚脐。黑色短皮夹克上钉着闪亮的钉子，头发染成五颜六色。那些带有金属装饰、磨损撕烂的衣服，看似颠覆传统，却有工业社会的遗风。20世纪60年代，摇滚音乐给时装带来了新元素，出现了迷你裙、波西米亚风格、嬉皮风格的时装。青年人的特立独行、愤世嫉俗，引发了一波又一波的时装潮，颠覆了伦敦优雅高贵的审美观。

在激进前卫的服装革新中，复古时装也是一大热点，避免了社会走向极端。流行款式是时尚，老款服装是曾经的时尚。时尚界几乎是十年一变，经典服装的基本元素会永远保持。这恰好印证了佰宝莉（Burberry）的广告语，"生活中的好东西永远不会改变"。这些基本元素早已渗透进消费者的心理。设计师抓住了社会的脉动，了解了消费者的心理，所推出的服装才会受到业界和消费者认可。

服装演变

在过去1000年里，英国服装经历了巨大变化。中世纪以前，衣服颜色

英国风物记  A Cultural Guide to the British

多为灰色和淡黄色，这是因为衣服材料主要是羊毛。羊毛需要经过清洗、梳理和纺织，衣服由乡村妇女缝制。从历史图片上看，乡村男人穿的是紧身裤和束腰外衣，女性则是长袍。在下雨天，农民还戴上兜帽，这种兜帽两侧可以垂到肩膀上，并像围巾那样在脖颈上缠绕一圈。衣服洗涤并不常进行。肥皂是用动物脂肪和草木灰混合而成，储存的牛尿也有除垢功能。

贵族服装的颜色相对丰富些。从历史资料看，贵族男子穿紧身裤和内套服，外套长袍是用彩色布料剪裁或拼合而成。女子穿高领、长袖的素色长袍，与修女服有些近似。衣服的材质是细亚麻和棉布，上面绣着图案，主要色彩有灰、白、黑、红。过去的染色工艺费时耗力。靛蓝取自桂竹香，红色取自茜草，橘黄色取自藏红花，黑色取自核桃壳泡醋。颜色深浅是由染料液的浓度和浸泡时间决定。浸染之后，还需要一种定色剂把颜色固定在织物上。不同的颜色进行配比后，还可以获得另一种颜色。染色服装只有贵族能够穿得起。

在十字军东征的200年间，东方纺织品让西方骑士和贵族大开眼界。地毯、丝绸、天鹅绒、织锦、薄纱巾等，开始进入西方贵族家庭。东方的天文学和医学知识、阿拉伯马、印度发明的数字，也陆续进入西方社会，带动了西方的科学思考和技术发展。商业和贸易活动逐渐活跃。妻子与丈夫合开酒吧。餐馆和面包店也变得流行起来。到了13世纪末，英格兰已经有200多个城镇。

从都铎时代开始，社会财富快速积累。贵族服饰变得丰富起来，衣服上绣有图案，甚至镶嵌有宝

▲ 贵族女性出席不同的活动，都要穿特定的服装

石。根据当时的习俗，处女允许展示丰满的乳房。已婚女子的服装则相对保守，从脖子到脚踝都需要遮盖。已婚妇女的裙子多为束腰、裙摆用鲸鱼骨架或铁丝圈撑开。由于长裙拖地，鞋子不是特别讲究。贵族女人佩戴下垂饰品，让身材显得挺拔。年老的贵族妇女开始戴假头套。这些妇女年老色衰，头发稀疏。在参加社交活动时，她们通常戴假发套和化妆，来显示自己相貌依然姣好。

在伊丽莎白一世时期，男性服装变得有些夸张。为了让男士的上半身看上去壮硕，裁缝在衣袖和马裤夹层中塞入羊毛。贵族男子戴着丝绒或丝绸帽子，脚穿皮鞋。绅士们身穿宽大斗篷，戴海狸皮帽（beaver hat）、有羽毛装饰的苏格兰男式无边呢帽（bonnet）。帽子上通常镶缀着一粒半宝石。从16世纪的油画上看，贵族男子的脖子有十分夸张的装饰，那是用白布叠成的轮状褶裥领，配有蕾丝边。据说这种装饰在社交场合吃饭时也不能摘下，需要用特制的长勺来进食。女性的装束主要凸显身材的自然匀称，不再严格束腰。衣袖也由原来的褶皱饰边变为自然宽松。当时卫生状况极差，有钱妇女还会在腰间系一个香囊，主要是掩盖街道上的恶臭气味。人们不能经常洗澡，身体气味很大，衣服内有跳蚤和虱子。

清教徒运动兴起后，又把英国人的服装打回原形。克伦威尔处决英王查理一世后，制定了严格的清教戒律，在礼拜天禁止进行娱乐或体育比赛，各行业都要歇业。这逐渐形成了一种传统。清教徒崇尚简朴生活。黑色、灰色和浅黄色开始流行。羊毛织物取代了天鹅绒，细亚麻布领口和袖口上不再绣上任何装饰。家庭妇女则穿一种白色围裙，如同挤奶女工的服装。中上层社会变得谨言慎行。他们的生活质量并未降低，而且比以前更加讲究。查理二世（1660—1685）即位后，清冷的社会风气逐渐转暖。国王喜欢头发飘逸的古代骑士形象。为了迎合国王的喜好，许多在清教运动中剃掉头发的人，在觐见国王时不得不戴上假发套。由此成就了假发产业。高档假发套皆由女性头发制成，富有光泽和弹性。低档假发套用的是死者的头发。在查理二世复辟时期，伦敦的很多男性喜欢穿女式服装。很多男士戴着假发，脸上贴着彩片，穿着肥大的宫廷礼裤，身上喷着香水，如同彩色柱子一样绚丽。

英国风物记　　A Cultural Guide to the British

从 17 世纪末到 18 世纪末，贵族妇女喜欢穿由裙环撑开的裙子（The hoop petticoat）。这种裙子价格不菲、穿上后行动不便。这种穿衣方式一直延续到了维多利亚时代。爱尔兰作家奥利佛·戈德史密斯（Oliver Goldsmith，1728—1774）在《中国人信札》（The Citizen of the World）里，假借中国学者李安济的旅英观察，评论了这种夸张的服装：欧洲人总是嘲笑中国女子裹小脚，其实她们的长裙不一样可笑吗？她们走路拖着大幅布料，进退不便，转身更费力。好像一条受了刺激的鳄鱼，要慢慢把尾巴掉过来，绕个大大的圈儿。这个时期被称为"快乐的英格兰"。一切有助于快乐的事情，才具有真正价值。女性手提包在 18 世纪最后 10 年才问世，这后来成了女性外出的标配装饰。

从维多利亚后期开始，社会开始追求艺术文化的内涵和精致的生活品味。着装从外在奢华转向注重内在气质。简洁、实用而又不失风度的着装风格逐渐流行。当时只有量身定制的服装才能做到线条流畅和贴身。萨维尔街的裁缝店开始获得王室认可与惠顾，后来的英国贵族和绅士们也都到这儿来定做服装。当时伦敦城市上空弥漫着灰尘，男士们喜欢深色服装，这有助于保持整洁的外观。爱德华七世登基后，典型的英式晚装、西服套装、狩猎外套和礼服基本确立下来。爱德华七世在穿西装时，习惯敞开最下面一颗纽扣，这如今已经成了穿西装的规矩。爱德华七世去世后，他的儿子乔治五世继任。乔治五世注重社会道德，生活简朴。第一次世界大战爆发后，国王下令禁止舞会和奢华的社交活动，把两个王子送到军中服役。在乔治五世的影响下，节俭、勤勉、自强和善良成为主流社会的价值观。

英国服装业在 19 世纪后期有了个性和驰名品牌。胜家牌（singer）缝纫机在 1851 年问世后，提高了服装缝制和创新能力。1879 年，英国裁缝师托马斯·佰宝莉（Thomas Burberry）受牧羊人的麻质罩衫启发，研制出了斜纹防水面料，即嘎巴甸（Gabardine）。纱线经过防水处理后，织出的布料具有挡雨和透气的特点。这种布料做成的军大衣在 1914 年的南非布尔战役中经受了考验。英国探险家欧内斯特·沙克尔顿（Ernest Shackleton）在 20 世纪初期曾三次去南极探险，每次都穿着佰宝莉服装。这种军衣在"二战"中成了英军的标配。巴伯尔（Barbour）在 1894 年开始生产野外防水外套。英式服装是按着英国人身材、脸型和气质设计出来的，也是在经历长期探索后才找到的最佳剪裁风格，衬托出了英国人的气质和性格。

帽子

在大雨天，如果一位衣着讲究的人一手打着雨伞，一手提着大盒子疾步，那个人十有八九不是去参加生日宴会，盒子里装的不是蛋糕，而是自己心爱的帽子。在隆重场合，帽子是重要装饰。帽子代表了一个人的审美。在某种程度上，不用看人的谈吐，只需远远望一眼帽子，就能判断这个人的品位和修养。

英国人讲究穿衣戴帽。帽子是服饰的重要部分。男人看到女士就要脱帽、躬身致意，女性则屈膝回应。脱帽本来是古代士兵的礼仪，戴着头盔的士兵相互致意时，都要摘下铁质遮面罩。当盔甲不再使用后，男人通过摘礼帽来表示问候和致意。在悼念亡者时，脱帽致意是重要的礼仪形式。绅士呢帽（Fedora）上有纵向折痕。这是为了方便脱帽而设计的。与男性帽子相比，女性帽子款式更多。从散步扁帽、大沿礼帽，再到挡风帽，每位女性都有几顶帽子。贝雷帽（Beret）造型简洁，保暖性好。它是由古罗马人带到了英国，是历史最悠久的帽子。针织毛线帽（Beanies）在冬天十分流行，保暖且适合运动。女性在夏天喜欢戴平顶藤编草帽（Boater）。这种草帽遮阳透气，上面插一两朵花，随意中透出工整。渔夫帽（Bucket Hat）可以遮阳挡雨，收纳方便。现在是用重磅帆布制成，同时增加防雨蜡质，男女都适合。

帽子制作工艺不复杂，却比服装更难制作，因为帽子不仅要与身材合比

▲ 用鲜花装饰的帽子

例，还要有丰富的想象空间。一根从帽檐伸出的羽毛，会让女性显得妩媚灵动。一顶合适的帽子，可以让男性身材显得高大挺拔。帽子形状和创意空间具有无限性。贵族和社会名流都去帽子定制店，根据自己的身材和年龄"量头定做"。坐落在圣詹姆斯街上的洛克制帽店，每年销售四五千顶帽子。这家百年老店由詹姆斯·洛克（James Lock）创立于1676年，是英国最古老的帽子专营店。每年圣诞节过后到来年的5月份，是帽店生意最好的时节。店铺要为6月份举行的英国皇家赛马会（Royal Ascot）赶制帽子。这项兴起于贵族的娱乐活动，都必须正装出席。女人们穿上各种花色的裙子，挖空心思搏出位，戴上稀奇古怪的帽子，化身赛帽选手。所有帽子都有亮点，让性感女神们多了几分妖娆。

帽子的风格和设计，与国民生活水平相辅相成。当大英帝国进入全盛期时，男人的大礼帽增高了几寸，故意衬托出英国人的自信和傲慢。生活富足让整个社会渴望新的生活方式，也对礼仪、服饰和装饰有了新要求。身穿黑西装，头戴圆顶礼帽，手执雨伞，成了绅士们的典型装束。英国的第一款圆顶硬质礼帽诞生在1849年。第二代莱斯特伯爵的弟弟爱德华·科克（Edward Coke）要求伦敦帽店设计一款骑士帽。此前的大礼帽（Top Hat）不适合马背上的骑士，也容易碰到低矮树枝。包勒兄弟（Thomas and William Bowler）经过多次试验，最后采用坚固轻便的硬毡，制作出了这款圆顶礼帽。科克来到店铺后，把帽子放到地上，用脚使劲踩了两次，他对帽子的轻便和硬度都感到满意，并支付了12先令。此后，这款帽子逐渐在贵族和中产群体中流行起来，成了英国绅士的标配。

社会和心理的微妙变化也可以从帽子上反映出来。到了20世纪末，这种圆顶礼帽逐渐被淘汰，民众更喜欢潇洒自然的服饰风格，让微风吹拂其精心修剪的头发。这种装扮从此开始流行。依然保持传统的是王室、贵族和社会名流，他们出席重要活动时照例戴着圆顶礼帽。2008年金融危机爆发后，英国人感受到了经济上的寒冷和心理冲击。街道上戴圆顶礼帽的行人逐渐多了起来。这可能是对上个世纪的怀念，或许是礼帽能够带来心理上的安慰。

第一辑　性情和爱好

家和后花园

冬日天短，到了下午三点钟，伦敦的天就黑了下来。街道上行人不多。下午五点钟是交通高峰期。居民的窗户在五点以后逐渐亮起来，为冬日增加了暖意和温情。人们在自家"城堡"里忙碌或休息。门槛就成了边界。若有朋友邀请你去家里做客，那是对你的真正信任。当你敲门时，主人会为你开门，这道门不会全开。主人一只手扶门，示意你进来。主人先关上门后，才是寒暄和礼节。

安家置业

伦敦民居分为三大类，一类是独立别墅。这类房屋个性突出，前有小庭院和停车位，后面有大花园或小球场。二类是楼房。这都是近20年兴建的。三类是联排房。两户人家中间用短墙或木栏隔离，后面有个小花园。英国工业革命后期，城市人口猛增。议会在1911年通过了《住房法案》（Housing Act）。该法案确立了由国家拨款资助建房的方案。从1911—1939年，全国建造了500万套房屋。联排房的居室结构基本相同，有三个卧室、一个客厅、一个厨房和卫生间。"二战"结束后，中央和地方议会联手出台法规，鼓励开发商造房，解决住房短缺问题。大部分居民仍旧住在联排房里。

英国拥有私有住房的家庭在西欧国家名列前茅。这与英国法律注重保

英国风物记  A Cultural Guide to the British

▲ "二战"后兴建的联排房

护私有财产有关。早期法律倾向于保护有产者。1671 年的狩猎法令规定，自有土地的年收入 100 镑者和持有公簿土地年收入 150 镑者，才有资格进行狩猎活动。1832 年以前，无财富者无投票权。辉格党在 1832 年促成了英国第一次议会投票权改革。根据改革法案，一人拥有年值 10 镑的房产，或家产保证其每年缴纳 40 先令地税者，才享有选举权。虽然这一条款已经废弃，民众的私有财产意识丝毫没有淡化。他们把居所视为"城堡"，乐意在家里花上很多时间。每年春暖花开后，家人都会油漆门窗、修补篱笆。他们的进展速度很慢，似乎在一边干，一边享受阳光的温暖。等到没有阳光时，人也不见了。我家的邻居修理屋顶时，他有一大半时间是站着琢磨。遇到下雨时，就用塑料布把屋顶罩上，似乎永远也修不完。也许是慢工出细活吧，也许是享受这一过程。

在伦敦租房或购房都要涉及很多法律问题，通常都要经过房屋中介。购房者或租赁者还要实地考察：首先要了解居住的群体；小区是否脏乱；花园是否经常修剪；汽车是否干净。这些都与居民素质密切相关。其次要选择不同时段，看进出社区的人们是否有礼貌，衣服是否干净得体。老酒鬼和游手好闲者，通常在晚上六点以后开始活跃。酗酒闹事和制造各种噪音，最令居民难以忍受。对于上班族和有孩子的家庭来说，还要看交通和学区情况。交通便利可以节约时间成本。伦敦交通与房价高低有密切关系。根据中介的介绍，地铁通勤时间每减少 5~10 分钟，平均房价就会高出约 5 万英镑。

房产是资产保值的手段。如果在一个地方生活超过三年，买房远比租房更合算。这也是英国人乐意购房的原因，况且首次购房在价格和贷款上有很多优惠。中产家庭通常有两套住房，市内有一套较小住房，便于上下班。城郊或乡村有一套宽敞住房。政府通过税收来调控房屋买卖，房价高，印花税就高。继承房产也要缴纳遗产税，起征点为 32.5 万英镑，夫妻两人继承房产的起征点为 65 万英镑，税率均为 40%。随着房价走高，很多家庭的房产价值早已超过了 32.5 万英镑的纳税门槛。调整遗产税起征点的呼声也越来越高。如果自家房子出租，还需要交租金收入税。英国人不热衷投资多套房地产，主要是纳税过高的缘故。

政府有"无家可归者收容计划"，没有住房的家庭会被政府安置在临时居所里。他们一般要等上一到三年，才能得到政府的廉租房。很多人也能获得优先照顾。我曾经报道过这样一则新闻：伦敦一名高中女生成了单身妈妈，她利用这种特殊身份向政府申请住房。不到半年时间，她就住进了伦敦郊区的一套联排房。一楼的客厅、餐厅和厨房加起来有 36 平方米，楼上有两个卧室和一个卫生间，她住得理直气壮。作为未婚妈妈，她完全靠政府救济生活，每月能领到 1126 英镑救济金，其中包括房租、婴儿福利等。

后花园

房前屋后的小花园，是英国联排房最值得称道的设计，也是我们窥看居民生活态度的窗口。英国前首相格莱斯顿说："观望伦敦的最好办法是从公交车顶层往下看。"这样可以看到各家精心布置的小花园。花园的面积多在 10~20 平方米，用木板或绿色植物与邻居隔开，具有半私密性。

到了夏天，青藤植物爬满隔板。房屋前后的篱笆墙等同于城堡壕沟。关上大门，相当于拉起了吊桥。打开房门进入室内，或者推开后门走进后花园，就进入了私人空间。他们把后花园视为私密空间的延伸。英国人常说，后花园里有家庭生活的一半秘密，每个家庭对自家花园都充满感情。几乎每家的花园里都有几株玫瑰。玫瑰具有预知天气变化的能力。如果未来几天会有寒流，其他花卉按着时间兀自绽放，玫瑰却裹紧花蕾。寒流过后，其他花朵被摧残得七零八落，玫瑰花朵才慢慢绽开。尽管边缘有些受损，花心依然炽烈，与主人的心情相呼应。有调查显示，45%的女性在周末会修整自己的后花园，浇花除草，施肥打理，让绿草和花卉掩盖住每一寸裸露的泥土。周末去教堂的人数不足12%。由此看出后花园在一个家庭里的地位。

一道篱笆隔开了两家的后花园。如果篱笆破损了，谁来负责维修呢？英国有一种约定俗成的方式，每家只负责右侧篱笆。如果左侧篱笆坏了，又搞不清楚是如何坏掉的。那么左侧邻居会掏钱修理。如果公共下水道堵塞了，水管工会前来修理。如果水管工认为这是共同责任，相邻几家都要分摊账单。这是维持良好关系的前提。生活需要规则和默契。一道篱笆把自家与外界隔离开来。这种篱笆不高不矮，人站在旁边可以与邻居聊天，躺在垫子上可以仰视天空。这个小环境不是与世隔绝，而是保持着刚刚好的距离。

壁炉

在莱斯特大学读书时，我常去学校附近的一间酒馆，就是为了在壁炉旁坐一会儿，让热力驱走我衣服上的湿气，有时候还会喝上一杯淡啤酒。这成了我难忘的记忆。很多年后，我读到叶芝名诗《当你老了》。我眼前浮现出了那个壁炉，想象着火苗映衬在叶芝的瞳孔里，灼烤心里的怅然，对生命归隐的依恋。这强化了我对壁炉的温暖记忆，心里总是暖烘烘的。

一次去朴次茅斯市采访，我顺便参观了狄更斯故居。里面的家居是维多利亚时期的，未必都是狄更斯使用过的物件。唯有壁炉是当年的遗物。铸铁内壁已被熏黑，外面有黑框装饰。壁炉上面有拱形装饰。狄更斯当年

第一辑　性情和爱好

就坐在壁炉旁，一边喝茶，一边构思小说情节和人物。我后来参观了多个贵族庄园，也见识了贵族家的各式壁炉。有的用大理石雕出花纹装饰和神话人物，有的采用厚重的铸铁框架，外侧搭配着青花瓷砖，成了具有实用功能的室内艺术品。

▲贵族家的书房壁炉

　　壁炉是从烧火取暖做饭演绎出来的。在撒克逊时代，民居结构简朴，类似于单一圆形谷仓。居民在屋中央垒一灶台，用火镰石点燃一缕亚麻，轻轻吹气，火苗蹿起，点燃柴火。灶火周围垒着石块，屋顶开有天窗，用长绳控制天窗角度，用于排烟换气。这种茅草房舍的最大缺陷是易失火。国王阿尔弗雷德（871—899 在位）颁布了宵禁令，每天晚上实施宵禁令时，每家都要用一块泥草皮盖住炭火，或者熄灭。这是"宵禁"的最初含义。

　　真正意义上的壁炉出现在诺曼王朝。公元 1066 年，征服者威廉入侵英格兰后，也带来了城堡建造工艺。城堡墙壁和底层是石头，第二层是木地板。为了防止引发火灾，屋中间的灶台挪到石墙边。壁炉和石墙的结合可谓妙趣天成。石头具有吸热强，散热慢的特点。壁炉既能提供热量，也可以烧热石头，把热能传递到隔壁房间。墙壁上垒起烟道，形似拱璧，直通屋顶，与建筑顶部的柱形烟囱衔接起来。这成了英国传统民居的景观。

　　灶火位置变更后，家具摆放也随之变化。原来倚靠墙壁的桌子和长凳，挪到了屋子中间。家具功能开始细化，逐渐有了固定餐桌和书桌。凳子上安装了靠背和扶手。壁炉的结构和样式也在演进。12 世纪末，壁炉增加了石瓦和陶板遮罩，有效地控制了木柴燃烧速度，同时还可以把火种保存下来。15 世纪，壁炉不再承担烧烤煮饭功能。厨房已经成为整体建筑的一部分。卧室和书房内也增加了壁炉。英国政府曾一度征收过壁炉税（Hearth Tax），按壁炉数量收税。纳税官需要入室统计。这侵犯了居民的隐私权，让贵族们愤怒。壁炉税于 1689 年废除。

壁炉文化也逐渐形成。到了万圣节，每家都要点燃壁炉，祈福辟邪。孩子们在炉火上烤西红柿和苹果，听家长讲鬼故事。特别是当家长讲到无头骑士夜里去教堂寻找自己头颅时，惊得孩子们尖叫起来。在圣诞之夜，孩子们总要等待圣诞老人从壁炉烟囱送来礼物。当孩子们熬不住沉沉睡去后，家长把礼物放进长袜，挂在壁炉旁的圣诞树上。第二天早上必有惊喜的尖叫声。晚饭后，家人们坐在壁炉旁聊天，火舌舔着木柴，不时发出噼啪炸响声，平添了生活乐趣。细心的主妇还会通过壁炉火焰来预测明日天气。室外温度和气压变化，都会影响到火苗形状和颜色。火焰苍白或炉灰结块，预示着会有大雨。火苗忽高忽低，烟道里发出嗡响，就是暴风雨来临的前兆。

冬天刚刚结束，街道上就出现了打扫烟囱的穷孩子，年龄在 5~10 岁，因为过了 10 岁后，孩子体型变大，就钻不进烟囱了。诗人威廉·布莱克描述了扫烟囱儿童的悲惨遭遇："我当时还喊不清'扫呀扫'，我就扫你们家的烟囱，裹着煤屑睡觉。"英国有很多描写他们艰难生活的作品。在伦敦的布鲁斯伯里区，圣乔治教堂也被称"扫烟囱儿童的教堂"。每年圣诞节，这个教堂都要向一百名扫烟囱的儿童提供免费圣诞餐。1875 年，儿童扫烟囱才被法律禁止。

英国工业革命后期，城市人口暴增，政府资助建起了成片联排房。当时居民在冬天需要烧柴取暖。这在伦敦造成了严重空气污染。房顶上积着厚厚的烟尘，空气中充满着呛人气味。1952 年 12 月的伦敦雾霾，导致上千人窒息后死亡。这与大量使用壁炉有关。政府曾下大力气改造壁炉，效果依然不佳。英国北海发现油气田后，为居民燃料结构更替起到了关键作用。电暖和燃气完全取代了煤炭，天空逐渐恢复了晴朗透明。

现在的雾气是潮湿环境和天气所致，已经与家庭壁炉无关。新建的多层楼房不再有壁炉位置，老房子里的壁炉更多是摆设。壁炉里面放着一台电暖器，装饰着颜色跳跃的红黄彩灯，模拟火苗的样子。这可以满足人们的怀旧情绪。在英国人眼里，壁炉始终是营造家庭氛围的必要装饰。有了一个壁炉造型，心里也会多一点温暖。

卫生间

英国人的家里舒适干净、整洁有序。家里最干净的地方是厨房和卫生间。吃喝拉撒是基本的生理需求。吃喝是公开的，拉撒是隐私行为。孩子的独立意识就是从自己擦屁股开始的。他们上卫生间时懂得关上门，甚至插上插销，不再愿意让父母看自己大便。这是隐私意识的萌发。无论个人生活，还是文明演绎，厕所都是重要组成部分。

英国厕所的最早实物，是罗马人留下来的，主要是座位厕所。座位材质是木板和石头，中间挖一个洞。石板冰凉梆硬，会让人感到不舒服，但是易清洁。贵族如厕前，先打发自家仆人来到厕所，坐暖茅坑上的石头。可见"占着茅坑不拉屎"也是一项兢兢业业的工作。公共厕所也是古罗马人的社交场所。政客熟人一边上厕所，一边谈天论政。商人朋友则谈生意买卖，两不耽误。

诺曼人在1066年征服英格兰后，英格兰境内开始建造城堡，蹲坑式厕所也被引了进来，首先使用在城堡里面。粪便通过泄水孔直接排到城墙外。有的蹲坑连接着木槽，可以把屎尿输送到城堡外面的河湖中。男女普遍用干草擦屁股。佣人用收集的雨水或厨房泔水来冲洗厕所。尽管这种厕所不太卫生，却有一个隐晦的名字——衣帽间（Garderobe）。17世纪以前，城市居民还把尿从窗口直接泼到窗外。这时候，家庭主妇要喊一句"gardy-loo（小心泼尿）"。城市管理部门后来颁布了法规，"任何人不得把粪便泼洒在皇家大道上，也不得泼洒在邻家房前"。居民只好把粪便倾倒在街道的明沟里。当时居民区污水横流，臭气熏天。普通民众也不能定期洗澡，身体散发出难闻的味道。女人们用薰衣草、迷迭香或青蒿来熏衣服，让衣服沾染上花草香。香水主要是用来掩盖周围环境的臭气。

英国的卫生条件差，欧洲大陆也好不到哪里去。英国皇室藏有17世纪荷兰名画家依萨克·凡·奥斯塔德（Isack Van Ostade，1621—1649）的《教堂前的乡村集市》（*A Village Fair With a Church Behind*）。这幅写实油画对当时卫生状况有生动的记录。画面上有熙熙攘攘的赶集者和摊贩，有玩骰子的孩子和民谣歌手。文管员在2015年扫描这幅油画时，发现画面右下侧的灌木丛后，掩盖着一位蹲着大便的人。估计这幅画被某位贵族收藏后，请油画修复师用灌木丛掩盖了这个不雅的动作。看来17世纪的欧洲人随地大小便也是常事。

用水冲刷的坐便器（flush toilet）最早出现在1596年，发明人是英国作家约翰·哈林顿爵士（Sir John Harington）。他用管道将马桶的一端与高处的储水箱连接起来。打开水阀，水流顺势而下，把排泄物冲走。约翰·哈林顿爵士颇受伊丽莎白一世赏识，经常出入宫廷。他把自己的发明安装在宫廷里。女王嫌冲水声太大，并不乐意使用，也就未引起贵族们的重视。直到1775年，苏格兰钟表匠亚历山大·卡明（Alexander Cumming）对抽水马桶做了重要改进。他将抽水马桶下方的管道设计成弯形，既可以将排泄物冲干净，又使马桶里的水位保持在一定高度，封住管道传上来的臭味。一位木匠在安装抽水马桶时，对储水桶和管道进行了改进，使得马桶更为科学美观。抽水马桶的英文名字是"Water Closet"，其缩写"WC"便成了卫生间的代名词。1848年，英国议会通过了一项公共卫生法令，明确规定新建的楼房建筑必须配备厕所、抽水马桶和垃圾存放处。这使得城市卫生大为改观。

1916年后，制陶业的技术突破使得陶瓷坐便器问世。现代式样的浴盆开始大量生产，富裕起来的英国人变成了"真正的干净人"。在19世纪后期，室内厕所开始在英国普及。抽水马桶不仅是衡量家庭卫生的指标，也成了现代文明的一大标志。英国著名刊物《焦点》（Focus）杂志曾邀请本国100名专家和1000名读者评选世界上最有价值的发明，评选结果正是英国人发明的抽水马桶。

第一辑　性情和爱好

乡村

真正的乡村生活，距离大都市越远越纯正。假日里，我常去英格兰乡村小住。驱车驶出伦敦郊区，绿草多了一层油亮。在光线折射下，车窗时常映衬出我的脸颊，让我与乡村景色叠合在一起，有了贴心的感觉。进入乡村时，道路上有减速设置，我如同一位兴奋的老人，被脚下的石头一绊，顿时变得谨慎下来。周围一切也随之减缓了速度。这里有斑驳的老墙，生锈的拖车。阳光把每个角落里的细节都暴露了出来，甚至把农家肥的气息也逼迫了出来，弥漫在空中。

住在乡村

乡村看上去有些谨慎，把家底和心思都藏在恰当位置。这是我初次接触乡村的感觉。伯顿客栈在村子中间。我轻按门铃，客栈老板西蒙走了出来。他是一位头发花白的中年人。我说出自己的姓名和预定时间，老板就把钥匙交给了我，既不看我的任何证件，也不需要押金。这是一种信任。老板说："到了夏天，这里全是游客，到处塞车。你来得正是时候。"我不知道他在炫耀还是抱怨。西蒙原来在伦敦工作。他厌倦了一天到晚地忙碌，来到这里租赁了个农舍，开办了这家客栈。标准客栈都有停车位、Wi-Fi、淋浴和英式早餐。我的房间很小，空间被最大限度利用，地毯刚被吸尘器吸过，留下了来回摩擦的痕迹。

英国风物记  A Cultural Guide to the British

▲ 典型的英国乡村格局

  乡村商店在周末多半歇业闭店，少数杂货店也开门很晚。第二天早上，我下楼在客栈餐厅吃早饭，里面有五张桌子，餐桌上的花瓶里插着刚采摘的鲜花。门口走进一位睡眼惺忪的老人。他是本村人，说家里来了老朋友，想从客栈里买四瓶啤酒。老板西蒙吓了一跳，连忙说："你想让我犯法呀。我这里卖酒违法。"老人可怜巴巴地说，"我知道。可是我需要酒，要不先从你这里借四瓶，明天还你"。老板想了想，就转身去酒窖取酒去了。这位老人满脸歉意，自言自语道："下次投票时，我一定要让竞选者承诺我的请求，让店铺在周末也营业。哪位竞选者有承诺，我就把票投给谁。"他觉得自己这一票很重要。

  我吃完早餐后，太阳已经升得老高，我去了教堂附近农贸市场，那里有几位村民在售卖农副产品。一个木桌子上摆着果酱和奶酪，还有烤面包，都是村民的手工制作。我想购买一瓶果酱。那位女摊主走了过来，并没有拿给我，只说了一句，"一瓶要6英镑呢"。她觉得自家的果酱有点贵，却认为值这个价钱，又替我考虑值不值得买。我肯定地点点头。摊主才递给了我一瓶。她说，这是低糖的，加点砂糖更好吃。

第一辑　性情和爱好

农舍的屋顶是亮灰色的石板，坚固厚重，成了乡村的主色调，淡黄色和珍珠灰的墙壁颜色，衬托着屋边花草，显得随性自在。很多屋顶上设有一个风向标，有的造型是雄鸡，有的是帆船，体现了房屋主人的爱好。一个乡村就是一个命运共同体。乡邻们相互抚慰，互通有无，他们一起去教堂，参加婚礼和葬礼。村民们在选择配偶时，更倾向于在本教区内选择。他们认为同一村庄或教区的人，更有安全感和归属感。乡村散文家玛丽·拉塞尔·米特福德（Mary Rusell Mitford，1787—1855）在《我们的村庄》（*Our Village*）散文集中，描述了原始乡村生活："无论何时，就相伴一生的住宅而言，我最喜欢的莫过于这个国家里偏居一隅的小村；一个微不足道的邻舍，不是名人雅士的那种豪宅，而是茅舍和类似房屋，我的朋友称这种卑微、难以描述的居所为'宅院或小屋'。街坊邻居那么熟悉，如同我们花园里的花朵一样；我们拥有一个小小世界，局促封闭如蚁丘中的蚂蚁，蜂巢里的蜜蜂，围栏内的羊群，修道院里的修女，船上的水手；我们熟悉这里的每个人，每个人也熟悉我们；我们关心每个人，也敞开心扉，希望每个人都关心我们。"这是乡下人的生活和心态，琐碎又细腻，殷勤又狐疑，沉稳中透露出笨拙和真情。

在乡村旅游，村外的农田也就成了观光地。野外的光线很有穿透力，没有高楼的阻隔，所有叶片都成了能量放大器，增加了光线的强度。村庄远处有一条铁路线，树丛中可以看见疾驰而过的列车。阳光反射到客车的车厢上，折射出一道道锐利的光线。当年修建铁路绝非易事。如果地主们不同意修建，任何组织也毫无办法。铁路部门只好派出游说团，让地主们了解铁路的好处，甚至出高价收购铁路沿线的土地。这被称为"推销英国铁路"。汽车和公路兴起后，很多不盈利的客运路段又被放弃。曾经的努力并没有完全白费。有的被开发成了旅游小火车，吸引"铁路迷"们前来拍照，踏足寻觅工业革命的远去背影。

21世纪的乡村景观，已经与19世纪有很大差异。在1945以后，大片的灌木树林逐渐消失。石楠丛生的野地被开辟成了牧场，燕麦田取代了灌木林。高压输电塔越过一片片平原。农村的耕作、播种和收获已经全部实行了机械化。这些农机具都存放在村边的铝合金大棚里。我路过一个大棚

英国风物记  A Cultural Guide to the British

时，看到父子俩在喝茶。大棚一角是捆扎好的羊毛。田野里有时断时续的嗡嗡声。这让我想到那个纺织机轰鸣的时代。英国曾经是欧洲羊毛第一出口大国。伊丽莎白一世登上王位后，颁令禁止羊毛出口，促进羊毛的深度加工。英格兰毛纺业成了最重要的产业，并催化了英国工业革命。羊毛还是那堆羊毛，工业革命却已经进入了人类文明史。

　　父子俩脸庞红扑扑的，那是太阳烙下的印痕。他们在讨论如何逮兔子。他们告诉我，最近这里兔子很猖獗，在田野里打洞，毁了不少庄稼。他们决定买两条猎狗，专门对付兔子。父子俩有修车手艺，却乐意生活在农村。他们不喜欢伦敦的吵闹和交通拥挤。当他们运输粮草，遇到堵车，或闻到一股臭味时，他们总会抱怨："简直跟伦敦一样。"谈到伦敦时，他们表情淡然，好像那不是开车一个小时就能到达的地方。

　　我向父子俩道别，继续在田野里拍照。一只松鸦在树枝上百无聊赖，它突然叫了一声，好像被自己嘎嘎的叫声吓了一跳，又落到更高的树枝上，继续寻找有趣的东西。乡村的宁静吸引着越来越多的城里人。城里人赚到钱后，要在乡村购买土地和农舍，这才被定义为成功人士。据《英国电讯报》报道，预计在 2025 年之前，英格兰农村人口将保持 6% 的增长速度。为了迎合观众需求，英国广播公司开办了一档乡村节目《乡村档案》（*Country File*），里面介绍乡村生活，描述野生动物的生存现状、传统手工艺品，探讨可再生能源等。这档电视节目自 1988 年开播以来，一直拥有高收视率。它摸准了观众的心理和脉搏。

　　英国人的保守心态源自乡村培育的心理机制。乡村的树木和田野最接近自然法则。这种法则就是秩序，而秩序是人间社会的经纬。长期居住在乡村，需要付出相对闭塞的代价。我去过的乡村中，小超市都是全国连锁店，价格同城里一样，品种极其单调。乡村有公交车，却十分缓慢。人们出门办事需要自己开车。去电影院或博物馆，走亲访友都必须纳入每月计划中，不可能像在城市那样，抬腿就走。看病也不及都市里方便。我把乡村理解为一种生活状态。它如同砾石中的鲜花，只需仰望天空，有一种独立精神。

乡村格局

乡村的建筑格局，带有内向腼腆的性格，借地势和河流走向而扩展，形成井然秩序和简朴准则。一高一矮是乡村的建筑标志。高的是教堂，代表乡民的信仰和生命归宿。教堂尖顶在十英里外就能看见，有灯塔的意味。矮的是红色邮筒。英国人讲究言辞礼仪。在生日、情人节、复活节、圣诞节到来时，人们喜欢寄贺卡。当贺卡不足以表达自己的感情时，他们就一笔一画地写下来，贴上邮票，带着祈祷心情投入红色邮筒。街角的小广场上矗立着纪念碑，上面镌刻着两次世界大战的阵亡烈士名录。乡村里没有秘密，也没有被遗忘的角落。

商业街（High Street）通常是村里的唯一大道，呈现自然弯曲状态。这种设计至少具有消音作用，让大喊大叫变成低声细语。其他街巷狭窄，基本只能容下两辆自行车并行。商业街两侧排列着店铺。餐厅只有两三家，却有好几家茶馆。乡村到处是老人，如同一个大养老院，让生活节奏显得更慢。街道上十分安静。远处有一个公交站牌。在人口多的乡村，村边还会有一个板球场、一个足球场，一家自助式洗衣店，还有一家赛马投注站。林荫中的庄园宅第独处一方，如同乡村的统领，庇护着一方安静的生活。

教堂旁边是农贸市场，村民在那里出售自产的土豆、胡萝卜、奶酪或果酱。早期的大不列颠是小型自治部落，少有国家概念。罗马人入侵后，带来了古罗马管理模式，在战略要地设立村庄。每个村庄以市场（广场）和大会堂（法庭）为中心，附近有小型神殿，还有戏剧表演和竞技比赛的专门场地。角斗士的比赛十分受民众欢迎。在基督教传入后，神殿演变成了教堂，市场依然是乡民交易的中心，大会堂成了议政厅（Town Hall）。古罗马人整齐划一的建筑格局，被凯尔特人视为沉闷平庸的外省艺术，受到了凯尔特人的鄙视，并由此埋下了乡村优于城市的思维模式。这种思维模式一直延续到了今天。

乡村屋舍很少有坐北朝南的正向。这是英国乡村格局的一大特点。究其原因，一是随地就势的建筑传统。二是对窗外景观的审美爱好。对于英国人来说，窗户外的风景远比房屋的朝向重要。他们喜欢在窗边放一个茶

英国风物记  A Cultural Guide to the British

▲英格兰北部乡村的民居

几，端一杯红茶，欣赏窗外的风景。在细雨霏霏时，树木草地更加翠绿，染绿了空气，隔着窗玻璃渗入室内，让人心里更加宁静。在北约克的斯塔德利皇家公园里，一座奢华的贵族私宅坐南朝北。因为北面的风景更加优美，有草坪、绿树和池水。这座豪宅是18世纪英国最具代表性的建筑。

有些房屋，原本可以建成坐北朝南的正房，似乎故意偏东或偏西几度。这种乡俗源自久远的心理暗示。1348年末，黑死病从欧洲大陆传入英格兰。当时英格兰和威尔士人口在四五百万之间，一年内有半数人口死亡。年轻人尤其容易受到鼠疫的侵袭。当时民众断言鼠疫来自两个渠道，一是欧洲大陆人带来的；二是南风吹来，故建造房屋时都避免正对南方，以免让家人感染鼠疫。17世纪中叶，欧洲黑死病再次肆虐，伦敦又成了疫情重灾区，在1665年夺取了约6万人的生命。一位家住英格兰北部亚姆村（Eyam）的商贩从伦敦带回了一捆布料，不慎将鼠疫带入这个小村，有人感染鼠疫后死亡。牧师和村民做出一个重大决定：全村自我封闭，不外出，以免导致黑死病传播。最后，这个仅有359人的小村，有290人死于黑死病，保全了临近地区村民的生命。这又唤起了民众对黑死病的恐惧，也让英国人对乡村又多了一份感情。

中世纪的乡村并非避难所。婴儿和儿童死亡率高。半数人口的年龄在 25 岁以下，能活过 60 岁的人口不足 10%。贫困家庭的孩子在 7 岁时就开始学着劳作。饥荒和瘟疫不时侵袭乡村生活。到了工业革命时期，大批失地农民前往城市里寻找工作，城市成了社会的中心。社会活动家埃比尼泽·霍华德（Ebenezer Howard，1850—1928）提出了新乡村的概念：当城市人口达到 3 万以上时，要建立一座新城市来容纳新人口。城市周围是农业用地，农民便于把农副产品提供给城市居民，还可以解决城市拥堵和乡村人口流失的问题。在霍华德的游说下，花园城市协会于 1899 年成立。1903 年，他在距离伦敦 30 英里的莱奇沃思（Letchworth）规划建造了第一座花园小镇，在 1919 年又在伦敦附近的韦林（Welwyn）建造了另一个小镇。这种花园小镇不仅具备城市特点，还多了几分乡村生活的乐趣。

农舍

英国多丘陵地带，村庄通常建在池塘或河流旁。水面泛起的白雾绵延起伏，与远处的丘陵相互叠加，给人一种缥缈的感觉。只有从雾中露出的屋顶，让人笃定踏实。所有的乡舍建筑材料都是取自当地。这造就了不同地区的建筑特色。英格兰中南部地区是茅草顶乡舍（Thatched Cottage）。英格兰北部、苏格兰和北爱尔兰多山石丘陵，农舍几乎都是用石头垒筑而成。乡村民宅多是独栋住宅（Detached House），周围建有仓储房。所有房舍外面朴实无华，类似清教徒的装束，却把房前屋后的花丛衬托得妖艳欲滴。

早期民宅采用的是框架结构，外观比较粗陋。立柱和横梁采用橡木，边条和辅料为柳木，由粗铆钉加固。工匠通常用麦秆、牛毛和黏土的混合物来填充框架和边条的缝隙，起到挡风和保暖效果。铺盖屋顶有石板和茅草两种。石板是在罗马人统治时期广泛使用的材料。茅草是用小麦秸与黑麦梗混合编织，铺好后用铁丝网固定。在过去，有钱人住砖石房屋，如今是有钱人住茅舍。茅舍屋顶需要十几年翻新一次，费用达一两万英镑，一

般家庭难以承受，茅舍反倒了成了"奢华"象征。

早期农居里的灶火位于屋子中央。长凳子都靠墙壁摆放，家人背靠墙，面对灶火。直到 14 世纪壁炉出现后，桌子和长凳才挪到屋子中间。桌子的功能开始细化，于是有了固定餐桌和书桌。凳子上安装了靠背和扶手。16 世纪才出现了单一功能的椅子。室内家具都是由橡木、山毛榉、水曲柳和榆木打造而成。衣柜分为卧式和立式两种，厚重宽大，密封性好，潮气难以侵入。卧式衣柜还可以当作固定的凳子和临时床铺来使用。现在，村民更喜欢组合家具。老式衣柜已经被淘汰，只能在博物馆里见到。厨房位于房屋的一角，里面的炊具和杯子都挂在墙壁上。

乡村的卫生设施已经与城里完全一致。粪便从来就不是困扰农民的问题。牲畜和人的粪便都是优质肥料。精明的地主自然不会放弃收集肥料的任何机会。在农舍附近有肥堆。这里是住家的排泄地，为了避寒和遮羞，搭起一个棚子，一块木板上挖个窟窿，就成了如厕的地方。在乡村，这种方式一直持续到了 19 世纪初期。你在乡村转悠时，如果看到一片庄稼比周围庄稼长得格外茁壮，这个地方大概曾经有过一个厕所。

虽然电动化机械设备取代了牛马拉犁和耕作，那些马厩、牛棚、仓库却未拆毁，而是改建成了车库或阳光房。乡村的水车磨坊和铁匠铺几乎都保留了下来。许多农舍门口，都挂有马蹄铁。马蹄铁是英格兰乡村的吉祥物，有辟邪和保护家产的含义。新娘子在结婚时要在裙子里缝上一微型马蹄铁。马蹄铁状若新月，象征着新生。当年耶稣降生于马厩里，马蹄铁也代表信仰和忠诚。老物件是对旧日时光的怀念。这些乡村的情调，需要慢慢品味，才能让人理解什么是文化传承和保护。

乡村建筑的内部装饰在 19 世纪初有了很大变化。工艺美术大师莫里斯（William Morris, 1834—1896）发起了英国乡村工艺美术运动，追求自然美和田园情趣。莫里斯设计了壁纸图案、家具、陶瓷和书籍装潢。他把自然环境与居住空间进行了巧妙融合。住宅外墙不加粉饰，力求表现原始的质感。室内装潢采用乡村花卉图案的壁纸。英国建筑大师彼得·史密森（Peter Smithson，1923—2003）等人继承了乡村的古朴风格，发展出了建筑界的"粗野主义"。墙面是赤裸裸的水泥，不加粉饰油漆。木头立柱和

第一辑　性情和爱好

横梁都很粗糙，上面留有斧凿的痕迹，檩条木椽有一种原始魅力。其本质仍是一种浪漫的、复古的乡土主义。

乡野围栏

丘陵上的农田，状若随手画出的棋盘。一排排木围栏或低矮石墙，构成了这棋盘的点线。它们看似凌乱，却有内在逻辑。这些围栏是私人田产的界限，也是"三圃制"的轮休耕作方式：一片土地在春天里播种燕麦、大麦、豌豆和黄豆，另一片在秋天种上小麦和黑麦。第三片土地处于休耕状态，吸收阳光雨露。年复一年，依次轮流。远处的模范农场里，不同品种的农作物拼成深浅不一的绿色图案。那是诺福克郡土地贵族汤森德勋爵（Charles Townsend，1674—1738）创立的四茬轮作法，依然在田野上延续。

石围栏低矮，木围栏稀疏，抬腿就能迈过，却无人敢随意跨越。背后的法律和秩序，赋予了这些石块木棍以威严和凛然。人们常说，百姓的寒舍，风可以进，雨可以进，但国王不能随便进。权利就是界限，任何人不得随意越界。狩猎曾经是贵族和乡绅的传统，这种狩猎活动只能在自家土

▼ 英格兰农田

地上进行。未经土地所有者准许，持枪进入他人地界狩猎，就意味对土地所有人的宣战，对方可以开枪射击。这就是私权的威严和力量。有了捍卫私有权的法律，生命才有自由可言。一个生命的诞生看似简单，但生命本原却神秘莫测，寻寻觅觅了几千年，最后演绎为神学，成了一种信仰。信仰无疆无界，私有权却是实体，是民众安身立命的根基。

这种私权意识的确立经历了漫长过程。在中世纪的乡村，道德与法律并没有明显边界。村民们世代遵守着盎格鲁—撒克逊的"地方自治"观念。这是乡民捍卫传统权利和习俗的依据。其中一条就是"睦邻"。当时的英国没有警察维护治安，巡回法庭难以遍及乡村。各种案件主要是由乡绅来处理。乡村的主要问题是盗窃，大都是"熟人"作案。乡绅受到当地人的尊敬，有法律常识和沟通能力，是不拿薪水的地方治安官。当原告与被告都没有充足的证据时，比如衣物被盗，原告与被告的日常行为就成了判案依据。邻居们会陈述对涉案者的印象。这是判案上的重要一环。

当议会政治取代王权后，"法治"必然要取代乡村的"人治"。1766年以前，村民可以从村庄附近的王室森林中捡拾干柴，用来烧火做饭。这曾是村民世代继承的基本权利。政府在1766年颁布了法令：严禁砍伐、折断和破坏他人所拥有的林木。这引发了村民的抗议，却难以推翻这一条款。法律是黑白分明、公正公平的判案依据。乡民逐渐适应了新的法律条款后，认识到法律也可以维护自身权益。人们对法律开始持肯定态度，对犯罪的容忍度越来越低。乡村管理逐渐纳入了现代化的法制体系当中。政府鼓励村民维护社会治安。举报违法者会得到一定数额奖金。这培养了村民的公共治安意识。每个邻居都是监督者，也是被监督者，他们共同维护着村庄里的平安。

对于英国人来说，脚下的土地和河流山川就是国家。政府只是这片土地的管理者。土地承载着人的一切活动，所以土地所有权的分量最重。一个人守住了自己的土地所有权，才会有道德空间。《每日邮报》网站在2015年5月10日刊登过这样一则消息：2015年初，地产大亨梅菲尔德公司对西萨塞克斯郡的一块农田感兴趣，计划将其开发成高档住宅区。这块农田属于罗伯特·沃斯利（Robert Worsley）一家，沃斯利是当地的南瓜种植能手。地产公司开出了高达 2.75 亿英镑的土地收购价。沃斯利一家却断然拒绝了。开发商自然也不敢强拆。沃斯利说自己对现在的生活很满足。他认为宁谧的乡村生活，远比金钱更重要。

法律保护私有财产，也规定私财所有者不能损害公众利益，不能挤压公众的自由空间。很多乡村的路径都穿过了私家土地。19 世纪以前，土地所有者都在路口设立收费点（Turnpike），收取过路费。这笔费用通常用于私家道路的维护修整。1860 年后，地方议会通过决议，收回了私家路养护权，方便了公众行走。英国相关法律规定，公众有行走的权利，农田主人不得阻断这些路径。只有保护了公众权利，私人产权才会受到尊重。这网状的围栏维护着英国乡村的公众和秩序。这才是真正的和谐之美。真正的和谐生活是靠法律来维系的。从 1215 年《大宪章》签署到现在，每一部法律都如同一道围栏，排列了 800 多年。朽烂的就换掉，不适合的就修理一番。它们疏密合理，构成英国法律之网。

文学原乡

乡民生活淳朴、单调和少诗意。只有当文学光芒照射到乡民身上时，我们才会看到乡村生活的真实和魅力。文学作品中带有情感色彩的描述，成了理解一个乡村生活的注释。尽管当今的乡村并不完美，甚至有些老旧破败，游客都会自动脑补百年前的场景，遥想百年前的时空。这是一次选择性的记忆，带有谅解和美化。

我去西约克郡的哈沃斯（Haworth）那天，天空飘过一阵冷雨，很快又一片艳阳。大自然到处是流动的光。当情感融入其中时，便是流动的生命。哈沃斯是勃朗特三姐妹（Brontë sisters）的故乡，夏洛蒂创作出了《简·爱》，艾米莉写出了《呼啸山庄》，安妮创作出了《艾格妮丝·格雷》。英国文坛三姐妹的传奇故事，特别是电影《简·爱》上映以后，吸引了世界各地的读者来这里参观。村庄也有了像样的礼品店。餐馆和客栈生意都比附近村庄兴隆，邮局里总是挤满了邮寄明信片的客人。

维多利亚时代的女作家们，善于描写乡村生活。在她们的小说里，伦敦只是一个遥远又模糊的背景。这些乡村女作家的知识不一定多么丰厚，却有细腻的情感。文化激发了她们的生命力和欲望。她们富有激情的表达和心理剖析，成就了自己的文学性格。小说中的人物仿佛就曾生活在这里。游客在这里寻觅，甚至站在作者曾经站立过的地方，仰望天空，追想当年的生活和氛围。中世纪的教堂、沼泽地、雾气和石头上的青苔，都加重了故事的氛围。小说中的某个人物，似乎随时会从一条小巷里走出来。

哈沃斯建在一个高坡上，教堂是制高点。斜街是用整齐切割的长方石块垒砌。脚步和马蹄磨损了上百年，石面依然锃亮坚固，少有破损。我想象着一辆老式驿车从这里走过，车夫身材高大，面色红润。他披着一件黑色斗篷，戴着宽边矮顶帽，脖子里系着白色围巾，脚蹬一双长筒马靴，紧身裤腿塞在马靴里。驿车总会在街道上荡起一阵旋风。街道立刻热闹起来，有人下车，有人上车。车夫还把包裹和信件递给女佣。夏洛蒂曾经在附近村子里当家庭教师，受到了很多屈辱。她带着艾米莉从这里坐上了驿车，前往布鲁塞尔学习法语。她们的眼睛里有对新环境的期待和忐忑。一阵风起，几根垂下来的树枝晃荡起来，扰乱了我的视线，我才从幻想中回过神来。

社区教堂（Haworth Parish Church）里面有勃朗特家人的墓碑。他们去世后都埋在这里。靠近牧师讲演台的地面上镶嵌着金属牌，上面镌刻着艾米莉·勃朗特和夏洛蒂·勃朗特的生卒日期。教堂后侧是墓地，跨过一道低矮石墙，就是勃朗特牧师的居所，现在已经改成了勃朗特家庭博物馆。这是一座灰砖二层楼，以现在的居住条件来看，这是一个相当殷实的家庭居所，里面有厨房、餐厅、书房和卧室。勃朗特夫妇生育有五个女儿、一个儿子。夏洛蒂·勃朗特排行第三。两个妹妹是艾米莉和安妮。在夏洛蒂5岁时，她母亲去世。毕业于剑桥大学圣约翰学院的父亲，常指导孩子们读书。所有的感知都是如此新鲜和亲切。书房里的红木家具很讲究，上面摆放着硬皮图书。二楼是陈列室，有勃朗特姐妹穿的衣服。展览柜里放着她们的明信片、图章和蕾丝帽子。夏洛蒂和姐妹、弟弟先后被送到附近的一所寄宿学校读书。孩子们吃不饱，还要经常受体罚。她的两个姐姐在学校里感染了伤寒，都不幸去世。这给她们的生活留下了阴影。

第一辑　**性情和爱好**

▲ 勃朗特三姐妹的故居已经改进成了博物馆

　　走出博物馆，有道门通向书店，里面全是三姐妹创作的小说，各种版本都有。出生在牧师的家庭里，孩子们获得了更多的精神愉悦和独立精神。夏洛蒂·勃朗特说："我贫穷，卑微，不美丽，但当我们的灵魂穿过坟墓来到上帝面前时，我们都是平等的。"这是独立女性的呼声。她们的天赋与后天教育相互作用，形成了她们的敏锐观察力和感受力。夏洛蒂·勃朗特用细腻的笔调，塑造了渴望独立的女性形象。《简·爱》对当代欧美女作家产生了重要影响。夏洛蒂·勃朗特的生命只有短暂的 39 年。她早已参透了生命的意义和价值。她平静地写道："人生在世，谁都会有错误，但我们很快会死去。我们的罪过将会随我们的身体一起消失，只留下精神的火花。"

　　村外有一条老式火车道。远处有成片的石楠花。虽然是夏末秋初，天气已经寒意甚重。紫色的石楠花让周围显得生气勃勃。正因为它的沉稳和耐苦寒，紫色在英国色谱中被视为尊贵颜色。我穿过一片砾石丘地，进入了私人牧场边界。狭窄的路径上有一道木栅栏门。这种门有内外两道栏杆，只能容下一个人，一个人进去后，向上搬起门上的铁插销，把门打开，再转身把门关上。铁插销靠重力自动插回。这种设计是防止牧场里的

羊跑出来。牧场不大，却古朴自然。此时天色渐暗，大自然中的色块重新进行了排列组合。大片的浅绿色变成深绿。烟雨飘过来，空气迷蒙，这是电影《简·爱》中的经典景色。

土地流转

在11世纪，乡村的土地资源已经得到了大规模开发。田野里种植着大麦、燕麦和小麦。当时土地主要集中在贵族手里。14世纪中期爆发的黑死病，劳动力大幅减员，很多贵族子嗣断绝。贵族们乘机兼并大量土地。进入15世纪后，英国毛纺业崛起，羊毛价格远超粮价。地主赶走了大量佃农，圈地养羊。土地买卖逐渐流行起来。轻微沙化的土地得到了修复，沼泽地排水后成了良田或牧场。议会在1846年废除《谷物法》（Corn Laws）后，土地贵族们失去了抬高粮价的法律依据。他们纷纷出售田产，转向利润更高的房地产和贸易。到了1976年，英格兰和威尔士的地主放弃了76%的地产。现在土地基本是私有和租赁两种形式。土地就在那里，不增不减，流转的是土地上的主人。无论本国人还是外国人，在英国买地置业都不受限制，也没有额外税费，手续办理也同本国人一样。

英国房地产分永久产权（Freehold）和租赁产权（Leasehold）。永久产权拥有者可世代传承，也可买卖交易。租赁产权的年限多为99年，最长是999年。期满后可与产权人协商再续。有些地主老了，无力耕作和打理，后代又无兴趣，他们自然要售掉田地。地主挑选新主人的条件，往往不是出价最高者，而是选择那些热爱土地、喜欢乡村生活的人。这样土地交到他们手上，才不会荒废。

购置土地同投资房产一样，但土地的分量显然更重。英国沿用的是"房随地走"原则。有了土地登记证，在上面盖房获批后，无须再办理房屋产权证。只需在土地登记证附录上，用文字和图形标注即可。英格兰和威尔士地区的所有房地产信息，都储存在英国土地登记局（Land Registry）。民众可以检索查阅，公开透明。即使开发商尚未完成的房屋开发，土地登记局也会提供开发证明，包括开发费用等信息。这杜绝了私下交易和偷税漏税。

房地产买卖涉及诸多法律问题，通常都由专业律师代理。律师先要核实卖家，确定土地产权是否在卖家名下。若是租赁产权，还要核实剩余年限。租赁产权长短是影响价格的关键。剩余的租赁产权期愈长，价值就愈高。若房屋的租赁产权只剩下一年或几个月，房价可能低至一万或几千英镑。若要把租赁产权延长99年，续租费可能高达几十万英镑。房地产价格背后实在大有文章。若双方对延租费有争议，可以去租赁产权估值法庭（Leasehold Valuation Tribunal）进行仲裁，或去租赁产权咨询机构寻求免费帮助。

在确定了上述项目后，律师还要联系土地核查公司，让核查公司调查这块土地的交易记录：土地是否被污染或洪水浸泡过；原来房屋内是否有上下水道；排污和污水处理方式；土地所有者向附近教堂的缴税情况；从公路进入地块的道路维修费用；政府对这块地的使用规定等。地方政府对土地使用都有规定，特别是那些靠近绿化带或公共设施的地块。若在上面盖房，需经地方议会批准，且只能在原有建筑位置上翻盖，不得扩大建筑面积，不能侵占原有种植面积。完成后的调查报告足以装订成一本厚书。买主审核了调查报告和卖方合同后，会把有异议或不清楚的部分标出来，把修改意见反馈给卖方代理律师。

根据律师的介绍，在房地产交易中，卖方首次出价往往高于实价的5%，这是预留的砍价空间，故折扣不会超过5%。这还要看卖家的心情，是否急于出手等因素。在双方就价格和合同内容达成一致后，双方要签订合同。从签字一刻起，双方都必须严格按着合同操作。任何违反合同的行为，都会留下不良信用记录。在办理土地转让手续时，买主还要提交房屋建造图纸和方案，这需要听取当地规划咨询师的意见，了解当地政府关于房屋建造的条款，包括高度、面积和建筑风格。咨询师会提出一系列建议，如不准建造奇形怪状的建筑，应该使用哪类木材，如何最大化居住空间和菜地面积。这需要支付一笔咨询费。买家带着房屋建造许可规定，与建筑工程师进行协商，由工程师提出造价预算，然后申请建房许可证。一切都搞定后，由律师到英国土地登记局备案。整个交易才算完成。接下来，新主人就可以实现自己的梦想了。

英国风物记  A Cultural Guide to the British

花园天堂

英国是花草之国。在乡村，房屋是大片花草的陪衬。一片花海中有几幢农舍，实在让人心情愉悦。在都市，花草则成了房舍环境的标配。房屋周围总有各色花草。那些杂花野草看似随性自然，草丛下面被清理得干干净净，甚至还被调整了疏密高度。几株野草从车库地砖缝里拉长身段，兀自眺望附近的后花园。后花园里盛开着一簇簇鲜花，粉红鹅黄的花朵高高跃起，凸显生命的艳丽和茁壮，把视野引向屋檐上方的天空。英国有句名言：在花园里，你离上帝更近。

英式花园

英国人喜爱花卉。贵族的家族纹章里都有草花图案。由继承王位而引发玫瑰战争的两大家族，分别是用白玫瑰和红玫瑰代表各自家族。两大家族最后通过联姻终结了持续30年的王位争夺战。红白玫瑰合二为一，成了白色花心的红玫瑰，史称都铎玫瑰。每个地区都有自己的代表性花卉。威尔士的国花是水仙花，威尔士人在庆祝圣大卫节时都会佩戴水仙花。苏格兰的国花是蓟花。它是一种叶子带刺的紫色花，被当作自尊和自卫的象征。北爱尔兰人尊崇开白花和红花的三叶草。爱尔兰的守护圣徒是圣帕特里克。他用三叶草解释了基督教的三位一体，让爱尔兰人皈依了基督教。

英国的乡村花园很小，可以让一颗喜悦的心轻松包裹住。花园里有莺尾花、红鹅莓，风铃草等。早晨起来，草木清新，花朵上带着露水。到了中午，光影中的生命最活跃，蜜蜂蝴蝶在花丛上滑翔。山毛榉的叶片，拍落一片片阳光，落在花朵上。风吹过，花丛中像有股激流淌过，翻出绿叶的绸缎光泽。一阵细雨飘过，花园柔和迷离，如同一幅淡雅的水彩画。花草下是各种昆虫的鸣叫，笼罩着乡村的寂静。散文家斯图尔特·迪克（Stewart Dick）在1909年出版的《英格兰的乡村居屋》（*The Cottage Homes of England*）中，描述了原始的乡村花园："它在狭促的空间里包容着丰富内容。到处是花草，玫瑰受到精心照料……高大的蜀葵几乎触到屋檐，芬芳的桂竹香把香气撒播到满是尘土的道路上。三色堇，雪花莲、番红花、樱草和紫罗兰高低错落……一两垄豌豆和黄豆、大头菜、胡萝卜、莴苣、卷心菜、菜花，以及篱笆角落里一片伸展着大叶子的大黄……"我从中揣摩到了早期乡村花园的热闹景象。

英式花园是乡村花园的升级版，带有更高层次的审美特征。英式花园最早吸收了意大利和法国的园林特点。意大利园林强调人的主宰意识，注重园林的对称性和秩序。他们把园林看作是居所与周围自然环境的过渡带，力求使园林图案化。树木被修剪成了锥形、球形或金字塔形。植物间隔高低，大小和形状都在园丁剪刀的掌控中。意大利园林艺术传入法国后，形成了轴线图案式园林。水池、喷泉和雕塑都纳入几何形状。英国科茨沃尔德地区的潘斯维克洛可可花园（Painswick Rococo Garden）就是法国古典花园的遗作。这个花园在18世纪时已荒废，被开发成了果园和菜地。新主人根据18世纪的一幅油画，重新恢复了它的洛可可风格，包括建筑和曲线植物组合，呈现出了古典花园的烦琐和复杂设计。

英式花园还受到了中国园林风格的影响。中国瓷器和茶叶进入欧洲后，欧洲人对遥远的东方产生了好奇和幻想。法国传教士王致诚（Jean Denis Attiret）在欧洲刊物上介绍了中国园林。他说中国建筑强调和谐与秩序。园林注重曲折变化、崇尚自然天成。这篇文章的英语译文于1752年在英国刊登，引起了英国贵族和学者们的注意。英国学者和外交家威廉·坦普尔爵士（Sir William Temple，1628—1699）十分赞赏中国园林的不对称之美。画家和建筑师威廉·肯特（William Kent，1685—1748）从意大利天主教传教士马国贤（Matteo Ripa，1682—1746）那里看到了承德避暑山庄铜版画集。他认为这才是英国园林应有的样式。他号召人们拆掉花园的围墙，引入河水，挖湖造丘，让园林具有自然风光特征。

英国园林设计师钱伯斯（William Chambers，1723—1796）曾经两次到过中国，先后出版有《中国建筑家具、服装和器物设计》（*Designs of Chinese Buildings, Furniture, Dresses, Machines and Utensils*）和《东方造园概论》（*A Dissertation On Oriental Gardening*）。他指出，中国园林艺术以大自然为范本，模仿大自然的不规则之美，经营出独有的意境。花园在一年四季呈现不同景色，却仍有一个贯通的总意。他认为中国园艺师具有画家和哲学家的思维方式。钱伯斯参与了伦敦丘园（Kew Gardens）的设计。他以中国园林为蓝本，既保留了蜿蜒曲折的自然环境，又通过人工景观提升其品味。他还设计了一座中国式宝塔，共10层，高50米。英国皇室在1763年出资印刷出版了丘园风景画册。也有英国学者不承认英式园林受到了中国园林的影响，他们说上帝的伊甸园，才是英国园林的蓝本。这在弥尔顿的《失乐园》第四卷里有明确的描述。文化艺术的流变，受到多方面因素的影响。关键还是英国人求变的精神在起主导作用。

造园大师兰斯洛特·布朗（Lancelot Brown，1716—1783）确立了英式园林风格。他的口头禅是"它有巨大的能量"，因此被称为"万能布朗"（Capability Brown）。布朗善于利用大片缓坡草地来营造自然景观，在草地上点缀树丛，保持视野敞亮，不被林木阻隔。他擅长利用水资源来设计园林，借用水景来增加空间层次，延伸景观视野。他还发明了一种叫"HaHa"的人工沟渠，不在平地上堆积景观，而是向下挖掘二三米，将园林的边界化为无形。这不会阻隔游人的视线，等走到跟前时，却有柳暗花明的感觉，视线自下而上，又是一番景象。兰斯洛特·布朗的代表作是西萨塞克斯的佩特沃斯公园（Petworth Park）。

我在秋天参观了佩特沃斯公园。整个公园占地283万平方米，园林与远处的风景合为一个整体，主次分明，既有纵深感，又有辽阔空间。花木与池塘相互衬托，树木和装饰性建筑作为园林聚焦点。路径在绿草簇拥下扭着曲线，时隐时现，像个初次幽会的情人，温馨又浪漫。林地里还生活着成群的鹿。草地上覆盖着落叶。落叶慢慢腐烂分解，成为草地的养料，不仅节约了人力成本，也吸引昆虫和禽鸟前来觅食。他们排泄的粪便又变成了有机肥，滋润着这个绿色的大环境。一棵老树根部生长着苔藓，吸附了大地的气息，散发出神秘的青苔味。

英式花园也在不断演进。英国皇家园艺协会（RHS）旗下的四大花园是当代英式园林的代表。伦敦西南郊的威斯利花园（Wisley Garden）就是其中之一。这座花园里有岩石园、玫瑰园、围墙花园、蔬菜园、温室、野花花园、沙漠景观、七亩园等。如果说丘园是以植物花卉收集和研究而闻名，那么威斯利花园的最大特点是景观设计和视觉呈现。从正门进入花园，右侧是一片大草坪。亭台和水面相互映衬。岩石园里的岩石、花草、溪流融合在一起，既模拟自然又高于自然。里面的围墙花园是英式花园中常见的一种形式。

弗吉尼亚·伍尔夫的私家花园

一位女作家与花园有如此紧密的联系，在英国文学史上并不多见。小说家弗吉尼亚·伍尔夫在蒙克宅邸（Monk's House）里有一个漂亮花园，具体地点在东萨塞克斯郡的洛德梅尔村。从房子旁边的木栅栏门进来，眼前是一片茂密的花丛，远处有一座诺曼式小教堂。再往里走，就可以看到苹果园，远处隐约可以看到丘陵。路径把园子分成好几个部分。一座斜顶的两层房舍，一座意大利风格的花园，一个小果园，一个小池塘。池塘旁边是装饰性石墙，石墙旁有一尊裸体雕塑，守护着保龄球草坪。这个花园成就了弗吉尼亚·伍尔夫的文学梦想，也是她情感的依托。

1919 年，伍尔夫夫妇以 700 英镑的价格买下了房舍和花园。房舍十分简陋，花园和果园面积加起来只有 3/4 英亩。弗吉尼亚和丈夫改造了厨房，安装了热水管，在卫生间安装了冲水厕所。1928 年，他们购买了附近的一片土地。一年后，他们把购买的土地修整为保龄球草坪，同时扩展了房舍的二楼。他们在池塘边栽种了两株榆树，象征着夫妇二人相依而立。他们希望将来把自己的骨灰也埋在树下。如今，花园还是弗吉尼亚喜欢的那样子。当年的两棵榆树已不在。一棵在 1943 年被暴风刮断，另一棵在 1985 年死于荷兰榆树病。埋藏夫妇二人骨灰的地方，竖起了两人的半身塑像。

弗吉尼亚·伍尔夫是一位神经质的才女作家，气质优雅，观察犀利。她游走在优雅与痴癫之间。她的意识流小说一次次震惊文学界。她在这里完成了一生中最重要的几部作品，有《雅各的房间》（Jacob's Room，1922 年）、《达洛卫夫人》（Mrs.Dalloway，1925 年）、《到灯塔去》（To the Lighthouse，1927 年）、《奥兰多》（Orlando，1928 年）、《浪潮》（The Waves，1931）等。她喜欢在上午创作。只要天气足够暖和，弗吉尼亚就去写作小屋。1921 年，她告诉姐姐瓦妮莎·贝尔，他们把放农具的小屋改造成了写作小屋，总共花了 157 英镑，坐在门口，就可以眺望远处的卡本丘陵。这座写作小屋的环境给了她很多创作灵感。在夏季里，她还时常在这里过夜。她在日记中写道："我在这里写作时总是充满着巨大兴趣——灵魂与灵魂的对话，而且我让它溜走——为啥呢？因为要饲养金鱼，凝视新池塘，打保龄球……真是幸福啊。"

每天早上穿过花园，成了她写作前的仪式。来到写作小屋后她把墨水瓶固定在木板上，然后把木板放在腿上，像画速写一样，记录下她脑子里的画面。写作小屋空间狭小，瞬间充满了她的强大气场。她的意识流思维，让她写作速度很快。只有在喘口气时，她才会把目光从稿纸上移开，眺望远处的丘陵。花草中蜜蜂的嗡嗡声，让她很快又沉浸在写作中。到了下午，她就在草坪上打保龄球或散步。四点钟，弗吉尼亚会准时回来，坐在餐桌前喝下午茶，写信和日记。

弗吉尼亚的感情生活同样十分脆弱。她的第一任丈夫是同性恋。她离婚后结识了后来的丈夫伦纳德·伍尔夫。伦纳德十分欣赏弗吉尼亚的才学和文笔，两人在 1912 年结婚。她在少年时曾受过性侵，这让她产生了性恐惧和性冷淡。伦纳德欣赏弗吉尼亚的优雅气质和文学才气。他对自己的妻子更多的是精神之爱。虽然自己患有轻度抑郁症，他依然悉心照料妻子的生活起居。她和丈夫在 1933 年去意大利托斯卡纳旅行时，被当地的花园所陶醉。回到蒙克宅邸后，他们决定仿建一座托斯卡纳花园。伦纳德重修了池塘，增加了甬道。这座英式花园也就有了意大利花园的要素。她在

第一辑　　性情和爱好

▲ 弗吉尼亚的写作小屋

给朋友的一封信里说："我还是告诉你吧，花园是它的亮点。你必须过来，与我一起坐在草坪上，在苹果树下散步，或者采摘。这里有樱桃、李子、梨、无花果，还有各种蔬菜。我郑重告诉你，这是我们心中的骄傲。"

不写作的时候，弗吉尼亚就坐在花园里读书。清风潜入花丛中，又把香气带出来。她在日记里写道，"再没有如此可爱的花园了。阳光下的花朵似乎都在燃烧，红色、粉色、紫色，令人目眩。康乃馨开成一大团，玫瑰就像点亮的路灯柱。"从弗吉尼亚的小说中，我们还可以了解到她的赏花方式。她从花园里采摘一些鲜花，让花朵漂浮在碗里。她也喜欢把野花插在苔藓上。园子里还有蔬菜和草莓。果园里有苹果、梨和欧楂，还有五个蜂箱。丈夫长期管理果树和花卉，竟然成了村子里很有名的园艺师。他们在 1926 年雇了一位园丁，负责打理花园。园丁还把剩余的水果蔬菜，拿到村里的市场上出售。

蒙克宅邸不仅是伍尔夫夫妇的乡村宅邸，也是布卢姆斯伯里文化圈（Bloomsbury Group）的聚会地点。这些睿智有趣的知识分子聚集在一起，观点交锋，灵感碰撞，为弗吉尼亚带来了新的思考。夫妇二人在这里接待

英国风物记  *A Cultural Guide to the British*

▲ 到了冬天，夫妇俩人就把部分花卉放在温室内

了文化圈中的很多文人雅士，其中有诗人艾略特（T. S. Eliot）、作家福斯特（E. M. Forster）、艺术批评家罗杰·弗莱（Roger Fry）和传记作家利顿·斯特雷奇（Lytton Strachey）。弗吉尼亚的姐姐和姐夫也是家里的常客。她的姐姐瓦妮莎（Vanessa Bell）是艺术家，姐夫是艺术批评家克莱夫·贝尔（Clive Bell）。与弗吉尼亚关系密切的贵族女作家、诗人薇塔·萨克维尔－韦斯特（Vita Sackville-West）也经常光顾这里。

1940年的伦敦空袭，使得他们在伦敦的房子受损。弗吉尼亚和丈夫来到蒙克宅邸，这里成了他们最后的家。战争的阴云压迫着她的情感，她的神经系统已到崩溃边缘，死亡时常浮现在她眼前。她在最后的作品《幕间》（*Between the Acts*，1941年）中，描述了一个贵妇人在睡莲池投水溺亡。那是一片浓绿的水，其间有无数鱼儿"遨游在以自我为中心的世界里，闪着亮光"。这成了她心里的映像，她决定采用这种方式结束生命。1941年3月28日，伍尔夫在自己的口袋里装满了石头，在村子附近的欧塞河（River Ouse）沉河自尽。她在给伦纳德的短信中说："我不能再毁掉你的生活了。"她不想再拖累丈夫。丈夫也是一位有才华的作家、记者和编辑，他为照顾妻子，几乎放弃了一切。

弗吉尼亚去世后，伦纳德一直住在这里，整理并出版了亡妻的遗著。伦纳德在 1969 年 8 月 14 日死于中风。他的遗体火化后，与妻子的骨灰都埋在了榆树下面。一位美国收藏家收购了他们的藏书，所以故居里只有一套莎士比亚戏剧。这套书原来放在朋友家，后来朋友家的后人还了回来。这是当年弗吉尼亚收藏的书。弗吉尼亚亲手包上了书皮，还在书脊写了书名。根据遗嘱，伦纳德把故居遗赠给了密友——女艺术家特蕾奇·帕森斯（Trekkie Parsons）。特蕾奇·帕森斯在 1972 年把房屋转让给萨塞克斯大学，1980 年由国民信托组织托管。故居每年 4~10 月向游客开放。

游客可以参观花园和家宅底层，包括客厅、餐厅、厨房和弗吉尼亚的卧室。她早期在底层的卧室里写作，房间不大，但窗户的视野好。她把客厅涂成了淡绿色，这是她喜欢的颜色。五个敞开的窗户外面也是绿色，在漂浮的绿色光影中，她感到十分放松。有时她也坐在家宅的木椅上写作，或呆坐着看外面的风景。她看着树叶随风摇曳，看着"太阳捕捉树上苹果的光泽"。那光泽逐渐扩展，如同河水泛滥出来的小湖泊，令她十分着迷。唯有死亡才让生命完整。她沉入河底，是去寻找另一种存在的意义。

城市公园

很长一段时间，我们全家居住在伦敦摄政公园附近。周末休息时，我和家人会走进公园西门，沿着细径漫步，驻足在一座微型木桥上，观看下面的溪流和白鹅觅食，然后到更敞亮的草坪上健身运动。摄政公园占地 1.66 平方千米。其名字来自汉诺威王朝的摄政王乔治四世。乔治四世委托建筑大师约翰·纳什（John Nash）在这片皇室地产上建造别墅。最初计划建造 56 栋别墅。当建了 8 栋后，专门负责管理皇室房地产的皇冠地产改变了经营思路，把这里开发成一座公园，才逐渐形成了摄政公园的格局。摄政公园的东北角是伦敦动物园，西侧有著名的清真寺。在夏日黄昏里，小型露天剧场每周末都要上演莎翁名剧，保留剧目是《仲夏夜之梦》。空

英国风物记  A Cultural Guide to the British

▲ 初春的摄政公园

气中弥漫着花朵的清香，让剧情多了几分浪漫情调。晚上，公园的铁栅栏门要上锁。这个时候，公园就成了鸟类和松鼠的天堂。附近居民如同住在森林边缘。树梢与星光厮磨。鸟类的偶尔呓语，细长而响亮。

公园设计者约翰·纳什延续了英式花园的设计风格，把建筑纳入自然环境中。一条环形道路分割出内外两园。中间隔离带是环形马路，内侧竖立着铸铁栏杆，厚厚的黑漆上有金色皇室标志。中心区是玛丽王后花园，里面生长着400多种玫瑰，约有3万多株。整个公园没有假山等人工装饰，那些看似自然天成的花卉草木，都经过了人工布局和修剪。随着光线和天气的变化，它们呈现出不同的光调色彩。白雾缠绕在树枝上，迷蒙一片。行走在里面的人更以自我为中心。英国人好自恋，在这种环境渲染下，自恋心态便滋生出丝丝浪漫气质。

城市公园维持着都市环境生物的多样性。天鹅和北方候鸟都会栖息在公园的湖泊里，在灌木和林地里觅食。除了伦敦市中心的公园外，北伦敦的汉普斯泰德西斯公园（Hampstead Heath）、东部的格林尼治公园、西部的灌木公园（Bushy Park）和里士满公园（Richmond Park），以及南部的

第一辑　**性情和爱好**

汉普顿宫皇家园林和鹿苑，组成了伦敦最富有活力的"肺叶"。伦敦市的绿化面积超过了40%以上，这些皇家公园贡献了大部分绿地。伦敦曾有"雾都"之称。一旦消除了污染源，伦敦的空气马上变得清新起来。公园里的绿色植物起到了吸尘和过滤作用。

公园里的很多花木都是从国外引进，其中中国杜鹃花和山茶花最受民众喜爱。世界各地的植物花草，都集中在丘园（Kew Gardens）里。占地121万平方米的丘园最早属于英国皇室，现在是由政府环境食品和乡村事务部提供研究资金。它是历史最悠久的世界园艺植物栽培中心。各种温室为不同植物提供了模拟生长环境。有的温室里种植着热带和亚热带植物，以及耐干旱的仙人掌等。植物标本馆（Herbarium）收藏了700多万份植物标本，代表了地球上近98%的植物科属。植物学家预测，随着环境温度的升高和人类栖息地的破坏，很多植物将会灭绝。为了应对人类的环境危机，丘园于2000年建成了千年种子银行。这是平衡野生生态系统的重要措施。

在伦敦城外，还有一些颇有皇家气派的历史公园。斯塔德利皇家公园（The Studley Royal Park）是18世纪最重要的水景花园，占地323万平方米。公园里建造有装饰性亭子和雕像。这里还有占地146万平方米的鹿苑，里面栖息着500多头鹿。1983年英国国民信托接管了这座公园，进行保护性商业经营。该公园在1986年被联合国教科文组织授予"世界遗产"的称号。休德利城堡（Sudeley Castle）里面也有一座遗世独芳的城堡花园。该城堡鼎盛于公元15世纪。亨利八世去世后，他的第六任妻子凯瑟琳·珀尔在1547年嫁给了休德利城堡主人托马斯·西摩。凯瑟琳·珀尔也把继女伊丽莎白带了过来。她们在这里度过了愉快时光。伊丽莎白后来加冕为女王伊丽莎白一世。这座城堡在百年内战中变得破败不堪，直到1837年才被登特—布罗克赫斯特（Dent-Brocklehurst）家族购入，然后进行大规模整修。城堡花园由女王花园、秘密花园、桑树园、植物园等多个花园组成。他们特地留下部分废墟，以突出城堡的历史感，为花园平添了一份独有的皇家气象。

英国风物记  A Cultural Guide to the British

国家公园

　　国家公园是国家自然景观和生物的巨大保护区。通常是方圆数百平方千米，里面坐落着几个乡村。这些公园是健步锻炼的最佳地方。英国现有14座国家公园。峰区国家公园（Peak District National Park）设立于1951年。这里绵延崎岖的山地乡野里蕴含着丰富的地域文化。传统牧场、中世纪酒吧、石头教堂和乡村旅店，构成了丰富的旅游文化资源。中南部多石灰岩，称为白峰区（White Peak）。北边是砾岩地貌，称为黑峰区（Dark Peak），东部是陡峭悬崖（Edge）。这里潮湿多雨，岩石上长满苔藓。苔藓植物起源于5亿年前，敏感而脆弱，只能生长在生态环境良好的环境里。它们在维持水分、平衡和减少土壤侵蚀方面有独特作用。苔藓下面也有一个热热闹闹的微观世界。一些小型无脊椎动物和昆虫喜欢在潮湿的苔藓下面安家。石缝和泥土里生长着一丛丛石楠，形成了当地的荒原景观。

　　公园内有多条健步小道，有的崎岖艰难，有的平缓自在，行程可长可短，供不同级别的健步者选择。有些步道铺有碎石，有些是草皮路径。它们都有路标指示。路上可以看到不同年龄的健步者。他们穿着各种鲜艳的防水服装，背着登山包，带着登山杖健步行走。登山包里装有急救包、零食和水。沿途景色让行人宽阔了视野，美好了心情。牧场、溪流、石墙、羊群等应接不暇，一路都是经典的乡村景色。也有年轻人开车而来，把汽车停在停车场，从车顶卸下自行车，在崎岖的道路上骑行。

　　贝克威尔（Bakewell）是峰区的首府，这里最早是牲畜交易市场，也是英格兰东西交通的中转站。当谢菲尔德发展成重工业城市后，也刺激着这里的旅游。街道两侧和偏僻的小巷内都是酒吧、旅店和店铺，逛街犹如寻宝一样，不知道什么时候就能发现一家令人惊艳的小店。据说小说家简·奥斯汀曾经住过拉特兰纹章酒店（Rutland Arms Hotel），并把场景写进了《傲慢与偏见》。这里还有一些卖艺术品的小店，店主都是画家。在没有顾客时，他们都在认真作画，绘画内容都是峰区的风景。这里的售卖方式很有趣。峰区明信片就放在木架上，游客随意挑选，往盒子里投入相应硬币就可以拿走。售卖有机鸡蛋也是如此。没有人在场监督，完全靠买者的诚实。店家告诉我，这里从未发生过拿走货不付钱的现象。

贝克威尔的建筑和店铺都带有传统的乡村风格。厚重的橡木家具，墙上挂着羊皮和鹿角，还有烧着木柴的铸铁壁炉，让人感到惬意和温暖。细小的怀河（Wye）流过小镇。小河没有护栏，呈自然状态。里面的水鸭、天鹅在水里觅食。一只白鹅走了上来，在人群中转悠。它觉得自己与旁边的游人没有什么两样。餐馆出售的都是乡村美食，有烤香肠、炸土豆条，还有星期日烤肉（Sunday Toast）。英国人在"烤"和"煮"的过程中很少加入佐料。在烹饪完成之后，食客根据自己的口味加入胡椒和盐等。对于英国人来说，美食的关键在于食材的纯正，环境也是饮食的一部分。坐在酒馆前看着蓝天白云，享用一顿星期日烤肉，那才是真正的乡村生活体验。

无论是在峰区，还是在其他公园，里面都少不了植物和禽鸟的介绍。这是英国公园的一大特点。行人一边健步，一边看各种介绍，然后与实物进行对比，增加了探寻大自然的乐趣。很多行人都带着各种健行指南书籍，不时停下来翻阅，对照周围景观，辨识各种植物。旅行专家温莱特（Alfred Wainwright，1907—1991）手绘编辑的峰区旅游指南最受欢迎。从简洁的文字到地形图、等高线图、风景、植物花卉、昆虫、名人足迹，以及里程和步行时间，都有精确的描述。从这套旅行指南中，我们看到了英国人对"游玩"竟是如此认真。那些五颜六色的健行者，拉开间距，不远不近，兴高采烈地行走，反而让大自然多了几分宁静。英国人对大自然的热爱，在运动中得到了全面展现。在他们眼里，大公园就是大自然，小公园是裁剪后的大自然。它们都是保持身心健康的最佳环境。

英国风物记  A Cultural Guide to the British

排队与规矩

每年都有上百万游客来英国旅游。游客素质参差不齐。排队购物时，经常有人插队。遇到这种场景，大部分人英国人都有些傻眼。他们起初面面相觑，个别人会发出嘘声，有人露出鄙夷神色，大有捍卫领土疆界的气势。这时候，互不相干的队伍会被一种气场串联起来，队形变得僵直，如同一只被细棍惹恼的大青虫，扭动几下，让插队者失去了往里挤的勇气，悻悻离开。

排队已经成为英国人的潜意识行为。遇到前面有人站着，后来者如同条件反射一样，会自动站成一条线，后者甚至还要向前面的人确认一下，"你在排队吗？"以避免自己站错了队。即使队伍看上去有些散乱，绝少插队者。为了看一场演出，有时购票需要排队两三天，售票处门口甚至搭起了帐篷，排上了椅子。匈牙利裔作家乔治·麦克斯（George Mikes）在20世纪40年代生活在伦敦。他调侃说，排队是这个无趣民族所能干出来的最有激情的事情。

英国人讲究规矩，连体育娱乐也不例外。英国人发明了足球、棒球、橄榄球、网球等，也为它们制定了规则。这种规则思维影响了他们的行为方式。工业革命时期，大量农民涌入城市，城市急剧膨胀。社会处于混乱状态。规则起到了重要规范作用。一旦他们接受了规则，粗糙的行为就会变得细腻。英语中的"polite"最初是指"打磨光滑和擦亮"，后来则有了"优雅"和"礼貌"等文化含义。"Urbane（城市）"一词也含有"温文尔雅"的意思。18世纪，英国城市开始流行咖啡馆。无论一个人有何种身

第一辑 性情和爱好

份，一旦进入咖啡馆后，就要遵守咖啡馆的规矩，包括吸食鼻烟、茶桌上的礼仪等，否则就会视为不受欢迎的人。遍布城市的咖啡馆培养了都市文化，一种新

▲英国小镇的建设和管理也具有严格的内在秩序

型的交往礼貌，一种平和的聊天和读报氛围。高雅的俱乐部传播了绅士礼仪。它们都是社会礼仪的培育场所。乔治五世在1910年登上王位后，英国进入了温莎王朝。温莎时代被称为礼仪和讲究的时代，如购物要排队、进门、乘车或进电梯时，都要女士优先。夫妻走在街道上，丈夫要走在外侧，作为对女性的关照。在进入大门时，总要回头看一看身后是否有人。如果后面有人，就会扶住门，直到后面的人进去后才松手。

秩序和规矩是公平公正的重要保证。"一战"期间，英国实行食品配给制，当时食物短缺，商店门口总有长长的队伍。人们耐心等待，绝无插空加塞者。根据1918年1月出版的《泰晤士报》报道，在伦敦的史密斯菲尔德肉市，每天有4000多人排队买肉。第二次世界大战爆发后，排队购物发展出了排队礼仪。如果队伍中有两个人搞不清先后，一方必会请对方排在前面，自己一边主动后撤，一边说："您先请！"在德国纳粹飞机狂轰滥炸伦敦时，男女老幼都是有秩序

▲伦敦的主要街道都是19世纪设计建造的。民众只有遵守规则才能保证交通畅通

083

英国风物记 A Cultural Guide to the British

地进入防空洞，没有吵闹推搡，而是鱼贯而入。偶尔还听到有人低声安慰，"别着急，出来后我们一起喝杯茶。"

1951年，英国《民众报》（People）调查了国民性在过去一个半世纪里有哪些变化。各行各业的1.1万人接受了调查。项目负责人戈尔（Geoffrey Corer）调查后得出如下结论："在过去150年里，国民性格并没有发生真正变化，但是外在变化巨大。没有法律意识的民众变得遵守法律；喜欢逗狗、逗熊游戏、观看公开绞刑的国民，变得富有同情心和敏感。国民生活中的腐败现象已经被更多诚实所取代。"在法律和信仰影响下，社会逐渐形成了共识：排队就是法制。自己的权利不让，别人的权利不抢。

排队的良好习惯也会延伸到其他领域，这是对公共秩序的遵守。在驾车过程中，他们习惯用闪灯或手势表示"借光"和"感谢"。在道路狭窄处会车，驾车人会用闪灯表示礼让，示意一方先行。先行者从方向盘上抬起一只手表示感谢，或向窗外伸大拇指。没有红绿灯的路口，驾车人都十分谨慎，先确定是否有行人通过，因为行人有优先通行的规定。只有在紧急时刻，需要提醒对方注意或表示不满时，驾车人才会按喇叭。

在英国只有一个地方不用排队，这就是在酒馆里。虽然看不到队形，酒保扫一眼，就能记住服务的先后次序。顾客也知道自己排在哪位顾客后面。即使酒保记不住顾客顺序，也是低低地问一句，下一位是谁？酒保只需一个眼神接触，或通过顾客的手势或姿态，就能判断出先后次序。被注意到的顾客也会用微笑或扬起下巴来回应。喝酒属于个人消遣。在一对一的消费服务中，无论两个人怎么站立，都是一个不错的队形。

▲ 英国人排队不喜欢靠得很紧

第一辑　性情和爱好

爱心善行

英人不爱凑热闹。若有人围观，必有大事。一日，我上班路过摄政运河旁的海盗城堡时，看到狭窄的人行道和桥头都挤满了围观者。他们在观看两只白天鹅攻击一只黑鸭子。这无关乎正义与非正义。每当黑鸭子孤身反击时，围观者就发出欢呼声。当黑鸭子处于下风时，人群就叹息一片，大声斥责两只白天鹅。黑鸭子根本不是两只白天鹅的对手，最后落荒而逃。围观人群为黑鸭子鼓掌欢呼，直到看不见黑鸭子的踪影，人们才愉快离去。

英人有同情弱者的传统。如果有人牵着一只狗遛弯，就会有人搭讪，称赞小狗长得漂亮，告诉对方自己掌握的养狗方法，甚至约定一起遛狗的时间。如果一条狗孤零零地蹲在路边，就会有人低头询问："你叫什么名字？你的主人呢？你要去哪里？"两只狗打架，英国人便本能地站在弱者一方，甚至会阻止强者攻击弱者。他们的生活准则是，即使失败者不值得同情，也绝不能继续追打已经倒地者。如果强者继续追打弱者，就违反了公正原则。

除了同情心之外，英国人对很多动物都充满着感激之情。在伦敦海德公园东侧，爱护动物组织在2004年建造了一座参战动物纪念碑（Animals in War Memorial）。在两次世界大战中，大批牲口驮着武器弹药和粮草，跟着军人转战战场，信鸽传递情报，它们大部分都丧生于战场。在参战动物纪念碑上，雕刻有驴、马、骡、猴、骆驼、鸽子和萤火虫。在"一战"

英国风物记  A Cultural Guide to the British

期间，战壕上空的萤火虫，不仅帮助军人改善了心情，还用点点亮光，让军人准备武器和观察敌情。这些不起眼的萤火虫，也成了战争中的小小英雄。

几乎每一种动物都有保护组织。有蝙蝠保护热线、獾保护基金、刺猬保护团体。在威尔士，每年青蛙去河里产卵时节，上百志愿者都会穿上橙色荧光服，站在公路边看护穿越马路的青蛙，生怕车辆轧死它们。很多地方还有一些奇特的保护动物条例。苏格兰遗产组织（Scottish Heritage）禁止民众在夜晚用灯光寻找小动物，以免惊扰了他们的睡眠和觅食。如果有工作或研究需要，则需要向苏格兰遗产组织提出申请。狐狸曾是农牧业的公害。到了狩猎季，贵族们就会穿上猎装，带上猎狗和号角，在自家农田里围猎狐狸。狐狸的狡猾总能激发起猎狐者的极大热情。随着狐狸数量大幅下降，狐狸成了弱者。热爱动物的民众成立了"反对残忍体育项目联盟"，大规模游说议会。议会在2004年通过法令，禁止了这项延续了600年的贵族运动。

热爱小动物，才会让社会充满温情。英国的池塘生活着野鸭和天鹅，人们路过时都避免大声喧哗。居民为松鼠撒下松子或面包渣。我的邻居在公寓附近发现了小野鸭。野鸭的绒毛湿漉漉的，已经奄奄一息。估计它是从附近的摄政运河里跑出来的。邻居曾经是一位兽医，把它带回了家，经过七天调养，小野鸭恢复了健康。邻居带着孩子把它重新放回摄政运河里。小野鸭一直不肯走开，紧紧跟着孩子走。孩子与它捉迷藏，它总能敏锐地发现孩子们，欢快地跑了过来。邻居说："你走吧。"小野鸭天真地看着，毫不理会。当一群野鸭游过来时，孩子们看准时机，立刻把它赶到河里。它起初有些惊慌，盯着鸭群，然后慢慢靠近。邻居说，没有事啦，它会融入野鸭群的。

▲ 宠物狗可以拉近陌生人之间的距离

英国人对动物的关注，甚至超过了

第一辑　性情和爱好

儿童。全国防止虐待儿童协会（LSPCC）于1883年在利物浦成立，比全国防止虐待动物组织晚了61年。当年，下院议员理查德·马丁（Richard Martin）向法院起诉比尔·伯恩斯（Bill Burns）虐待自家毛驴。理查德·马丁把这头毛驴牵到了法庭。这是法院判决的首起虐待动物罪。各种报纸竞相报道。在社会呼吁下，议会在1822年通过了《虐待牲畜法案》（*Cruel Treatment of Cattle Act, 1822*），又称"马丁法案"。1824年6月16日，防止虐待动物协会（SPCA）在伦敦的老斯劳特咖啡馆成立。维多利亚女王在1840年同意成为该组织的庇护者，该组织更名为英国皇家防止虐待动物协会（RSPCA）。

英国皇家防止虐待动物协会有4所动物救助医院、十多个诊所、4个野生动物救助中心。这些组织免费为受伤或弃养的动物治病。动物保护组织还开设有215家慈善店。附近居民把旧衣服和不使用的物品送到店里，衣服经过清洗和烫熨，标价后挂在店里出售。原价100英镑的衣服，这里也就卖3~5英镑。店铺主要由义工管理和运营。全英国有1/3的流浪狗都是通过该组织找到了新家。我女儿在伦敦读书时，在寓所的阳台养了一只兔子。等女儿大学毕业，去外地读研究生时，只好把那只灰兔子托付给了宠物之家（Pets at Home）。宠物之家免费寻找新的领养人。很快有人为孩子领养了这只兔子。店家打电话把这一消息告诉了我女儿。

为什么英国人有这种心态？哲学家罗素的回答简单又深刻：爱、知识和怜悯。他认为这三者构成了英国文化的精髓。除此之外，孤独感也可能是一个现实理由。英国人情冷漠，狗对主人不离不弃，自然成了人的最好伙伴。当孩子小的时候，狗是孩子的玩伴。当孩子长大成人后，老年人就把猫或狗当成了孩子。一位欧洲大陆作家向不同行业的英国人问了同一个题：荒郊野地里有一个老人和一条老狗，老狗饿得奄奄一息，老人身上只有一口吃的。这时候，你应该救谁？英国人几乎异口同声地说，当然是救那只老狗了，它多可怜啊，连个饿字都说不出来，也不会为自己乞讨。

英国风物记  A Cultural Guide to the British

中产者的活法

2015年英国大选后的第二天,我乘长途客车从伦敦前往母校莱斯特大学。车上有几个衣着讲究的人,低声议论着大选结果。虽然声音故意压得很低,但前排座位上的乘客都能听见。他们语气里透露出兴奋,对保守党获胜感到庆幸。他们中途下车,随手把报纸放在了驾驶员旁边的箱子上。驾驶员应该是工党的支持者。他阴沉着脸,愤然把报纸揉成一团。这个细节让我印象深刻。英国人都有自己的观点。不同阶层的人,自然会有不同的政治诉求,阶层意识依然潜藏在他们内心深处。

性格和心理

英国人心里都有一把尺子。他们用这把隐形尺子约束自己,不让自己跨出身份的界限,也用这把尺子衡量别人。一个与基本生存无关的问题,让人们不自觉地绷紧神经。社会人类学家凯特·福克斯(Kate Fox)说,当一个英国人询问你的职业时,对方其实是想了解你的身份。一个人的口音、谈吐气质和穿衣打扮,可以透露出其经济状况和学识水平。她说:"无论他们是否承认,所有英国人身上都装有一台社会型的全球卫星定位系统。只要他或她一开口说话,这个系统立刻显示他或她在社会阶层地图上的位置。"英国人的生活基本风平浪静,如苏格兰高地的湖水一样。湖水下面却是潜流涌动,不时有疑问的气泡浮出水面。

第一辑　性情和爱好

对于中产人士来说，"阶级"是一个嘴上否定或装作满不在乎、而内心却十分肯定的概念。中产阶层代表着英国社会主流价值观。政治家们深谙此道，都采取了迎合态度。前首相托尼·布莱尔曾说："我们现在都是中产阶级。"中产概念有些模糊，不能仅仅用收入作为衡量指标。这有些类似于界定色情小说一样，只有自己阅读了，才会知道是或不是。如果问别人，答案肯定是五花八门。英国人长期浸淫在自己文化中，已经习惯于把自己归为某个阶层，并通过电视剧等文化形式来确认自己所处的社会位置。电视肥皂剧《东伦敦人》(*EastEnders*) 自1985年播出以来，多次创下英国电视节目的最高收视纪录。里面的主要人物都处于社会中下层。有的是小店主，有的是洗衣工。他们穿着宽松的衣服，居住在政府廉租房里。他们整日忙忙碌碌。他们也有自己的梦想、苦恼和追求。理解了等级意识，才能认识到每个阶级的价值取向。

中产阶级具有清醒的身份认知，最注意包装自己。他们强调公正和公共，也有精明的算计。在他们精心设计的轻松外表下，有警惕和谨慎的思考。他们往往深藏傲气，却又表现出一种自谦和轻松，甚至嘲笑自己，说自己是个笨人。我在伦敦采访时经常遇到此类人。一位中年作家对我说，

▼伦敦的中产阶级民居

自己的小说不值一提，自己无意成为作家，只是在无聊时写些文字。一位女演员得了表演奖。她不提自己曾经如何磨炼表演技巧，却说自己运气好。她讲自己当初多么糟糕，闹了多少笑话。那些初次获奖的年轻人在台上领奖时，明明内心十分喜悦，却说自己不该得这个奖，故意压抑自己的激动心情。两种情绪汇聚到脸上，反倒让表情有些僵硬。那些经历了岁月磨炼后的中产老人，反倒是一派绅士气息。

我对中产人士这种带有自谦和自我否定的文化符号，也有自己的解读。他们说自己糟糕时，实际是通过自我否定来衬托成就，是想让别人知道自己其实很聪明，一不小心就取得了成功。这是一种不实在的诚实，是通过否定来达到肯定的效果。这种表现十分接近英国演员休·格兰特塑造的角色。这位牛津大学毕业生在电影《四个婚礼和一个葬礼》和《诺丁山》中成功演绎了单身汉形象，给人一种懒散和倒霉的印象，其实是外表轻松，内心门清。当我熟悉了中产人士的这种表达套路后，我自然也会将计就计，与他们争辩，说他们多么优秀，多么出类拔萃。他们依然会自谦，只是嘴角上不经意间会闪过一丝微笑。

品位和生活

中产家庭注重生活品质。他们通常在城市里有一套公寓房，在乡村或郊区有一套联排房或农舍，还有一两部汽车。一位建筑专家告诉我，福利体制让各阶层的人都能住进联排房，里面的装饰和陈设才是区别其阶层和品位的指标。就地板而言，贫困家庭通常铺硬杂木，中产家庭使用厚橡木。上流家庭基本都住在老房子里，里面的实木地板都有些年头，甚至磨损严重。他们并不乐意更换，认为这是家族遗产的一种标志。

我认识的一位中产人士就住在伦敦郊区的联排房里。窗外爬满常春藤，凸肚窗让客厅里光线充足，空间显得敞亮宽大。窗台上摆放着几件人物造型的瓷器，还有从古玩市场上淘来的老玩意。墙角有一个书架，上面摆满了书籍。墙壁上挂着一幅风景油画。牛皮沙发结实厚重，壁炉里放着一个暖风机。主人特意介绍了老式枝形吊灯。他从旧货市场上淘来后，把

第一辑　性情和爱好

▲中产人士十分讲究生活品位

安放蜡烛的位置换成了小灯泡。吊灯从天花板垂下来，增加了室内的典雅气氛。室内没有奢华的东西，布局紧凑温馨。他们周末带着孩子去听音乐会或逛博物馆，然后返回郊区的住宅，摆弄一下后花园，放松心情。

很多中产人士都是从社会底层奋斗上来的。在19世纪小说家们的笔下，很多工厂主、手艺人如制帽匠、定制裁缝、钟表匠等，通过钻研获得了精湛技能，通过发明创造和企业管理，逐渐积累了财富。克莱克夫人（Mrs Craik, 1826—1887）的小说《绅士约翰·哈利法克斯》（*John Halifax, Gentleman*）描述了一个孤儿发迹的故事。当小说主人公发了财、有了房屋和马车后，他的儿子对他说："我们算是有绅士身份的人了。"父亲淡淡地说："孩子，我们一直都是那样的人。"他们相信，一个人的社会地位不是由出身决定，需要通过个人奋斗，捕捉创业的灵感和机会。1851年，伦敦举办了引人瞩目的万国工业博览会，由德文郡的园丁约瑟夫·帕克斯顿设计的水晶宫，被誉为展示工业革命成果的神殿。这也震撼了来自约克郡的青年人威廉·威特利（William Whiteley）。他从中看到了巨大商机。1863年，他在伦敦北部的韦斯特本果园街（Westbourne Grove）开设了一家百货公司。虽然地处偏僻，新开通的地铁线却带来了客流量。百货公司里有餐厅和厕所，里面摆满了各种产品。所有商品都有价格标签，顾客可以触摸和摆弄。这完全是一个小型博览会的布局。这对中产妇女颇有吸引力。她们有闲暇时间，也有眼光。她们需要仔细比较不同产品的质量和价格，才会掏钱买到心仪的产品。

中产阶级是极其理性的庞大群体。根据社会历史学家的统计，维多利亚时期的贵族家庭和贫困家庭，通常都会生五六个孩子。中产家庭只要两三个孩子。家长通常会投入高额学费，把孩子送到私立学校，让孩子接受最好的教育。这种清晰的生活规划和努力目标是中产家庭的显著特征。威廉·阿克顿医生在1857年出版了《从生理、社会和道德关系来看童年、青年、中年和老年时期生殖器官的功能与疾病》(The Functions and Disorders of the Reproductive Organs, in Childhood, Youth, Adult Age, and Advanced Life, Considered in the Physiological, Social and Moral Relations)。他认为智力与性欲的关系成反比。当人的理性和智力强大时，性欲就会受到压抑，反之亦然。中产家庭注重精神享受和生活品质，这降低了他们的生育意愿。达尔文的《物种起源》在1859年出版后，中产家庭认识到孩子不是来自上帝的恩赐，孩子数量是可以控制的。控制的方式就是采取避孕措施。19世纪的避孕套材料是用胶质制作而成，使用前需要在热水里浸泡后才变得柔软。舒适度远不及乳胶套。乳胶避孕套在1928年才发明出来。

社会学家把"称谓与常用词"作为社会阶层分析的参数。英语语汇极其丰富，英语在演绎和形成过程中吸收了法语和拉丁语的词汇。同样一个物体，不同阶层的人都有不同称谓。当年移民美国的英国人都出身于中下层，这使得美国语言具有朴素简洁的特点。英国上流社会还保持着固有的传统习惯和用语，这种影响力依然强大，形成了上流社会英语和大众英语。我经常听到这样一种说法，英国和美国的主流社会都持有盎格鲁—撒克逊的价值观，但是英语却划分开了美国人和英国人。英国人矜持、用词讲究、注意细节描述；美国人则是开朗、用词简单、注重有效信息。美国人继承了英国中下层人的语言风格和思维模式。

阶层和焦虑

中产阶级概念最早出现在 1766 年版的《牛津英语词典》。这意味着中产阶级在 18 世纪后期已经形成。英国作家阿瑟·杨（Arthur Young，1741—1820）说，中产群体的显著特点是有知识、有智慧、善于学习。这是对英国中产阶级特质的最早描述。从 1854 年到 1900 年，公务员人数增加了一倍。他们在 1870 年以后都是通过公开考试后选拔上来的。到了维多利亚时期，各阶层的收入都有了精确统计。中产阶级队伍庞大起来，包括教区教士、律师、教授、医生、手工艺大师和公务员等。他们通过商贸、实业或专业技能来获取收入。他们的思维模式和价值取向，形成了 19 世纪英国社会的主流价值观。

两次世界大战耗尽了维多利亚时代积累的财富红利，中产阶级遭受了最严重的打击。第一次世界大战摧毁了英国人的正常生活。从 1914 年到 1918 年，人均每周食糖消费量从 1.49 磅减少到 0.93 磅，鲜肉从 2.36 磅减少到 1.53 磅。在 1917 年圣诞节前两个星期里，伦敦食品店外排起长龙，妇女们抱着婴儿，领着孩子排队等待食物配给。"一战"结束后，国债已是 1914 年的 4 倍，到了 1932 年，债务负担相当于战争开始时的 12 倍，严重拖累了英国经济复苏。"二战"爆发后，英国人又与纳粹德国展开了殊死较量。战争结束后，军人伤亡 30 万人，平民死亡 6 万多人，有 3.5 万商船船员葬身大海。战前的黄金和美元储备也丧失殆尽。英国社会变得萧条和沉闷起来。

工党领袖艾德礼在 1945 年大选中提出了"让我们面对未来"竞选纲领，最得民心的政策是完善国民保健、实行全社会保险。中下层选民把选票投向了工党。下议院先后通过了《国民医疗服务法案》(National Health Service Act) 和《国民保险法案》(National Insurance Act)。从 1947 年开始，英国变成了"从摇篮到坟墓"的福利国家。这需要以高额税收为前提。巨额财政赤字迫使政府加征个人所得税，负担最重的是中产阶级。一个白领的收入，在除掉税金和养老保险后，到手的薪水只有 2/3。这种高福利带来了英国社会特有的"懒惰病"和官僚作风。国有企业利润普遍下降，传统价值观也在逐渐淡化，年轻人变得懒散和无所事事。1970年，英国北海发现了石油，英国经济才免于被福利保险体制拖垮。

保守党在1979年执政后，撒切尔夫人把财政收入置于首要地位。她推出了一系列私有化政策，精简和压缩公共机构人员，鼓励自由竞争，强调市场的调节作用。这种私有化过程是一把双刃剑。公司里的竞争意识明显增强，但是职员们对公司的忠诚度普遍降低。失业人数在1986年1月增加到了340万人，占全部工作人口的14%。很多公司职员不知道自己5年后会出现在哪里，人们变得急功近利。公开在餐桌上谈论钱财不再是社会禁忌。保守党领袖梅杰担任首相后，在1991年7月推出了《公民宪章》（Citizen Charter），纠正私有化带来的混乱，确立公共服务行业的标准，增加政府透明度和民众知情权。服务行业有了显著改善。阿拉伯王子们、石油大亨、阿拉伯金融寡头纷纷来伦敦投资置业，资金的充裕也大幅推高了房价。全社会开始盛行"先拿货后付款"的消费模式。

2008年的经济危机刺破了金融泡沫，整个社会陷入经济萧条中。信息产业开始重塑社会。中产人士担心自己失业，家庭生活水平下降，孩子难以得到良好教育。抑郁症成了中产阶级的流行病。英国广播公司对英国、德国、法国、意大利、丹麦等欧洲七国进行了调查，发现英国人中患抑郁症的比例为26%，在七国中名列榜首。根据该公司的调查和分析，中产阶级占全国人口的31%。信息产业让中产阶级分化为两个阶层，一个是传统中产阶层（Established Middle Class），另一个是技术型中产阶层（Technical Middle Class）。前者占英国人口25%，主要就职于传统行业，有广泛和固定的人脉关系。后者是借助互联网崛起的中产人士，占英国人口6%。他们在经济上相对富有，偏爱网络文化，但是欠缺社会和文化资本。信息社会强化了传统中产阶级的危机感，他们对紧邻自己的阶层颇为敏感。这种敏感和焦虑如同影子一样，一直伴随着他们的生活。

第一辑　**性情和爱好**

节日和节气

　　海洋性气候让岛国季节不走极端，四季转换不甚分明。节日庆典更多是在提醒季节变化。民众调整心态，适应气温升降。只有到了冬季最深时节，才有一种恍然大悟的感觉，原来已经到了寒冬。

　　岛上的先民很早就掌握了农耕节气。农耕节气构成了一年的生活节律。节气与原始巫术结合起来后，生活里便有了期盼和禁忌，这构成了原始文化的主脉。在基督教进入岛国后，原始的农耕节气被赋予了新含义。宗教节日也传递出节气转换。春季是从圣诞假期末到复活节；夏天是从复活节结束日到圣彼得入狱日（8月1日）；秋天是从圣彼得入狱日到米迦勒节（Michaelmas，9月29日）；冬季是从米迦勒节到圣诞节。

　　宗教假日可以让民众休息，让家人团聚。英文中的Holiday（假日）是基督教中Holy Days（圣日）的转化。根据教会规定，民众在圣诞节（12月25日）和主显日（Epiphany of the Lord，1月6日）之间休息14日，在复活节放假14日。一年中的最大节日是12月25日的圣诞节。英国人庆祝圣诞节的方式，同古代庆祝冬至节的方式完全一样。家里摆上一棵松树，上面挂满礼物。地板上是各种木头玩具，有小木马、布娃娃和木块。冬青枝藤编成的花环装饰在门口。

　　在圣诞除夕夜，圣诞树亮起了彩灯，各种坚果和巧克力摆放在了桌子上。大人和孩子围在一起吃圣诞餐，主菜必有一道烤火鸡，还有圣诞布丁、葡萄酒和麦芽啤酒。圣诞布丁是不可缺少的甜点，用小麦粉、牛奶、葡萄干和香料等制作而成。有些地区还保留着在布丁里面放入一枚小银币的传统风俗。吃到银币者预示在来年有好运气。晚上十点钟，家人一起去教堂祈祷，还要高唱圣诞颂歌。灯火通明的教堂，此起彼伏的圣诞颂歌，把圣诞除夕夜的气氛推向高潮。25日是圣诞节第一天。英王准时发表电视讲话，以家长口吻盘点一年大事，从传统价值观和基督教中寻找化解困难的勇气。在2017年的圣诞致辞中，女王强调了"家"的重要性，家是温情、熟悉和有爱的地方。

　　古代人过圣诞节时，庄园都要敞开大门，让附近的村民来到院子里。庄园管家向村民分发冷肉、面包和啤酒。村庄里举行圣诞哑剧游行。喇叭、圆号和牧笛奏出快乐节奏，乡村艺人戴上法官、国王的面具，边走边舞，动作夸张。小丑最为活跃，不时戏弄一下"暴政君主"，这是民众发泄不满的一种方式。也有人打扮成劫富济贫的罗宾汉。26日是节礼日（Boxing Day），原本是讨要礼物的日子。17世纪初，仆人和工匠在圣诞节后，会带上一个陶土罐去见雇主或老板。后者会在罐子里放些硬币，对他们的辛劳表示感谢。他们回到家后，把罐子砸开，用这些钱购买礼物。这种习俗已经消失。这一天成了商品大减价日，也是疯狂抢购日。

　　在苏格兰和英格兰北部，圣诞节和新年都十分重要。新年除夕夜是朋友们的聚会，人们喝酒唱歌，观看烟花，最后唱着《友谊地久天长》告别刚刚过去的一年。在英格兰和苏格兰还有独特的风俗。在辞旧迎新时分，第一个迈入家门的人（First Footing），将决定这一年里全家的运气。英格兰人希望有一个金发男童第一个跨过门槛。苏格兰人则希望有一位高大黑帅的陌生人进来。曾经抢夺苏格兰地盘的维京人是金发白肤。这种恐惧意识依然潜存在后代记忆里。苏格兰人希望这个陌生人拿着黑炭、甜食和威士忌。它们分别象征温热好食，有酒有财；也有的说要带着黑炭和白盐。黑炭代表温暖，盐象征着好味道。在跨年时恰好有一位陌生人到访，几乎是不可能的事。人们只好通过朋友邀请一位过来，让他准时出现在门口。很多黑头发的留学生都成了选择对象。这个"陌生人"进来后，自然会受到热情招待，喝威士忌，吃点新鲜食物，一起热闹一番。

　　2月2日是纪念圣母玛利亚的圣烛节（Kyndelmisse），也是农民开犁

第一辑　性情和爱好

▲英格兰的民间舞蹈

的日子。早期英格兰乡村的耕作景象只留存在绘画和文字描述中：一个人在前面牵着耕牛，另一个扶着铁犁犁地。女人和孩子跟在后面打土坷垃，便于播种。现在乡村耕地和播种已经完全是机械化。一台拖拉机可以替代全村的劳动力。田野里几乎总是杳无人迹，只有一台拖拉机在田野里耕作和播种。

每年春分月圆之后的第一个星期日是复活节。复活节象征着重生与希望。复活节的主角是彩蛋，彩蛋是生命的象征。画彩蛋已经演变为一门独特的艺术。孩子们在这一天要藏蛋、寻蛋、互赠彩蛋。复活节后的第七个星期日是降灵节。餐桌上除了添加肉菜外，总要有蛋糕、点心和布丁。复活节后的第 40 天是升天节。升天节已经被人们淡忘。这在古代是一个重要节日。在教士的带领下，乡民扛着十字架，摇着铃铛，沿着村子的地界行走，用柳枝抽打地界。到了河边和池塘边，大人要把男孩子的脑袋浸入水中，遇到地界的树木和石块，要让男孩的屁股撞几下，目的是加深孩子们对地界的印象。

4 月 23 日是圣乔治纪念节，圣乔治是英格兰的守护圣人。教堂和酒馆

097

英国风物记  A Cultural Guide to the British

外都会悬挂一面带红十字的白色旗帜。关于圣乔治的传说有多个版本。据说公元303年的这一天,圣乔治因阻止罗马皇帝迫害基督徒而被杀。另一版本更为流行。传说圣乔治在14世纪演变为英格兰的守护圣人。他以英格兰骑士的面目出现,杀死了一条祸害民众的火龙。英格兰城乡广场的很多雕塑都表现了这一主题,即一位身穿盔甲的骑士在与火龙搏斗。圣乔治代表了反抗邪恶的大无畏精神。

6月份,当剪羊毛结束后,就到了夏至,也叫圣约翰日。夏至后是收获干草的时节。这是一年中阳光最充沛的季节。乡民先用长镰刀割草,经过太阳暴晒后,逐渐形成干草。乡民用耙子把草收集起来,捆扎好,用叉子叉到木板车上,拉到村子里,这是牛羊牲畜过冬的最好饲料。如今,这种热闹的割草场面已经不复存在。田野上只有割草机,驶过草地。不久后就有机车把干草捆扎起来,外面用塑料膜封起来,规格一致,便于运输。

9月是大麦和燕麦的收获季节。大麦、燕麦和黑麦是农民的粮食,有些留下来用来酿酒。收割过后,田野就剩下了麦茬和半裸露的土地。这段时间里,天空是一种柔和的蓝,衬托了轻盈的白云。林木的色彩十分丰富。银白色的桦木,黄褐色的山毛榉,挂着橡果的橡树,构成英格兰乡野

▼收获后的干草

的风景。11 月是屠宰牲畜的时间。由于饲料短缺，在进入冬季后，总要屠宰掉一些猪和羊。农夫用烟熏和盐巴把猪肉加工成熏肉和培根，储存起来，一直吃到来年春天。

有民俗专家说，英国全国性和地方性节日加起来共有 106 个。真正有假期的节日屈指可数。5 月 1 日是传统的五朔节（Maypole）。根据古代凯尔特人的历法，这是夏季的第一天，村民在村外的草地上竖起"五月柱"。杉木立柱被涂得五颜六色，顶端挂着花环，象征丰收的庄稼。在鼓号声中，村民们开始跳舞。女性穿着各色衣裙，男性则穿长袍。男女围成圈跳舞，或男女列队，面对面跳舞。最漂亮的女孩会被推选为"五朔节女王"。她头戴花冠，身穿鲜艳的服装，负责颁发奖品或奖金。五朔节这种活动现在已经很少举办。在一些偏远地区，乡民在这一天会举行慈善义卖活动。

英格兰还有一个比较热闹的节日是烟火节（Bonfire Night）。信仰国教的女王伊丽莎白一世在 1603 年驾崩后，英王詹姆斯一世继位。英格兰乡村的 13 位天主教极端分子，决定用暴力手段报复议会对天主教的打压。他们商定在 1605 年 11 月 5 日，即国王出席议会开幕典礼时炸毁议会大厦。他们租下了大厦附近的一间房子，从里面挖了一条通往议会大厦的地道，把 36 桶炸药藏在议会内部的一个地下室里。有一位密谋者与上院议员蒙特伊格勋爵有交情。他写了一封匿名信，劝告勋爵不要在 11 月 5 号去议会。这引起了勋爵的怀疑，他上交了这封信，国王严令皇室卫队彻查。11 月 5 号早晨，皇家卫队找到了藏火药的地下室，抓住了守护炸药的盖伊·福克斯（Guy Fawkes）。他和密谋者都被处以极刑。为了纪念国王和议员脱险，一个建立在恐怖事件上的特殊烟火节，就这样诞生了。这一天都会放烟花，有的人带着福克斯面具，在街道上举行庆祝活动。

第二辑

社会与群体

英国风物记  A Cultural Guide to the British

议会和议员们

电视直播的议会辩论，淋漓尽致地展示了英国政客的口才。特别是英国首相和反对党领袖的辩论，如同暴雨拍击脸庞，让人喘不过气来。问题之犀利，反击之敏捷，成了议会中最具震撼力的场面。由于执政党主导立法和行政，议会赋予了反对党的质询权利。这是民主社会中的政治平衡设计。任何涉及公众利益的政策和法案都应该辩论。我的质疑，让你更精彩，让立法更完善。这是英国政治文化的精髓，也是政治民主的精彩橱窗。

辩论的意义

放眼英国的各类工作环境，议会是最吵闹的地方。温和谈笑的议员们一走进议会大厦，就会变得咄咄逼人，仿佛怀揣一把利剑，要为选民利益拼杀一番。叫喊声和驳斥声，与古老的辩论规矩纠缠在一起。从中午到晚上，各种法案几乎都是在吵嚷中通过的。很多议员出自牛津大学、剑桥大学的辩论社团，懂得各种辩论技巧。双方唇枪舌剑、寻找对方的疏漏，然后用最犀利的语言进行攻击。对方也是凌厉反击，毫不退缩，如同角斗士的最后决斗。作家丹尼尔·笛福在 1701 年写道："无论我们谈到不同意见或各自利益时，我们都必须承认，我们是阳光下的最分裂和最善于争吵的民族。"

辩论背后是公平公正的设计。议长控制辩论节奏，并维持现场秩序。议长是全体议员投票推举出来的。一旦担任议长职务后，就要放弃对本党

第二辑 社会与群体

派的忠诚，保持中立立场。1642 年，查理一世携带卫队闯入下院议事厅，要搜捕五位议员。当他询问议长威廉·伦索尔（William Lenthall）这五位议员下落时，伦索尔回答说："尊敬的国王陛下，我有眼无珠，口中无舌。下院引导着我，我是这里的仆从。"一语道出下院议长的政治属性。在审议各项法案时，议长紧盯着每一位议员，禁止任何人使用羞辱或攻击性语言。他在大部分时间都是在喊：注意秩序、秩序。如果有议员不听劝阻，议长可以把该议员逐出议事厅。有时议事厅里嘘声四起。议长厉声喊道：我不知道谁在发出嘘声。我现在要中断议会辩论，我要取消"首相质询时间"。议员们才会安静下来。

议会下院从来就没有过客套和谦让，多是亢奋型的语言撕扯。侮辱性词汇已经列入"非议会言辞"，如脏猪、蠢货、流氓、叛徒、内线、下流胚等。保守党首相梅杰称反对党领袖布莱尔是"傻瓜（dimwit）"。议长要求梅杰纠正这种说法。议员迪斯雷利（Benjamin Disraeli）嘲讽政府内阁的一半成员是蠢蛋（asses）。议长责令他收回这种侮辱性语言，迪斯雷利回答："议长先生，我收回。内阁里的一半成员不是蠢蛋。"在语不惊人死不休的议会辩论中，议员们总是挖空心思，用相关词汇来"刺痛"对手。其技巧之一就是把无贬义的词汇串联在一起，造成一种贬义和讽刺效果。工党"毒舌"议员托尼·班克斯（Tony Banks）在评论政治对手、保守党议员特里·迪克斯（Terry Dicks）胜选时说："这件事证明猪膀胱插在棍子上照样可以进入议会。"他批评撒切尔夫人的做派"有蟒蛇处于性饥渴状态的敏感"。1978 年，工党财政大臣丹尼斯·希利（Denis Healey）把保守党议员杰弗里·豪（Geoffrey Howe）对自己的批评，比喻为"被一只死羊蹂躏了一番"。

议会辩论的精彩程度超过了电视剧，且"剧情"发展极快。一位议员告诉我，议员们的心态有时类似高中男生，在辩论中"使点小坏"，活跃了辩论气氛。保守党议员尼克尔斯（Patrick Nicholls）由于酒驾被暂扣了汽车驾照，他只能乘坐出租车开会。他刚站起来要发言，工党议员就喊："出租车，出租车"。工党议员昆汀·戴维斯（Quentin Davies）曾经被指控犯有虐待动物罪，原因是他家有几只羊被饿死了。当昆汀·戴维斯站起来要发言时，很多议员发出了"咩咩"的叫声。保守党议员道格拉斯·霍

103

格（Douglas Hogg）在主管英国农业时，正好赶上了"英国疯牛病"事件，还没等他张口发言，工党议员就发出了"哞哞"的牛叫声。这种做法就是为了压制对手，从精神上瓦解对手的斗志。媒体小报也爱跟着起哄，保守党议员伊恩·史密斯（Iain Duncan Smith）讲话时爱清理喉咙，嗓子眼里似乎总卡着痰块。《私家侦探》（Private Eye）杂志给他起了个绰号"伊恩咳嗽"。当他慢吞吞地说出"别低估一位安静男人的决心"时，工党议员马上把食指竖在嘴边，发出嘘声，似乎是让大家安静，脸上却紧绷着要爆笑的表情。

议员们讨论重大决策时则少了这种欢乐，场内气氛多是严肃、怀疑和压抑。议员们用词变得激烈和清晰。工党议员、前副首相普雷斯科特在抨击保守党时说："这是这个伟大民族有史以来见过的最令人绝望、最可鄙、最肮脏、最污秽、最令人失望、最爱撒谎、一群三流的不称职的无能鼠辈、两面三刀的失败者。"这种排山倒海的气势，当然也没有吓倒保守党议员。有媒体披露普雷斯科特去美国访问时，曾经接受过一位工党支持者赠送的牛仔帽。后来他在议会发言时，保守党议员便模仿美国西部牛仔的腔调，拖着浓重的鼻音高喊"你好（Howdy）"。

议员们在议会里的发言均受法律保护。1689年的《权利法案》规定，议员享有言论自由，"议会内的辩论或记录不得在议会之外受到法庭或任何地方的控告或质疑"。这种特权保证了他们在议会中大胆质疑和辩论，说出真心话。议员在发言中也要遵守相关规定：议员不得涉及正在法院审判的案子；不能泄露国家机密；不得揭露他人隐私；不能攻击对手说谎、动机不纯；不得使用涉嫌人身攻击的侮辱性词；不得使用诽谤侮辱性语言来称呼他人。辩论过程也有严格规则：后座议员一律起立发言，不得照念发言稿。这更利于相互交锋和辩驳。如果在发言中涉及另一位议员时，不得直呼其名，而称其为"代表XX选区的尊敬议员"、"我尊敬的朋友"。这种先礼后兵的发言，中和了辩论双方的激烈情绪，每位议员发言时间限定在10分钟之内。这要求议员的观点突出，思路清晰，在最短时间内包容更多信息量。所有辩论和书面回答都刊登在《议会议事录》（Hansard）和议会网站上。

第二辑　社会与群体

▲ 本书作者采访英国前首相希思

　　从 1881 年开始，英国首相就定期接受质询。从前工党领袖布莱尔开始，质询时间改为星期三中午 12 点到 12 点半，这可以更集中回答问题，也是收视的黄金时间。这种辩论可以展示首相对政府的掌控能力。反对派也会借此机会揭露政府弱点，让公众了解自己党派的主张。党派之间面对面唇枪舌战，各党派的督导（The Party whips）都时刻保持着沟通和磋商。寻求相互妥协的可能性，了解反对派的底线，同时解释执政党通过某项法案的必要性。这是民主政治中不可或缺的职位，少了这个职位，议会中至少有半数法案难以通过。在"二战"期间，本应在 1939—1940 年举行的大选，采取了延期处理，执政党与反对党承诺互不对抗。政府的多项决议都是通过秘密协商后达成的。由于首相和大臣事务繁忙，督导承担起了制定政策过程中的沟通责任。如果党内对某项动议有分歧，督导负责联络和沟通，安排异议者与党派领导面对面沟通，力求保持观点一致。

　　议员的生活背景不同，选区情况也不同。这意味着议员难以在党内做到精诚团结。一份问卷调查显示，有 51.1% 的后排议员表示忠于自己所在党派，37.8% 表示不赞同。2015 年 12 月 2 日，下院就皇家空军是否参与打击叙利亚境内极端组织展开辩论。首相卡梅伦支持空袭行动，工党领袖

105

科尔宾反对空袭。双方议员你来我往，辩论了 10 个小时。工党"影子外交大臣"希勒里·本恩（Hilary Benn）最后发言，他背弃了工党领袖的反战立场，既煽情又理性地分析了打击极端组织的必要性。这番讲演赢得了议员们的集体鼓掌。在投票表决中，保守党内有 7 名议员反对首相卡梅伦的空袭主张，加入到反对阵营。工党中有 67 名议员支持空袭行动。独立思考原本就是英国议员的一大传统。

每年的政府预算案是议会辩论最激烈的内容。1215 年的《大宪章》签署，就是因为约翰王要求缴纳太多的税费，引发了贵族们的反抗。政府的各项开支，都必须通过税收来满足。财政大臣在做预算报告之前，先要在唐宁街 11 号露面，一手拎着维多利亚时代的褐红色文件箱，接受新闻媒体的拍照，然后驱车前往下院做报告。财政大臣要陈述财政收入和支出，描述英国经济状况，是要增税还是减税，政府的支出计划等。在财政预算报告之后，反对党领袖要与执政党领袖辩论，共持续四五天，然后就"税率和新税收"决议进行投票表决。

无论执政党和反对党辩论多么激烈，在首相离任时，反对党都会降低辩论的声调。每一位首相都会发表离职感言。2016 年 6 月 23 日，英国投票脱离欧盟后，首相卡梅伦宣布辞职，他前往议会做了最后一次发言："我以后会作为后座议员，看着大家交流。我会想念这里的欢呼声和起哄声，也会想念攻击我的对手。"他又说，"比起其他国家，我们可能是对首相要求最严格、考验最多的民族，但我们必须坚持下去，并以此为骄傲。"卡梅伦最后重复了自己曾经对布莱尔首相说过的一句话，在语法时态上改为了过去时："我是英国的未来，曾经的。"说完这席话，议员们都向他鼓掌致意。

格局和传统

英国没有一部完整的宪法，所有法律条款存在于 700 多年来议会通过的法案中。爱德华一世统治期间，出席议会的不仅有领主、主教和修道院院长，还有骑士和各郡市民代表。各方的利益都必须照顾到。这奠定了英

第二辑　社会与群体

▲议会大厦全景

国的议会传统。所有重要法律条款都出自伦敦的议会大厦。议会上院在 1834 年失火后焚毁，只保留下了威斯敏斯特厅。查尔斯·巴里爵士（Sir Charles Barry）担任新建筑的设计师。从 1840 年动工到 1852 年完成，共计 12 年。浪漫主义建筑大师奥古斯塔·普金（Augustus Pugin）负责大厦装饰。议会大厦最早设计为新古典主义风格，维多利亚女王要求将大厦增加亨利五世时期的哥特风格。亨利五世曾征服过法国，被视为民族英雄。当初法国帮助美国从英殖民地中独立出去，让女王耿耿于怀。这种设计便有了藐视法国人的心理优势。

　　议会大厦总设计师巴里爵士十分看重奥古斯塔·普金的才华，他把钟塔设计交给了普金。普金为建造这座钟塔倾注了全部心血。钟塔于 1859 年建成。方形基座每边长 12 米，总高 95 米，从塔底到大钟位置有 334 级台阶，到塔顶共 393 级台阶。四个钟面朝四个方向。大本钟名字来源有两种说法，一说来自工程督造官本杰明·豪尔爵士（Sir Benjamin Hall）的名字。一说来自重量级拳击冠军本杰明·考特（Benjamin Caunt）的名字。本杰明的昵称都是"本"。钟面直径 7 米，重 1.37 万千克，是当时英国最大的铸钟，也就有了"大本钟"的称呼。大本钟最初仅指报时的大钟，后来指

107

英国风物记  A Cultural Guide to the British

整个钟塔（Clock Tower）。为纪念伊丽莎白二世女王登基60周年，钟塔在2012年6月2日更名为伊丽莎白塔。议会下院议长约翰·波尔考（John Bercow）主持了揭牌仪式。

议会大厦濒临泰晤士河，波光水影与连续排比的尖券长窗、窗间的垂直线，造就了一种律动感。南侧是维多利亚塔。王室列席时顶部悬挂皇家旗帜，议会期间则悬挂英国国旗。北侧是伊丽莎白塔。议会大厦有四个门。从南往北依次是皇家大门、贵族门（上院议员出入口）、圣史蒂芬大门、议员门（下院议员出入口）。里面有议事厅、办公楼、图书馆、酒馆等，共计1000多个房间。

大厦设计体现了议会功能。议会核心是下院的议事厅。执政党与反对党相向而坐，宛若两军对垒，政党领袖和重要议员坐在前排。后排议员座席逐级升高，形成辩论之势。议长席退守在长方形一端，居中公正。这种对抗式设计源自英国的传统辩论形式，面对面质问和回答更直接有效。这有别于欧洲大陆议会和美国国会的半圆形设计。桌子上放着权杖，大头对着执政党，尾端对着反对党。从议长的座位来看，右侧是执政党议员，左侧是反对党议员。左侧和右侧后来演变成了政治概念中的左派和右派。右派总是维护现行体制，左派总希望改变现状。

议事厅的通道两侧有两条平行红线，相距2.5米，恰是两把长剑的距离，或一把长剑加手臂的长度。在中世纪，骑士议员可以携剑开会。为了防止出剑伤人，特规定任何一方不得逾越红线。一旦议员踏过红线，那就表示以死相拼。这种行为立刻遭到议长谴责或被赶出议事厅。现在，各党议员唇枪舌剑、尖酸刻薄，但是都能做到彬彬有礼，颇有绅士风度。下院有650名议员，大厅内只有437个席位。没有座位者只能站在一旁，或坐在走廊里。

上院议事厅以红色调为主，显得富贵奢华。下院议事厅以绿色为主调，象征草根阶层。这种色彩对比具有政治含义。上院议事厅设有君主御座，御座下方的议长席位，是一个用羊毛填充的无靠背红色软席。里面塞满来自英格兰、苏格兰、爱尔兰和威尔士的羊毛，让议员们永远记得这个国家的羊毛经济和乡村传统。羊毛袋右侧是神职议员座位、教区主教和支持政府议员；左侧是世俗议员和反对党议员。中立议员坐在羊毛袋对面，他们不属于任何党派。上院还有审议法案、提出修正案的权力，同时还与王室一起，担负着国家重要典礼的象征性职责。

每年新议会开幕通常是在10月底或11月初。议会开幕和解散都由英王宣布。开幕时，英王在皇家骑兵卫队陪伴下，乘坐皇辇从白金汉宫来到威斯敏斯特宫。皇辇总长5.5米，由6匹骏马牵引。放置有王冠与国剑的汽车行驶在前。皇冠上镶嵌着钻石、珍珠和各色宝石，总重量超过一公斤。皇辇停在维多利亚塔的皇家入口处，君主下车后进入更衣室，在那里穿上皇袍，戴上皇冠，进入上院御座，宣布本届立法议程。英王的讲话内容由政府内阁拟定。内容是本届议会的立法议案，所有大门都敞开。御座坐南朝北，正对着坐北朝南的下院议长席位。两者直线距离是402米。当君主坐在御座时，其视线恰好落在下院议长身上。

君主与下院的权力争夺，演绎成了开幕仪式的一部分。当君主抵达议会大厦后，派黑杖礼仪官去通知下院开会，礼仪官昂首挺胸地走了过来，快到下院议事厅门口时，两扇大门哐当一声关上。黑杖礼仪官略一停顿，然后举起象征王权的黑杖，用狮头敲击大门上的响木，议事厅大门上的窥视窗迅速打开，一双眼睛扫视外面。议事厅大门缓慢打开。黑杖礼仪官走进大门，在地面上的白线前止步。王室成员和上院议员都不许逾越这条白线。礼仪官大声宣布，君主陛下正在上院等待议员们前往开会。议员们发出一阵笑声。这一仪式有其历史传承，就是防止国王干扰议会下院。当今的英国君主是"统而不治"。无论执政党与反对党如何争吵，他们在君主眼里始终是一对亲兄弟。下院的反对党也叫作"陛下忠诚的反对党"。无论局势多么动荡，君主始终是一种稳定力量，代表着传统价值和魅力，又能顺时而为，因而获得了大部分民众的拥戴。

议会大厦外侧有多位历史人物雕像，以"狮心王"理查德一世的青铜像最为气派，他戴盔披甲，骑马挥剑，被称为议会大厦的保护神。在10年国王生涯中，他几乎都是为疆土和信仰而战。在第三次十字军东征中，理查德一世率领西欧联军与萨拉丁军队作战，被公认为中世纪欧洲的杰出军事将领。他还留下了骑士精神和浪漫传说。传说他在返回英国路途上，

被政敌俘虏。政敌放出狮子，企图咬死理查德一世。当狮子张开大嘴时，他抢先一步将手伸进狮子咽喉，掏出了狮子的心脏。"狮心王"称号由此流传开来。理查德一世的青铜像具有象征意义。这就是为信仰而战，为疆土而战，在任何艰难条件下从不屈服。

议员和责任

下院议员握有立法权和监督政府的使命。他们在大选中通过辩论，赢得对手后才走进了议会。议员参选者首先要通过党内考察和推荐，才能成为某选区的候选人。英国现有650个选区，每个选区大约有10万选民。这些选区不固定，每10~15年重新划分一次，以确保各选区人数均衡。议员选举采用的是相对多数票获胜规则。得票最高者将成为本选区的唯一议员。下院议员除了年薪4.7万镑外，还有各类津贴6.5万镑，其中包括秘书工资和办公费。大部分议员办公室集中在议会大厦附近。由于物价上涨，议员的薪水也会上浮。

下院议员的职责是审核法案和质询政府政策。他们每天花两三个小时答复选区内的信函和邮件。在周五下午或周六上午，他们要与自己选区的民众会面，倾听他们的建议。对于普遍存在的民生问题，议员将提交给相关大臣。大臣必须给予答复，即使外出度假，也要让助手处理，自己签字确认，否则会招致该议员在议会的"大声抱怨"。对于涉及民生的重大问题，议员还要跟踪调查，掌握相关证据和数据，必要时还会在下院发起动议，争取把该议题列入特别委员会的议事日程，这是形成法案的必要步骤。

议会的立法程序分为三个环节，即"三读"。一读是宣读议案名称，说明目的，确定二读日期，并将议案分发给议员；二读要对议案进行深入讨论、表决，专门委员会审查后形成报告，委员会对议案作逐条详细讨论；最后是三读。早期议会中，个别议员识字不多，需要有专人把议案读一遍。现在，所谓的"读"就是大声读出议案题目和12位附议议员的名字。在讨论议案的过程中，支持者和反对者都据理力争。在二读中，如果反对方人数多于支持者，该议案就此终止。如果议案通过二读，则交由常设委员会逐条审查。常设委员会成员都是相关领域的专家。他们是由议会遴选委员会挑选出来的。委员会有16~50人组成，其中必须有反对党的前排议员，一名政府大臣、执政党和反对党的督导，以确保委员会代表各方声音，同时又有沟通和协商的可能。委员会主席由议长指定一位资深议员担任。议案的三读是最后一次辩论，然后进行投票。获得通过的法案将提交到上院进行辩论。上院也有同样的流程。英王在议会通过的法案上签字后，才能正式成为法律。

去英国旅行的人们都会发现，英国的大型商店在星期天不营业，或者营业时间很短。这并非所谓的懒惰，而是受到了商业法律的限制。1994年议会通过的《星期日贸易法》（*Sunday Trading Act*）规定，营业面积超过280平方米的商店，在星期天的营业时间不得超过6个小时，一般是从上午十点半到下午四点半。小型零售店则不受限制。2016年2月2日，商务大臣萨吉德·加卫德（Sajid Javid）向议会下院提交了议案，建议地方政府放松《星期日贸易法》，允许大型超市延长周日营业时间。大型连锁零售商表示欢迎，其开门营业时间可以长达10个小时。便利店协会则表示反对，认为小型便利店的生存将会恶化。两个商业组织纷纷找议员帮助自己。这一动议引起了议会下院的激烈辩论。工党议员大卫·拉米（David Lammy）说，星期天是家人团聚的时间，是家长教孩子读书写字的时间，不应该被剥夺。包括保守党议员在内的多位议员也有担忧，他们担心这将会影响家庭的周末生活和教堂礼拜。当年3月9日，商务大臣又推出了一个折中方案，尝试把权利交给12个地方议会自行决定。下院议长约翰·伯尔考阻止了这项动议，要求下院进行表决。在下院投票表决中，议案以317票反对，286票支持被否决，其中25名保守党议员不顾本党督导和首相卡梅伦的劝说，投了反对票。英国主流媒体认为，议会的投票结果捍卫了英国的主流价值观。这就是星期日是家人团聚的日子，是去教堂礼拜的日子，也是人们的休息日，而不应该浪费在逛街购物上。

作为获取民众信息的方式，议员可以接受游说组织的午餐会，倾听他们的诉求。一些团体如英国建筑协会、零售业委员会都有游说议员的职责,用详细数据和实例来陈述政策对本行业造成的困境,呼吁政策调整。在任期内,议员还需要与本选区内的民众保持多种形式的互动,如参加纪念日游行、参观选区的各种产品展览、到本地医院等公共机构调研。其中一项传统任务是带领本区选民参观议会内部。很多选区里的学生、妇女组织来伦敦参观时,都要求见自己选区的议员,让议员带领他们参观议会大厦。

为了防止议员腐败和以权谋私,议会在 1975 年出台了具体规定:议员必须申报所有受益项目和数额;申报获得报酬的工作或职位;所有赞助者的名称;价值超过薪水 0.5% 的礼物;无自费的境外出游或公款出国活动;从外国政府、机构或个人获得的收益;必须申报任何从土地上获取的利息;持有超过 1% 股份的公司名字;以及面值超过 2.5 万英镑的股权。一旦发现议员有任何虚报收入或骗取补贴行为,都会被驱逐出议会,严重者会受到法律制裁。2014 年,保守党议员玛丽亚·米勒(Maria Miller)被发现虚报房屋补贴。米勒前后冒领了 4.58 万英镑。她不仅被迫辞职,也因此断送了自己的政治生命。英国议会在 2009 年发生了"报销门"丑闻。此后英国议会规范了报账手续,在议会网站上公开了议员的报销票据,让民众可以查到每张报销的票据。

布莱尔执政期间,取消了议员的豁免权。自 1689 年以来,下院议员一直享有不因贪污被公开起诉的豁免权。议会法官兼陪审团成员可以自行调查并处理涉贪议员,最严厉的处分是逐出议会。一旦离开议会,其任内的贪污行为便不再追究。布莱尔在任内制定了反贪污法。如果议员有受贿行为,将与民同罪,最高可处七年徒刑。新法规适用于议员、法官、地方官员等所有公职人员。这一系列廉政法规,保证了政府官员和议员的廉洁自律。

茶叶帝国

英国人有自己的品茶标准。优质红茶冲泡后会在茶杯里形成一道"天使环（angel-ring）"，慢慢散发出令人愉悦的香气。当茶水温度下降到40摄氏度后，茶水上面会有"凝脂（cream）"，茶叶浸泡出的有益元素会在茶水中形成"沉云（cloud down）"。英国人喜欢在红茶中兑入牛奶。在加入新鲜牛奶后，纯正的锡兰红茶呈金褐色，阿萨姆红茶呈红褐色，大吉岭春茶则呈灰褐色。

英国人也有自己的喝茶方式，有搭配茶点的早茶，有温暖丰盛的下午茶。英国人始终没有把饮茶上升到哲学高度，却把饮茶经营成了随意和亲切，高贵和矜持，培育了英式饮茶文化和一套独特的社交礼仪。这种茶饮习俗影响了欧美人的饮茶方式。英国人手里的那杯茶水很深，里面浸泡着三百多年的茶叶经营史。

初识茶叶

西欧传教士和航海家最早接触到了茶叶。1556年，葡萄牙传教士加斯帕·达·克罗兹（Gaspar da Cruz）在中国游记里将茶水描述为略带苦涩、可以治病的饮品。意大利传教士利玛窦在日记中提及茶水微苦，味道尚可。传教士们具有敏锐的生活观察力。航海家则是最早的茶叶交易者。葡萄牙航海家瓦斯科·达·伽马（Vasco da Gama，约1460—1524）率领船

英国风物记  A Cultural Guide to the British

队于 1498 年 5 月抵达印度的科泽科德（Kozhikode）。科泽科德是郑和下西洋的重要一站，史称"古里"。附近的科钦聚集着不少华人，从事瓷器和茶叶贸易。在 1570 年的葡萄牙贸易中已经有了茶叶交易。

葡萄牙人在印度安营扎寨后，把果阿经营成了葡萄牙殖民地。荷兰人林斯克滕（Linschotten，1563—1611）来到印度果阿后，利用担任葡萄牙主教文森特（Vicente de Fonseca）助手的机会，窃取了葡萄牙人的航海资料。当文森特主教在 1587 年过世后，林斯克滕带着这批资料返回荷兰。他在 1595 年出版了《葡萄牙人的东方航海》（*Portuguese Navigation in the Orient*）等游记，描述了远东贸易和日本人的饮茶方式。一年后，荷兰商船抵达爪哇的万丹（Bantam）。1610 年，荷兰药店里已经把茶叶作为草药销售。茶叶都密封在瓷罐中，以防止茶叶受潮后霉变。

葡萄牙和荷兰人在航海贸易获得了巨额财富，让英国商人眼红。1599 年 9 月，曾经与土耳其人有贸易往来的伦敦商人们筹建东印度公司，向议会申请特许经营权。议会辩论后，确定东印度公司独家经营远东贸易。

▼描绘东印度公司商船在泰晤士河码头卸货场景的油画。这是伦敦画家塞缪尔·斯科特（Samuel Scott，约 1702—1772）的作品。V&A 博物馆收藏

第二辑 社会与群体

1600年12月31日，伊丽莎白女王颁发特许状。东印度公司的最初目标是经营南亚香料。他们贩运胡椒的利润高达95%。1608年，东印度公司请求与印度全面通商，被莫卧儿皇帝拒绝。1612年，英国在印度东海岸的苏拉特海域打败了葡萄牙舰队，显示了其强悍的军事实力。莫卧儿皇帝想利用英国人制衡葡萄牙人，遂在1613年准许了英国商人在印度的贸易特权。英国人以孟加拉的加尔各答为大本营，把贸易延伸到了中国沿海地区。

在茶叶进入英国之前，那些与地中海有贸易的英国商人对咖啡产生了兴趣。他们在伦敦寻找地方开设咖啡馆，最初的地点选在了伦敦皇家交易所附近的僻静巷子内。这里可以避免马车拥堵、难闻的腐烂气味和噪音。大约在1652年前后，咖啡馆吸引了各种交易的经纪人。伦敦和牛津的街市里出现了多个咖啡馆。这些咖啡馆也成了后来推销茶叶的地方。1657年，咖啡店主托马斯·加威（Thomas Garway）从阿姆斯特丹进口了一批茶叶，在伦敦交易巷（Exchange Alley）的咖啡馆里售卖。他还于1658年9月在《政治公报》（Mercurius Politicus，第345号）上刊登茶叶广告：茶水可以治疗腹绞痛、嗜睡和坏血病。日记体作家塞缪尔·皮普斯（Samuel Pepys，1633—1703）说自己在1660年9月喝过一杯茶。店主把茶叶放在容器里煮沸，然后自然冷却。如果有顾客喝茶，就从容器里倒出半杯茶水，兑上热水后售卖。咖啡店成了商人和经纪人的聚会地点。茶水的消费税是咖啡的两倍。茶水是少数富人的饮品，尚未进入主流社会文化系统。

茶成为贵族们的饮品是在1662年以后。英王查理二世和葡萄牙公主凯瑟琳在当年联姻。这段看似童话的爱情故事，却发生在英国历史上最动荡和暴力的年代。查理二世的父亲查理一世在位时内战爆发。克伦威尔率领"新模范军"打败了国王卫队，最后将查理一世送上了断头台，自己出任护国公。克伦威尔去世后，议会陷入混乱，查理二世被推上王位。内战已经导致政府债台高筑。英国贵族拒绝缴纳额外税费。对于国王来说，筹措资金的最有效方法是与富有的葡萄牙王室联姻，娶进一位能带来丰厚嫁妆的新娘。葡萄牙国王约翰四世提供的陪嫁十分诱人，不仅有一箱茶叶和金银珠宝，还有印度港口城市孟买的管辖权。

葡萄牙公主凯瑟琳把饮茶方式带入英国王室。1666年，东印度公司为

国王从阿姆斯特丹购茶 22 磅 12 盎司。这次献茶活动引起了英国贵族的注意。贵族们争相购茶，模仿王室的饮茶做派。饮茶逐渐进入了贵族文化体系。1678 年，东印度公司进口了 4713 磅茶叶。到了 1700 年增加到了 2 万磅。越来越多的人去咖啡馆里品茶。店主不仅给顾客端茶水倒咖啡，还与顾客聊当天新闻和传言。咖啡馆里充斥着嘈杂声、水壶和杯子的碰撞声。那里是男人的天下，里面光线朦胧，舒服暖和。他们谈论政治、商业和女人。女人们难以去里面饮茶，生怕沾惹上坏名声。咖啡店老板托马斯·川宁（Thomas Twining）从中发现了商机，在自家咖啡店旁开设了"金狮"店，提供茶叶外卖服务。贵族们发现，家里冲泡的茶水味道更好。他们更乐意在家里喝茶。在暖暖的阳光下，泡上一壶茶水，既能闻到茶的香气，也能醒脑舒心。贵族们有了新的生活体验。

当年英国人饮茶时，不是在茶水中加入牛奶，而是放入白砂糖，以抵消茶叶中的涩味。英国商人在巴巴多斯岛开辟种植园，从西非贩来大批黑奴，种植甘蔗和生产砂糖，以满足英国市场需要。1690 年的砂糖年人均销量是 4 磅，到了 1790 年则增加到了人均 24 磅。食糖与茶叶的销量成正比。政府从中获得了高额税收。茶叶和咖啡也成了两大贸易公司的竞争。地中海公司宣传饮用咖啡好处多，东印度公司则极力提升茶叶的影响力。正规渠道进口的茶叶价格，比走私茶叶贵一倍。皮特政府在 1784 年把茶叶关税从 100% 下降到了 12.5%。英格兰和威尔士的茶叶进口量猛升到了 1630 万磅。到了 19 世纪初期，茶叶的人均消费量是咖啡的 6 倍。

同咖啡在英国的最初遭遇一样，饮茶也受到了清教徒和宗教人士的抨击。慈善家乔纳斯·汉韦（Jonas Hanway）是最激烈的反对者之一。他认为喝茶损害健康、腐蚀道德和萎靡士气。当时茶商有掺假行为。他们收集浸泡过的茶叶，晒干后掺入新茶。有些绿茶中掺入了加工过的榆树叶和玫瑰叶，导致很多人喝后拉肚子。那些批评和讽刺茶商的言论，引发了社会的不同反应。里面有深层次的文化警觉，也有好奇和品尝的欲望。对于没有喝热饮习惯的族群来说，接受茶水是一个缓慢过程。他们感觉身体变得暖和，人也变得清醒，而不是喝酒引发的思维迟滞或撒酒疯。生理变化引发了心理变化，越来越多的人渐渐喜欢上了茶水。茶水逐渐取代了早餐中的啤酒。人们变得更精神，工作效率也有所提高。王室会客、政府内阁讨论，以及剑桥大学的学术讨论会，都把饮茶当成活动一部分。这进一步刺激了茶叶消费。上层贵族端着中国茶杯，优雅地品啜着上等白毫茶，下层民众用陶土杯喝着劣质茶。茶水与咖啡不同，不会让人上瘾，也不会改变饮用者的口味。

绿茶曾经是英国市场上的主角。到了1783年，英国人开始饮用红茶，其中武夷红茶最多。三个原因造成了这一现象：一是红茶易保存和运输。红茶经过印度洋和阿拉伯海的酷热后，仍能保持其品质；二是红茶不易造假，且价格比绿茶便宜。一磅红茶的价格在5~8先令，而一磅绿茶的价格在12~18先令。根据史学家阿萨·布里格斯（Asa Briggs）转引的统计，英国人在1800年的人均收入为22镑。绿茶价格过高，就远离了大众消费。不法商人在绿茶中掺假，屡屡让饮茶者上当；三是红茶具有暖胃功效，加入牛奶或糖，反倒增加了茶香和醇厚感。特别是在吃了咸肉和奶酪后，饮红茶有助于消化。英国前首相威廉·格莱斯顿（William Gladstone）喜欢红茶，他把茶水保存在热水瓶里，半夜起床后也喝上几口。

茶叶贸易

中国有很多产茶区，"茶"的发音不一样。福建沿海地区称茶为"Te"。广州称茶为"Cha"。葡萄牙人最早以澳门为据点进行贸易，主要经营福建茶。"Te"的叫法在西欧比较流行。沿陆路传播到印度、土耳其和俄罗斯的茶叶，都接受了广州人对茶的称谓。英国最早称茶为"Tay"，逐渐演变为"Tea"。

欧洲商人最初来华贸易时，清政府规定两国贸易只能通过公行代理。公行是清朝官方特许的对外贸易商行。掌握贸易主动权的中国茶商经常敲诈这些"夷商"，强迫外商缴纳保护费。各种税费只增不减，且随意性甚大。外商认为中国人太过贪婪。苏格兰茶叶经纪人威廉·梅尔罗斯（William Melrose）曾说："中国人缺乏那种情感（慈爱和情爱），认为这些毫无价值。让中国人接受我们的宗教需要耗费漫长时间。我们的宗教基本

英国风物记  A Cultural Guide to the British

特征是，上帝为了爱而宁愿牺牲自己。我认为一位'黑鬼'的皈依远比中国人更有希望……中国人对于美好情感无动于衷。我以为，你必须给他换一颗心，才能让他懂得爱。"

为了扩大与中国的贸易，英王乔治三世在1792年派遣马戛尔尼（George MaCartney，1737—1806）出访中国。马戛尔尼拒绝在乾隆皇帝面前双膝跪地，结果受到朝廷冷遇，没有签署任何贸易协议。乾隆准许英国使团从陆路南下，力图展示大清帝国物产丰富和疆域辽阔。马戛尔尼一路走来，发现清朝官员贪污腐化，军队徒有其名，民众极其愚昧。马戛尔尼说，中国女人把脚裹起来，塞进婴儿鞋里，是一种该诅咒的畸形和变态。在英国人眼里，中国人麻木自私，缺乏理性且反复无常。马戛尔尼说："他们是不应该同欧洲民族一样对待的民族。"这后来成了东印度公司向中国倾销鸦片时，避免良心谴责的理论依据。受基督教精神的约束，英国民众不主动吸食鸦片。英国人看到了中国人没有信仰的弱点，用鸦片就可以击

▲ 飞剪船"卡蒂萨克号"是最快的运茶船之一，全长85.34米，宽10.97米，满载2 133 700千克，最高航速是17.5节（相当于32.4千米/小时）。它在1870年2月投入商业运营。"卡蒂萨克号"后来多次易手，在1951年被拖到格林尼治的干船坞

溃其心理防线，于是向中国走私鸦片。这种畸形贸易导致中国大量白银外流。道光皇帝派湖广总督林则徐赴广东查禁鸦片，禁止与英国通商。1840年4月，英国政府内阁经过秘密协商，决定对清政府采取军事动议。英国只派出了两只远征舰队，就把清政府打趴下了，被迫签订了《南京条约》等一揽子条约。

鸦片战争后，英国在茶叶贸易中有了话语权。1844年英国进口茶叶7047.65万磅，至1860年上升为12 138.81万磅。茶叶运输刺激了英国航运业。过去从广州到伦敦需要航行14个多月。英国人研发出了飞剪船（clipper）后，航运时间缩短为100天。1866年5月28日，五艘飞剪船同时离开了福州港口，然后展开了激烈竞争，如离弦之箭穿过咆哮的海浪。市场竞争已经让英国人懂得了时间的重要性。99天后，第一艘和第二艘抵达伦敦港口的时间只差半小时，第三艘只晚了两个小时，另外两艘也在两天内抵达伦敦。1869年12月，苏伊士运河开通，缩短了从中国到英国的航行距离。1887年，通过苏伊士运河的船只都有电灯照明，以利于夜航，使旅程缩短了16个小时。蒸汽机船问世后，航运变得更加便捷。这导致了茶叶价格大幅下跌，从而惠及了农民。到了19世纪末期，即使贫困家庭，一天也不少于两杯茶。

茶叶运到伦敦后，需要通过拍卖进入市场。伦敦茶叶拍卖始于1679年。茶叶价格昂贵且量小。当初实行的是"一英寸蜡烛"竞拍方式。一单茶叶竞拍过程是一英寸蜡烛的燃烧时间。佩皮斯在1662年9月观察了这种拍卖方式。在蜡烛燃烧过程中，竞拍人相互谦让，猜测对方的价位底线。当蜡烛快要熄灭时，竞拍人都大声吼叫起来。佩皮斯发现一个人频频得手。这位竞拍人后来把竞拍秘籍透露给了佩皮斯。当蜡烛快要熄灭时，总会发出一缕青烟，这是最后的拍卖信号。此后，茶叶拍卖量逐年飙升。在1838年4月2日的伦敦茶叶拍卖会上，9位卖方经纪人拍卖了1250万磅的茶叶，共计176 424箱。阿萨姆红茶、锡兰红茶陆续进入伦敦拍卖市场，拍卖速度明显加快。到了1960年，英国六大茶叶经销商从拍卖市场上购买了80%的茶叶，剩余的20%茶叶则由上百家小茶叶公司瓜分。这种垄断性拍卖使得伦敦拍卖市场失去了意义，逐渐被茶叶产地的拍卖会取代。1998年，伦敦茶叶拍卖会正式关张。

开发茶园

英国人很早就打算在殖民地开发茶园。1828年，英国官员约翰·沃克尔（John Walker）给印度总督威廉·本廷克爵士（Lord William Bentinck）发去一封信，阐述了英国人经营茶园的战略构想："与其现在受中国政府的任意摆布，不如寻求茶叶的持续供应地，后者才是更好的保障。此乃国家大事。"印度总督接受了这一建议，在1834年2月1日组建了茶叶委员会，探讨在印度开发茶园的可行性。

阿萨姆在大吉岭以东120千米的布拉马普特拉（Brahmaputra）山谷地带。英国军人在山谷两侧发现了野生茶树。1822年，英国驻孟加拉的炮兵团少校罗伯特·布鲁斯（Robert Bruce）退役后，成为当地土邦王的雇佣兵。他在阿萨姆一带看到当地人从树上采摘嫩叶，经过"萎凋"和"干燥"后泡水喝。他把这些见闻告诉了在孟加拉驻防的哥哥、英国军人查尔斯·布鲁斯（Charles Alexander Bruce）。当时英军与缅甸军队处于交战状态，局势紧张又混乱。1834年5月7日，查尔斯·布鲁斯和好友詹金斯（Jenkins）给茶叶委员会写信称，当地局势已经平静，特邀植物专家前来考察。英国植物学家来到阿萨姆的山谷，确认了野生茶树的存在。瓦利茨博士（Wallich）写信给印度总督："我们十分确信，我们发现的茶树，只需要通过恰当管理和培植，完全可以满足商业需求。我们奋斗的目标不久就会完全实现。"当年，他们按着红茶制作工艺生产了五盒阿萨姆茶，送到了加尔各答的印度总督府，获得了首肯。1838年5月6日，首批阿萨姆红茶运抵英国，并于1839年1月10进行了拍卖。其评价是"不逊于中国红茶"。阿萨姆公司于当年7月在伦敦成立。这是第一家由英国与印度联合出资经营的茶叶公司。联合创立人包括诗人泰戈尔的祖父德瓦肯纳特·泰戈尔。

英国植物学家考察了印度的地理环境和气候，认为东北地区的大吉岭和西南地区的尼尔吉里斯（Nilgiris）丘陵地带，都适合茶树生长。苏格兰植物学家罗伯特·福钧（Robert Fortune, 1812—1880）担负起了栽培重任。福钧能讲汉语，曾长期研究中国植物。1842~1845年，他在中国境内收集了100多种稀珍植物，运到伦敦皇家植物园进行培植研究。福钧在1848年7月前往中国挑选茶树苗。他发现浙江莫干山一带的茶树品质很高，适合大吉岭山地的湿度和气候。他亲自深入莫干山地区采购了茶籽。

茶籽运输方便，但是发芽率低。福钧从当地茶农那里掌握了催芽方法。他按远洋运输标准制作了温室箱，里面放入掺有稻壳灰的微酸性土壤，植入柔韧度高的桑树苗。先浇一次水，土壤变干后撒上茶籽，再覆盖半英寸的土壤，淋上水，用十字网格固定住土壤和桑树苗。最后用螺丝和木条固定好温室箱。这批温室箱运到加尔各答后，土壤中的茶籽开始发芽。这批茶籽栽种在大吉岭一带。1851年，福钧又前往福建武夷山等地，采购了两万多株茶树苗，招募了8位中国茶农，安全抵达喜马拉雅山南侧，大吉岭种植园逐渐形成。福钧回伦敦后撰写了《中国产茶区游记》（*A Journey to the Tea Countries of China*）一书，系统介绍了中国产茶区和制茶工艺。中国制茶业再无商业机密可言。

英国在18世纪快速开拓殖民地。1770年，詹姆斯·库克发现了地广人稀的澳大利亚，为英国增加了辽阔的疆土。在18世纪上半叶，东印度公司从商贸公司过渡到了商人政府。伦敦商人们对东印度公司的贸易垄断极为不满。东印度公司对南亚的掠夺性经营和贸易，使得印度经济濒于破产，也导致东印度公司的利润逐年下降，影响了英国政府的税收。1858年8月2日，英国议会通过了《印度政府法案》（*Government of India Act*），由英国政府的印度事务大臣直接治理印度。东印度公司最终在1874年1月1日解散。茶园开发成了英印政府的一项战略性产业。

无论在大吉岭，还是在阿萨姆，茶园的开发十分艰难。当地人不懂茶叶的商业价值，采取了消极态度。英印政府只好出台鼓励政策，响应者多是英国退伍军人、医生、机械师和百货店主等。当时的自然环境恶劣，时常爆发痢疾和霍乱。茶园主人搭建起高脚木屋，墙壁上抹着牛粪与稀泥混合成的泥巴，屋顶铺着树叶。他们不仅挨蚊虫叮咬，还要抵御孟加拉虎、野兽和毒蛇侵扰，乃至提防土匪的袭扰。他们都能熟练使用火枪，随时准备击退各种入侵者。最让他们防不胜防的还是季风雨。猛烈的季风雨，不仅把茶叶掠光，还会摧毁茶树。茶园需要一两年的时间才能重新恢复。

到了采摘季，茶园需要雇佣大批外来劳动力。大约在 1840 年前后，约有 4000 多名中国茶农来到阿萨姆。虽然中国茶农在茶叶加工上贡献良多，却无法施展传统的采茶技能，原因是阿萨姆茶树高大。中国茶农的往返费用和食宿是一大笔开支。从 1841 年后，阿萨姆的茶园主开始雇佣周边地区的人。来自比哈尔邦、那格浦尔邦的农民吃苦肯干。通常是全家人一起采摘茶叶。这是一种稳定且高效的劳力组合。

经过半个多世纪的努力，英国人在印度、斯里兰卡、肯尼亚开发了大片茶园，经营着世界上最大的红茶种植区。在世界四大红茶中，除了祁门红茶外，大吉岭红茶、阿萨姆红茶和锡兰红茶都是由英国人开发经营出来的。英国人用企业管理办法来经营茶园，提升了茶叶品质和产量。印度茶税委员会（Indian Cess Committee）成立于 1903，该组织负责在国内外推广印度红茶，让原本不喝茶的印度人爱上了喝茶，还开发出了具有印度特色的香料茶，即玛萨拉茶（masala tea）。1947 年印度独立时，印度茶叶产量已达 2.8 亿千克，有了完整的种植、烘干和销售产业链。其中阿萨姆红茶产量占全印度年产量的一半。阿萨姆地区闷热多雨。当地茶树大都生长在合欢树旁。合欢树的叶子具有昼开夜合的特点。白天展开的叶子遮挡住强烈的日光。叶子在晚间合上后，有助于潮湿的空气在茶树叶上凝成露水。独特的地理环境使阿萨姆红茶一直走俏国际茶叶市场。

锡兰最早种植咖啡。这里的丘陵地带也适合种植茶叶。1839 年，加尔各答的植物园园长瓦利茨博士（Dr Nathaniel Wallich）把阿萨姆茶籽带到锡兰，种植在康提（Kandy）附近的佩拉德尼亚（Peradeniya）植物园里，并于 1842 年开发成茶园。1851 年，苏格兰人詹姆斯·泰勒（James Taylor）来到斯里兰卡，他在中部高原鲁勒勘德拉（Loolecondera）开辟出一片茶园。1869 年，当地咖啡园发生了严重咖啡锈病。咖啡产量从 500 万千克下降到了不足 50 万千克。大部分咖啡园老板开始转向茶叶种植，茶树生长良好。詹姆斯·泰勒结合中国的制茶方式，研发出了锡兰茶的加工技术：先是手工捻茶，再让茶叶在金属网上发酵，最后在泥炉炭火上烘焙。这一工艺使得锡兰茶具有香味浓郁、色泽金黄的特点。1890 年，苏格兰零售业大亨汤姆斯·立顿爵士（Sir Thomas Lipton）前往锡兰考察，收购了五座茶园，推出了以他姓氏命名的立顿红茶。他的广告词是"从茶园直接进入茶壶的好茶"。凭借他拥有的连锁商店，立顿红茶很快走俏英伦。1972 年，这个岛国从锡兰更名为斯里兰卡，锡兰红茶作为品牌保留了下来。

肯尼亚的茶叶也是由英国人开发的。据史料记载，来自英国的移民克恩（G.W.L Caine）于 1903 年在肯尼亚栽种了茶树。但他只是把茶树作为观赏植物。苏格兰人阿诺德·麦克唐奈（Arnold Butler McDonell）在 1904 年来到肯尼亚，从英国殖民政府手里购买了 350 英亩山地，距内罗毕约 20 英里。他栽种了咖啡、玉米和亚麻，但收成惨淡。10 年后，麦克唐奈的一位朋友从印度给他带来茶树苗。麦克唐奈试种了 20 英亩。这些茶苗长势良好。他在 1926 年采摘了第一批茶叶。大量茶园被开发出来。肯尼亚茶具有汤色鲜亮、芳香馥郁的特点。肯尼亚实行的是私人种植茶叶、采摘后在合作社统一加工的模式，这保证了茶农的利益，也提高了肯尼亚茶叶的国际竞争力。仅仅半个多世纪，肯尼亚就成了世界第四大产茶国。

女性与饮茶

英国女性一直是饮茶的推动者。正如凯瑟琳公主是引导贵族饮茶的启蒙者一样，第七代贝德福德公爵夫人安娜·玛利亚·拉塞尔（Anna Maria Russell）创立了英式下午茶。安娜是维多利亚女王的闺密。当时贵族家的晚餐时间是晚上 8 点钟。在饥肠辘辘的等待中，安娜召集了几位贵夫人，一起喝茶聊天，打发时光。女仆准备了烤面包和奶油。她们边喝茶边品尝点心。这一过程让整个下午变得明媚灿烂起来。她开始定时邀请闺密过来，在下午两点至五点喝茶吃点心。正如人类学家描述的那样，女性习惯在特定地方进行社交活动。每个人都知道行为规则，并且不能容忍不懂规矩的外来者。闺蜜之间相互邀请喝茶，也是相互学习交流的好时机。

同样是进口饮料，咖啡的文化内涵总是与公众场所、生意和男性辩论联系在一起。这让家庭主妇十分反感。1674年，市场上流传着一份长达6页的《妇女反对咖啡的请愿书》（The women's petition against coffee）。这篇讽刺文章用双关语，把粗俗讽刺变成了一种幽默讥讽。文章描述男性特征已经被咖啡"阉割"掉了，变成了阳痿患者。"男人已经疲软不堪，第一个回合就败在我们面前。男人的屁股从来没有这么肥大，他们屁股里的精髓从来没有这么稀少"。咖啡吸干了那些宝贝里的水分，让我们精心挑选的宝贝变得一钱不值。一篇匿名文章反对这种说法，竭力为咖啡正名：在身体里灌入咖啡后，阳痿者的阴茎也会勃然挺起，射精更加充分，咖啡还赋予了精液一种精气神。

女性们越来越钟情于饮茶，逐渐演绎出了相应礼仪。女士们一般会穿带蕾丝花边的束腰长裙，戴上时尚帽子，用伦敦腔调谈论茶叶知识或花边新闻。女性精通泡茶也是进入社交圈的一门技艺。她们需要懂得泡茶的程序和知识。打开茶叶盒，用一柄铜制或银制的小茶匙，按人数取出一定数量的散茶，放入开水温过的茶壶里。茶叶浸泡时间也有要求。茶泡好后，就要把茶水倒入茶杯。在茶中加入牛奶后，搅拌时要用茶匙在杯中画十字，不能在杯子里画圈。有的客人喜浓茶，有的喜欢淡茶，这需要牛奶的精准勾兑。客人也必须知道茶语。如果自己不想再喝了，就要把茶匙放入茶杯中，或横在茶杯边缘。与茶水搭配不同的茶点，也就有了早餐茶和下午茶。

英式早餐茶和下午茶不仅由饮茶时间决定，也与茶水浓度和茶点有关系。早餐茶具有提神醒脑功能。主要选用味道醇厚的红茶调制而成，茶香浓郁，适合起床后享用，搭配少量点心。下午茶多集中在下午三点到五点半。现在的下午茶已经变得简单，先用开水冲泡茶袋，取出茶袋后加入牛奶。下午茶按配餐不同分为四种：第一种叫奶油茶（Cream Tea），红茶配松饼。松饼要用手掰，不能用刀切。这样更容易涂抹果酱和奶油，吃起来口感更佳；第二种叫草莓茶（Strawberry Tea），就是在奶油茶的基础上增加鲜草莓；第三种叫休闲茶（Light Tea），是由茶水、松饼、果盘搭配成的午后点心餐；第四种是全套下午茶（Full Tea），基本是前三种的集大成，外加三明治。三明治使用的面包需要切去硬边，中间夹鲜杧果腌火腿、牛油果熏三文鱼、蛋黄酱拌酸黄瓜片等，可以随意搭配。它们放在三层镀银支架上，自下而上依次是三明治、松饼、蛋糕和水果。吃茶点时，从底层往上吃。这是由咸到甜的过程，更容易吃饱。英国人把下午茶喝成了精致与优雅。

▲ 社交场合最常见的英式下午茶

劳动者喝茶不那么讲究。在劳伦斯的小说中，很多矿工和家庭主妇不习惯喝热水。他们把茶水倒入茶托或茶盘中，晾凉后再喝。工人和劳动妇女喜欢坐在橡木餐桌旁喝茶吃点心。这种喝茶方式被称为高茶（High Tea）。高茶成了劳工阶层喝茶的代名词。高茶也与配餐内容有一定关系。配餐中含有较多肉食，如炸鱼块、馅饼、火腿沙拉等。男女劳工在下午五六点钟下班后，回到家里，喝上一杯茶水，吃点配餐，有助于缓解疲劳。这是八点钟正餐前的点心餐。有时高茶与晚餐连在一起。在喝完高茶后，不用挪位置，就可以上正餐了。这种"茶连餐"提供了更多的聊天时间。

饮茶器具

葡萄牙和荷兰商人最早把中国瓷器引入欧洲。当时的英国茶叶市场尚未形成。中国瓷杯主要用来喝烈性酒。英国东印度公司在17世纪开始进口中国瓷器和茶具。有英国学者认为，中国茶具最早是作为压舱物进入英国的。每艘船上装载香料、丝绸和茶叶后，还需要压舱物，以保证在海洋中的平稳行驶。这些压舱物有铸铁和圆石，还有瓷器和紫砂壶。

中国茶具受到了贵族和富裕商人的欢迎。在市场驱使下，很多商家尝

英国风物记  A Cultural Guide to the British

试开发瓷器和茶具。英国人萨缪尔·贝尔（Samuel Bell）在1729年开始仿制紫砂壶，他和同时代的试验者都无法解决茶具在高温下炸裂的难题。真正的突破是托马斯·弗赖伊（Thomas Frye）。他与合作者在1744年前后发明了骨瓷。这位埃塞克斯（Essex）陶工在陶土中混入了牛骨粉。牛骨龄必须是三岁，在自然环境下吃牧草长大。牛骨粉增加了陶土的黏合性和韧度。他先烧制素瓷，然后涂上釉料，再放入低温窑内二次焙烧。骨瓷的配方历经多次改进，在1765—1794年趋于成熟。由于配方是商业机密，每位陶瓷商都说自己最先改进了配方。乔希亚·韦奇伍德（Josiah Wedgwood）在1759年烧制出了骨瓷。该厂的骨瓷呈半透明，坚固耐用，图案鲜艳。韦奇伍德在1783年被吸收为皇家学会会员。这是一位陶工能获得的最高荣誉。

英国陶瓷商早年也模仿中国瓷器上的图案：沏茶的侍女、吟唱的鹦鹉、河畔垂钓的老翁、柳梢旁低飞的燕子。这是英国人心目中的中国生活。中国人的绘画方式，却让英国人难以理解。在洁白的瓷器上，人物宛若漂浮在半空中，完全没有近大远小的透视概念。凭空一抹蓝色，就成了天空。三四道波纹象征着一条溪流。这种诗意性的中国绘画艺术，让英国人难以欣赏。为了仿造出中式瓷器，他们主要模仿花卉图案，并逐渐创作出英国人欣赏的瓷器绘画，主要是飞燕剪柳枝，古亭配流水。

▲ 1730年前后专为英国市场烧制的珐琅彩茶壶

1904年，纽约杂货商托马斯·沙利文（Thomas Sullivan）发明了茶袋。他当初用的是纱布袋，里面装着细碎的茶叶。这成了西方人泡茶的一大发明，其背后是标准化生产程序。长方形的纸质茶袋在1944年问世，保守的英国人竟很快接受了袋茶泡茶。茶袋上有两千多个细孔，采用的是可降解的环保材料。虽然茶袋看上去品相不佳，并不影响茶水口感。这大幅提升了CTC红茶的销量。CTC的含义是"切碎、撕扯和卷曲"。这种工艺的优点在于快速浸出茶叶内含物。红茶中有茶黄素和茶红素。茶黄素越高茶汤越亮，茶红素越高则茶汤越暗。CTC可以通过不同茶叶搭配，平衡茶黄素和茶红素的比例，让茶水具有"浓、强、鲜"的特质。自茶袋发明以后，民众更乐意用粗厚的杯子喝茶。不同造型的茶杯纷纷问世。茶杯烧制方法简单，粗大厚重的茶杯还有保温效果，颇受英国人欢迎。

英式茶文化

英国文人都喜爱饮茶，女作家尤甚。简·奥斯丁为得到一包好茶而欣喜若狂。弗吉尼亚·伍尔夫则把茶桌描述为维多利亚时代家庭生活的核心。饮茶给她的童年留下了深刻印象。弗吉尼亚·伍尔夫说，茶桌是"家庭生活的壁炉和核心"。到了周末，家人围坐在茶桌前，一起喝茶吃点心。这种温馨的家庭氛围培育出了维多利亚时代的优雅和礼仪。饮茶还被赋予了一种特殊含义。如果一个人对某事或某人不感兴趣时，会淡淡来一句："这不是我的那杯茶（It's not my cup of tea）！"旁人便明白其所指。

英国人对印度红茶和锡兰茶情有独钟，一是这两个地区的茶叶很少使用农药，二是价格具有竞争力。英国政府很早就推出了英联邦优惠制。从英联邦国家进口的茶叶每磅只征收2便士关税，非联邦国家的茶叶则每磅征收4便士。到了1949年，从英联邦国家进口的茶叶关税降为零，在1964年则干脆取消了茶叶关税。在数百年的殖民经营过程中，英国和前殖民地之间建立了一种特殊依存关系。这种互相依赖、互相支持的经贸关系，是一种双赢结果，也提升了英国品牌茶叶的国际竞争力。

英国人一直梦想在岛国经营自己的茶园。早在18世纪初，英国人就尝试引进中国茶树，在岛内栽种，一直没有成功。直到进入21世纪后，植物学家才在康沃尔郡的法尔茅斯（Falmouth）试种成功。2005年5月3日首次进行了人工采摘活动。这款茶叶与阿萨姆茶调和后获得了满意口

英国风物记  A Cultural Guide to the British

▲ 很多乡村餐馆外有饮茶标志

感。调和茶是英国人的营销传统。每家茶叶公司都有多位品茶师。为了获得一款大众满意的调和茶叶，品茶师要交叉品茶，避免带有强烈的个人爱好。由多位品茶师签字的茶叶，才能进入加工厂进行调和搭配。

调和茶可以更好地满足消费者的口味。早餐茶是由阿萨姆茶和锡兰茶调配而成。它组合了阿萨姆茶的香气和锡兰茶的味道。同一产区不同时节采摘的茶叶，也可以进行调和搭配。茶商还要测试不同地区的水质，开发出适合当地人饮用的调和茶。锡兰红茶、南印度茶和大吉岭红茶，比较适合硬水浸泡。软水中含的矿物质较少，适合冲泡阿萨姆红茶。这种营销战略体现了英国茶商对待茶叶的科学态度。所有茶叶盒上都注明此茶适合的水质。如果用不恰当的水泡茶，会影响茶水的口感。

英式饮茶也有纠缠不清的问题：当茶壶泡好茶水后，是把茶水倒入茶杯里，再加入牛奶？还是把茶水直接倒入牛奶中？是用热牛奶还是冷牛奶？这种争议并不影响各自的喝茶习惯。关键是要让好茶缓慢释放出精华和香气，舒服地品饮，用心感受。英国作家西德尼·史密斯（Sidney Smith，1771—1845）写道："红茶是一种了不起的饮料。如果没有红茶，世界就会枯燥乏味。我真庆幸自己在红茶问世后才降生。"对于英国人来说，茶是中国人最了不起的发现。英国人用自己的独特方式，演绎着英式茶文化。泡上一杯热茶，热气从茶杯里袅袅飘起，把心境蒸熨得十分舒服。待到茶袋浸泡完后，取出茶袋，在茶水中加入牛奶，轻轻搅拌，让茶与奶完全交融。一口一口慢慢喝下去，浑身逐渐暖了起来。伴着茶水的休闲，是英国人最惬意的一段时光。

第二辑　社会与群体

不一样的英国人

在一项关于英国和英国人性格特征的调查中，外国人对英国印象最深的前四项依次是王室、足球、英国广播公司、丘吉尔；对英国人性格印象最深的前四项是势利眼、自以为优越、虚伪、绷紧上嘴唇。绷紧上嘴唇的含义是不表露心迹、不叫苦。对于这种解读，英国人还真没有什么可抱怨的。每个民族对自己的认识，只能属于本民族。外国人对一个族群的认识，才属于全世界。尽管有误解和不全面，但那就是这个族群在外国人心目中的模样。即使心里酸涩或本能地否定，也难以在短时间内改变外国人的这些认识。

所谓的英国人性格特征，实际上是指英格兰人。确切地说，指的是伦敦和东南部的英格兰人。这个岛国生活着不同族群，是个多重性格的组合体。掀开米字旗的盖头，你才会发现不同族群存在着明显的性格差异，政治上也是如此。英格兰和苏格兰是王国，威尔士是公国（Principality），北爱尔兰只相当于一个区。这种复杂的地理文化，塑造了不同地区的文化特征。作家尼克·马丁（Nick Martin）打了一个比喻："如果把英国比喻成一条典型商业街的话，那么北爱尔兰是一个位置尴尬的水果摊。威尔士是一个潮湿、散发着怪味的慈善店。苏格兰是一个有卖酒执照、有卷帘门的杂货店。英格兰则是定价过高的咖啡连锁店。"

英国人的前辈都来自欧洲大陆，也带来了复杂的语言和文化。每个族群都十分在意别人对自己的称呼。英格兰人称自己英格兰人（English），

英国风物记  A Cultural Guide to the British

▲位于英国西南角的康沃尔郡有凯尔特遗风，他们还保留着传统习俗和节日庆典。图为参加活动的康沃尔少女和老人

苏格兰人称自己苏格兰人（Scottish），威尔士人称自己威尔士人（Wales），北爱尔兰人称自己爱尔兰人（Irish）。只有"二战"后的移民才称自己英国人（British）。岛国先民使用凯尔特语、威尔士语、盖尔语。随着入侵者的到来，英国人使用的语言也越来越复杂。古罗马人统治英国后，上流社会流行拉丁语。盎格鲁—撒克逊人带来了古英语。诺曼人在1066年征服英格兰后，上流社会又流行法语。在此后的300年里，法语一直是英国的官方语言和法律语言。拉丁语退出了主流社会，成了英国教堂里的语言。中下层民众一直在使用英语。英法战争（1337—1453）进行中，法英两国相互敌视，英国贵族开始使用英语。英语成了主流社会的语言。现在，威尔士人讲英语和威尔士语。苏格兰城里人讲英语。苏格兰西北地区讲盖尔语。

在英格兰的不同地区，英语也是南腔北调。伦敦东部是工人的聚居地，他们的口音叫东伦敦佬（Cockney）。利物浦人讲英语时，嘴唇开合很小，利物浦口音被称为史高瑟（Scouse）。伯明翰地区的英语鼻音很重，操这种口音的人叫作布拉米（Brummie）。纽卡斯尔人被称为乔吉（Geordie）。纽卡斯尔人讲英语时，有很重的喉音，里面夹杂着方言词汇，如Aye是yes的意思，nowt表示nothing。苏格兰人讲英语时有喉音，似乎想把刚说出来的话咽回去，却又被急于表达的思想拽了出来，结果把英语重音搞乱了。威尔士人讲英语如同吟游诗人在吟唱。只有牛津、剑桥一带和王室讲的英语，才被认为是标准英语。

第二辑　社会与群体

我在英国生活期间，经常受到各种发音的困扰。我购买了电脑软件，在安装中出现了问题，我急忙按着使用说明打电话咨询，接电话的工程师带有浓重的印度口音，原来英国很多 24 小时电话服务设在印度。幸好我在印度生活过六年，可以理解对方讲的印式英语。英国政府服务机构的电话咨询员，也不一定讲纯正英语，很可能带着浓重的苏格兰或威尔士口音，需要仔细辨听。特别是在讲地名和姓名时，需要用常用名称的第一个字母来确认，不然会闹出笑话。

语言的复杂性决定了文化的复杂性。有位英国作家在回答"英格兰人怎样看待别人"时说，在英格兰人眼里，外地人的概念是从离开自家门口街道尽头的某个范围就开始了。他们视伦敦为文明中心，离开伦敦朝任何一个方向走得越远，异国味道就越重。爱尔兰剧作家戈德史密斯（Oliver Goldsmith，1728—1774）最看不惯英格兰人的傲慢。他写道：有一位戴着高帽子的绅士，有着睥睨天下的神情，仿佛他身上集中了英格兰民族的所有优点，宣称荷兰人是一群爱财如命的可怜虫；法国人是阿谀奉承、溜须拍马的家伙；西班牙人是骄傲自大、目中无人的恶霸。只有英格兰人具备了勇敢、慷慨、仁慈和其他美德，优于世界上任何一个民族。戈德史密斯反问道：我不憎恨其他国家的人民，难道就不能热爱我自己的国家吗？我不把世界上的其他人视为懦夫，就不能携着大无畏精神和永不妥协信念来捍卫祖国法律和自由吗？

宗教信仰撕扯着不同族群，在北爱尔兰尤甚。北爱尔兰的新教徒与天主教徒时常爆发冲突。他们连德里市（Derry）的名字也无法达成共识。当地的天主教信徒称其为"德里市"，而新教徒居民称其为伦敦德里（Londonderry）。1972 年 1 月 30 日，英国军人向伦敦德里市的天主教抗议者开枪，导致 12 人中弹身亡，13 人受伤。这一枪杀事件激化了北爱尔兰共和军与英国政府的矛盾。布莱尔政府在调停教派冲突中，启动"萨维尔调查组织"来调查血案真相。整个调查历时 12 年，耗费近 2 亿英镑，显示了中央政府的诚意。调查结果公布后，卡梅伦首相公开承认英国政府犯下了错误，愿意无条件地为士兵的开枪行为负责。

苏格兰人对英格兰人也有很深的芥蒂。我在爱丁堡的一家杂货店里，

英国风物记  A Cultural Guide to the British

看到付款台上贴着这样一个纸条："把垃圾丢到英格兰去，请保持苏格兰干净。"这种抗拒心态有其历史原因。罗马人将英格兰纳入罗马帝国的版图时，却止步于哈德良长城的位置。14世纪后，英格兰与苏格兰频频交战，苏格兰未被征服，也因为战争而变得贫困。苏格兰人讲求实际，感情丰富。他们对南方总是十分警惕，像一只勤奋的蜘蛛一样，在思维里布满蜘蛛网，一旦英格兰方向飞来一只苍蝇或蝴蝶，他们都会受到惊扰，然后愤然出击，捍卫自己的疆界。

两地的对抗结束于苏格兰国王詹姆斯六世。詹姆斯六世的母亲玛丽是苏格兰女王。英格兰女王伊丽莎白一世是英格兰女王玛丽的表姑，伊丽莎白一世无子嗣，选择了詹姆斯作为继承人。詹姆斯六世在1603年继承了英格兰王位，成为英格兰国王詹姆斯一世。苏格兰议会在1707年通过了《联合法案》(Union with England Act)，两国正式合并。联合王国确实是一个双赢的结果。苏格兰人在英国工业革命和以后的发展中，发挥了重要作用。詹姆斯·瓦特发明的蒸汽机成了英国工业革命的心脏。亚当·斯密在《国富论》中首次完整阐述了现代自由贸易理论。亚历山大·弗莱明爵士发现了青霉素。爱丁堡成了文化启蒙运动的中心。这里诞生了小说巨匠沃尔特·司各特，柯南·道尔塑造出了大侦探福尔摩斯。从爱丁堡飞出来的《彼得潘》，一直感动着世界各地的儿童读者。在海外贸易中，苏格兰人成了精明强干的商人。他们走向了非洲和拉丁美洲，涌现出了多位世界级的探险家。

在苏格兰的民众心里，苏格兰与英格兰之间始终处于不平等关系。爱丁堡的城市加重了这种悲情氛围。城堡和石头纪念碑上有大片黑渍，如同难以剔除的心理阴影。1970年，苏格兰海域发现了北海油田，油田带来了巨大的财富，石油的收益归国家。一位苏格兰人说："英格兰人拿走了我们的石油，就是直接从我们身上抢钱。他们不会把钱花在苏格兰。这是让我们难以容忍的。我们的生意越来越难做了。"苏格兰人又产生了独立念头。原本默默无闻的苏格兰民族党（SNP）迅速蹿红，在1974年取得议会中11个席位。1977年英国大选，工党政府同意苏格兰进行独立公投，以换取苏格兰民族党的支持。投票结果显示，只有32.9%的苏格兰人有独立诉求,没有达到 40% 的法定条件。苏格兰独立梦想破碎。

议会政治有其戏剧性的一面。剧情反转就是票数和党派间的合纵连横。苏格兰民族党议员不再支持工党政府,转向保守党。保守党借此发起了一项对政府的不信任投票。工党政府被迫解散。苏格兰民族党的摇摆作风让选民不满,在 1979 年大选中仅获得两个议席。苏格兰民族党不得不降低目标,提出建立苏格兰议会。英国议会在 1998 年通过了《苏格兰法案》(The Scotland Act)。国防、外交和税收三项权力归英国议会,其余政府事务都放在了苏格兰议会。苏格兰议会在 1999 年通过普选产生,紧接着苏格兰行政局(Scotland Executive)成立。

在 2007 年选举中,苏格兰民族党赢得苏格兰议会大选,独派大佬萨蒙德(Alex Salmond)出任苏格兰第一大臣,又一次打出了苏格兰独立的王牌。除了个人情感因素外,更重要的是对财富和权力的追逐和博弈。首相卡梅伦同意苏格兰举行独立公投。2014 年 9 月 18 日的投票结果显示,多数票赞成留在联合王国内,苏格兰民族党又一次遭受重创,萨蒙德黯然辞职。投票政治让英国步履艰难。政治家有抱负,同时要赌博民意。这是投票政治的最大看点,往往不到最后一刻难见分晓。首相卡梅伦宣布在 2016 年 6 月举行脱欧公投,未料到脱欧派获胜。卡梅伦只得离开首相位置。这是政治家的游戏规则。大部分苏格兰人主张留欧。投票结果又触发了苏格兰人的独立情绪。当年苏格兰独立公投失败的原因之一,就是英国政府说,苏格兰独立后会失去欧盟成员身份。当苏格兰人最终在现实面前低头后,英国政府却选择了离开欧盟。这让苏格兰人感到憋屈。一人一票的选举是民主体制的精髓。如果正反两方票数相差无几,也是民主体制的无奈。

英国风物记  A Cultural Guide to the British

老移民与新移民

在英国的任何一点，无论地理环境多么偏远荒凉，离海洋都很近，都能嗅闻到大海的潮湿气息。岛国海岸线漫长曲折，适合游泳的地方不多，却是健步慢跑的好去处。很多老人把车开到海滩附近，吹一阵海风，然后回到车上，摇下车窗，听海浪拍击沙滩的声音。他们可以这样坐上两个小时，从口袋里掏出三明治，从保温瓶里倒杯热茶，吃完后休息一会儿，心满意足地开车回家。他们对我说，无论生活多么单调无聊，只要来到大海边，就会得到补偿。他们的祖先都是漂洋过海来的，很多人的前辈就是维京海盗。维京人抵达岛国后，驱赶先期抵达的族群，逐渐扎下根来。社会中心位置永远属于强者。

老移民

古罗马史学家塔西佗（Tacitus，约 55—120）曾自问自答："谁是不列颠的最早居民？他们是土著人还是移民？这始终不清楚。"主要原因在于不列颠的独特地理环境。远古时代，不列颠并没有游离于欧洲大陆之外。猎人在追逐猎物中，可以轻松步入不列颠。当大陆架沉入水中时，他们失去了退路，遂成了岛国的原始居民。岛国记载的早期居民是伊比利亚人（Iberians）。他们来自欧洲西南伊比利亚半岛上的部落，也有一部分从斯堪的纳维亚半岛渡海而来。伊比利亚人驯养畜群，用鹿角挖地。他们的遗

第二辑 社会与群体

物巨大而壮观，说明族群人数众多，且有了完善的组织和协调能力。伊比利亚人大约在公元前 2000 年左右从石器时代进入了青铜器时代。我登上过苏格兰北部的离岛，看到了他们的生活遗迹。在海水涨落期间，那些小岛如同漂泊的大船。

奥克尼（Orkney）群岛位于苏格兰东北的海上。岛上的史前遗址在 1999 年被联合国教科文组织列入了世界遗产保护区。岩石上有青苔和泥土，青苔和泥土保护着岩石，成为一个命运共同体。丘陵上的狭长景色，使远处的建筑显得沧桑冷峻。在丘陵峭壁边缘，稀疏的林木把天空与岩石扭结在一起，有一种生命的浪漫和顽强。高地上有冰河时代遗留的粗糙石头、蕨类和石楠植物。岛上的大站石（The Standing Stones of Stenness）和古墓可以上溯至公元前 3000 年，都是新石器时代的遗址。它们与英格兰索尔兹伯里的巨石阵，都是先民的活动遗迹。巨石阵的一块石头重达 3.5 万千克，需要六七百人用皮绳搬运，可谓是一项浩大工程。巨石围成的同心圆，暗合了很多天文学知识。这让人不得不惊叹伊比利亚人的智慧。

在罗马帝国的扩张中，很多弱小族群纷纷逃离欧陆。公元前 5 世纪开始，凯尔特人从欧洲大陆进入了这个海岛。凯尔特人身材高大，红头发蓝眼睛。凯尔特人把伊比利亚人赶到英格兰西北部的山地。不同时期涌来的凯尔特人彼此争战，较强大的一支称为不列吞（Britons）。当时的海岛上覆盖着原始森林。凯尔特人在北方种燕麦，在南方种小麦。至公元 1 世纪初期，凯尔特人主宰了不列颠的东南沿海地区。他们与高卢北部的部落有血缘和经济联系。当获悉罗马人征战高卢的消息后，他们渡过海峡，协助高卢兄弟主动迎击强敌。这反倒引起了罗马执政官恺撒的注意。他望着海雾迷蒙的岛国，决定要把这个海岛纳入罗马帝国的疆域。

公元前 55 年 8 月末的一个夜晚，刚刚就任高卢总督的恺撒，率领 80 艘战船，浩浩荡荡渡海远征不列颠。罗马人登上海岸后，遇到了凯尔特人的顽强抵抗，终因后援和粮草不足，无功而返。 第二年，恺撒率领 2000 骑兵和 5 个军团共 2 万余人再度征战不列颠。这一次大幅向纵深推进。他们发现岛上并不富庶，也无多少金银财宝。高卢又传来当地人暴乱的消息，恺撒率军返回高卢。直到公元 43 年，罗马皇帝克劳狄一世（Claudius，

英国风物记  A Cultural Guide to the British

公元 41—54 年在位）登上大不列颠，击溃了凯尔特人的反抗。公元 60 年，部落女首领布迪卡（Boudica）殊死抵抗罗马军团，最后遭到罗马军队的血腥镇压。罗马人站稳脚跟后，统治阶层开始使用拉丁语，进行城市规划，建造庙宇、市场、浴池和供水系统等。伦敦老城墙、巴斯浴池和哈德良长城都是罗马人的遗物。罗马帝国衰落后，疆域不断收缩，最终在公元 4 世纪撤出了大不列颠。一大批北欧人乘虚进入英国。

这个时期进入岛国的是盎格鲁—撒克逊人。他们到来后，岛国才称为"英格兰"，意为"盎格鲁人的土地（Angle land）"。盎格鲁—撒克逊人既是欧洲大陆的难民，也是岛国的入侵者。他们长期从事渔猎，性格顽强粗犷。苦难和顽强精神转化为他们的生命基因。他们摧毁了罗马人建立的经济体制，往西部驱赶凯尔特人。亚瑟王的故事在这一时期流传开来。他演绎为不列颠之王，成为"圆桌骑士团"的首领。圆桌骑士精神逐渐演绎为主张公正、自由和平等的绅士精神。盎格鲁—撒克逊人起初从事畜牧业，后来转为农耕，社会组织单位也从氏族转为村落。在英格兰地图上，那些标着 Wessex、Essex、Sussex 的地方，都曾是盎格鲁—撒克逊人的村庄。

基督教在公元 2 世纪传入英格兰后，英格兰被纳入了基督教世界。这对于塑造英国文化和性格具有重要意义。公元 597 年，罗马教皇格列高利一世（Pope St. Gregory I，540—604）派圣奥古斯丁前往肯特王国传教，当时肯特国王娶了信仰基督教的法兰克公主。圣奥古斯丁率领 40 名传教士，见到了肯特国王埃塞尔伯特，宣讲基督教教义。肯特国王出巨资建造了坎特伯雷大教堂。当国王信奉基督教后，更多教堂和修道院建立起来。一些原始神祇的名字如 Tiw（地神）、Woden（战神）、Thor（雷神）、Frig（女神），加上 Day（日），演变成了英语中的星期二（Tuesday）、星期三（Wednesday）、星期四（Thursday）和星期五（Friday）。

在盎格鲁—撒克逊时代，英格兰有七个小王国，相互争雄厮杀，互相竞雄长达 200 余年。基督教使七个王国在精神上达到了统一，最终统一还是在反抗维京人的过程中实现的。789 年夏季的一天，三艘维京海盗船抵达多尔切斯特海岸（Dorchester Shores），维京人登陆后抢劫教堂和村民的

第二辑　社会与群体

财富，男人被杀戮，女人受到了侮辱。他们把财宝和马匹带上船后，回到了斯堪的纳维亚。这需要高超的海船驾驭技术。后来，他们登陆岛国后，对土地产生了兴趣，不再返回老家，而是通过武力驱散原住民。英格兰的文化中心开始从北方向南方转移。867年，维京人包围并攻克了约克城，又进军麦西亚王国，占领其大部土地，接着又挥师南进，进攻威塞克斯王国。

威塞克斯国王的弟弟阿尔弗雷德（Alfred，849—899）曾经协助哥哥抗击维京人。哥哥去世后，他被贵族拥戴为国王。维京人几次攻陷威塞克斯王国。阿尔弗雷德曾经战斗到孤身一人，然后重新集结兵力。阿尔弗雷德多次乔装打扮，刺探到了维京人的弱点，发现维京人没有长期的作战计划，靠掠夺维持后勤供应。876年5月，阿尔弗雷德率部队在爱丁顿地区与维京人激战，并取得战略性优势。伦敦以南地区由阿尔弗雷德国王控制，北部成为"丹麦区"。北部的很多地名都有斯堪的纳维亚名字的痕迹。在约克郡，有400多个地名以"by"结尾，如Wetherby、Selby。在丹麦语中，"by"就是"村子"的意思。在相持阶段中，阿尔弗雷德颁布了法典《阿尔弗雷德法典》(*The Law Code of Alfred the Great*)，创建贵族子弟学校，花重金厚礼从欧洲大陆聘请学者教授拉丁语，把拉丁文古典作品译成盎格鲁—撒克逊语。阿尔弗雷德去世后，几代继任者连续北伐，于10世纪中叶收复了大部分"丹麦区"。英格兰成了统一的国家。

公元11世纪中期，诺曼底公爵威廉率领诺曼人登上岛国，这是英国历史上遭遇的最后一次大规模入侵。其名义还是恢复英格兰王室的纯正血统。诺曼底公爵家族与英格兰威塞克斯王室有过一次联姻。到了威廉这一代，历史史料有些混乱。一种说法是威廉与英王爱德华是表兄弟关系，另一种说法是表叔侄关系。基于遥远的血亲关系，威廉有了继承王位的理由。国王爱德华无子嗣。他去世后，贤人会议推举哈罗德伯爵为英格兰国王。哈罗德率领军队剿灭了北方的争权者，又急忙挥师南方，前去阻击威廉军队的入侵。哈罗德以疲惫之师与威廉的5000骑兵对阵。经过一天厮杀，哈罗德及其军队全部战死，诺曼军大获全胜。1066年圣诞节，征服者威廉在威斯敏斯特教堂加冕为英格兰国王，史称威廉一世。威廉一世大量没收英格兰贵

英国风物记  A Cultural Guide to the British

族、教会和自由农民的土地，把全国耕地的 1/7 和大部分森林据为己有，其余分封给诺曼贵族。很多英国的世袭贵族家谱，可以上溯到这个时期。

无论是海盗还是征服者，他们定居岛上后，并不会安心自己脚下的那片耕地。他们天性中的不安分因素开始朝着两个方向发展。一个是到境外探险，开疆扩土。这成了英国人后来殖民海外的内在动因。另一个是从事体育竞技。通过体育比赛，男人的旺盛睾丸素才得以释放。英国人又善于制定规则，使比赛中的伤害减少到最低点，民众也从中获得了极大乐趣。体育比赛中的词汇，具有很强的战术意味，如进攻、迂回、防守坚固、打垮对手、猛烈反击等字眼。这是英国人在挑战自己，让竞技比赛中充满着"战争的硝烟"。

从 17 世纪开始，英国开始成为移民输出国，移民主要进入北美洲。1620 年，英格兰的清教徒们为了躲避国王军队的迫害，乘坐五月花号（The Mayflower）抵达美洲。苏格兰和爱尔兰的移民潮发生在 19 世纪中期。1845 年的土豆枯萎病造成了爱尔兰大饥荒。1845—1854 年，大约有 200 多万爱尔兰人移民美国，约占爱尔兰全国人口的 1/4。苏格兰的大规模移民则是高原清洗运动（clearance）的恶果。占总人口 0.01% 的苏格兰地主拥有全苏格兰 57% 的土地。为了扩大牧业，苏格兰地主提高了地租率，迫使农民放弃土地，前往北美谋生。美国总统特朗普的母亲玛丽·安·麦克劳德就是苏格兰移民。她出生在苏格兰偏僻的斯托诺韦岛（Stornoway），那里的流行语言是盖尔语。她跟着姐姐移民美国后，第一份工作是当保姆。她后来嫁给了弗雷德·特朗普，生育了五个儿女。玛丽有苏格兰人吃苦耐劳、坚韧固执的性格。那些来自英格兰、苏格兰和爱尔兰的移民，构成了美国社会的主体，形成了以盎格鲁—撒克逊人为主导的价值观。

新移民

19 世纪是大英帝国的全盛时期。处于世界领先地位的国家，都自带一种道德优越感。这种优越感促使他们推行英式管理和文化，试图把当地人从"蒙昧"中拯救出来。他们对反抗者的镇压似乎就有了正当理由。"一战"在 1914 年爆发后，英国国内劳动力人口剧减和高额战争费用支出，导致了英国经济危机。英国公司招募了有色人种来填充海员等职位的空缺。"二战"爆发后，英国的自治领和殖民地一共出动了约 500 万军队，其中半数来自印度。英国国内急需大量廉价劳动力。1948 年 6 月 22 日，帝国疾风号（The Empire Windrush）载着 492 名牙买加移民抵达蒂尔伯里码头。这批牙买加人的祖先最早是由英国人从非洲贩卖到西印度群岛的奴隶。他们的后代如今来到了英国，由此拉开了"二战"后移民的序幕。

最早的移民多是成年男性。1957 年，妇女儿童的数量逐渐超过了男性。这意味着移民在岛国会孕育出更多后代。在印巴大规模移民后，又有大批来自肯尼亚和乌干达的南亚后裔。在 1958 年，约有 21 万"有色少数族裔"生活在英国。第一代移民主要从事对白人毫无吸引力的工作，主要是机场后勤、铁道部门，以及蔬菜瓜果采摘业、鱼肉类屠宰等行业。议会在 1965 年通过了《种族关系法案》（*Race Relations Act*），该法案先后修订三次，禁止任何种族歧视行为。议会也通过了限制移民英国的多个法案，并设定了移民英国的额度。

很多来自殖民地的人，对英国并不感到陌生。印裔苏吉塔对我说，印度西姆拉（Shimla）与英格兰的莱斯特市十分相似。苏吉塔向我讲述了自己融入伦敦社区的过程。她的丈夫在英国大学毕业后找到一份工作，苏吉塔结婚后也来到了伦敦，住在相对便宜的南伦敦。苏吉塔是家庭主妇，平时在自家院子里养草种花。两位白人男孩子放学后，经常过来问她，你的皮肤这么黑，干吗不回印度？苏吉塔说，"我来伦敦，可以让这座房子更漂亮啊。如果你们有兴趣，你们可以帮我种花啊。我付给你们报酬"。俩孩子犹豫了一阵子，就走开了。几次对话过后，俩男孩同意在周末帮苏吉塔浇水种花。苏吉塔每次都付给他们两英镑。三个月后，俩孩子带着母亲过来了。白人母亲连忙向苏吉塔道谢，说两个儿子在家爱干活了。他们用积攒的钱给自己买了文具。苏吉塔的聪明与善良，让她融入了英国人的社区里。苏吉塔的经历只能算是特例。对于这些移民，多数英国人采取的是容忍（tolerate）但不融合（integrate）的态度。到了 1971 年，英国移民人口总数为 120 万人。

英国风物记  A Cultural Guide to the British

▲ 伦敦的印度社区索斯霍尔

　　在移民队伍中，有很多高智商的后代。他们继承了自己的传统文化，也吸收了英国的文化价值观。他们具有了混合思维，在思考时更容易左右逢源。这些人在科研和文化领域取得了突出成就。2017年的诺贝尔文学奖颁给了日裔英国作家石黑一雄。他与印裔作家奈保尔、萨尔曼·拉什迪称为"英国文坛移民三杰"。奈保尔在2001年10月获得诺贝尔文学奖后说："这是对英国，我的家乡，以及对印度——我前辈家乡的巨大贡献。"石黑一雄承认自己的思想来自日本和英国的中产阶层。这种混合文化和种族背景，让他们在英国成了第三种人，有一种"无根情结"。这种混合思维让他们分不清自己究竟是谁。石黑一雄曾经说，不刻意选择，也就少了困惑。

　　在土著白种人眼里，"有色人种"可以有多种解读。他们把石黑一雄、萨尔曼·拉什迪、奈保尔视为英国人。对非洲裔也采用这一带有种族色彩的评价系统。如果非洲后裔在体育竞技中获得了世界冠军，那他就是英国人。如果在比赛中输了，他就是"有色人种"。如果吸毒或触犯刑法，那他就是"非洲难民"。英国历史上最杰出的中长跑运动员法拉赫是混血儿。他于1983年3月23日出生在索马里城市摩加迪沙。他在8岁那年随母亲来到英国。由于英语差和肤色黑,他在入学第一天就受到了白人同学的嘲笑。法拉赫获得了多项中长跑世界冠军后,他的索马里难民身份不见了,取而代之的是英国英雄。

大部分新移民生活在社会底层,无法吸收英国的主流文化价值观。这让他们更趋于坚守传统信仰,排斥其他民族的文化。在伦敦的穆斯林聚居区,穆斯林男子头戴白帽,女子穿黑色纱衣,生一大堆孩子,领取政府的各种补贴。有学者警告:"穆斯林正在用子宫打败英国传统价值观"。调查数据也有支持这一观点。2011年英国官方宗教人口普查结果显示,英格兰与威尔士的常住穆斯林人口已达270万,占英国常住人口总数的4.8%,比2001年的人口调查数据几乎翻了一番。穆斯林的虔诚信仰,与基督教徒的懈怠形成了鲜明对比。白人结构的老龄化,与穆斯林人口的年轻化形成巨大反差。

移民带来的住房、子女教育和公共服务设施紧张等问题,致使社会上出现了反对移民的呼声。英国政府拟限制移民人数。这给人产生了英国将关闭移民大门的误解,导致了更多移民进入英国。很多城市出现了印巴社区。莱斯特市有印巴人一条街,伦敦的索斯霍尔(Southall)被称为"小印度"。印巴人的聚居模式也提升了族群认同感。当印度板球队与英格兰板球队比赛时,印度后裔却前来为印度球队加油助威,这一度引发了英格兰板球迷的愤怒。为了缓和本土民众与移民的冲突,工党在2007年提出了当代英国文化有三大特征:自由、包容和多元。这一倡议没有在社会上取得任何效果。

穆斯林极端分子的恐袭活动,加剧了白人与穆斯林之间的疏离感。2005年7月7日,伦敦连续发生7起爆炸,四名英国出生的穆斯林极端分子以自杀方式攻击伦敦地铁车站和公交车,造成了52人死亡。宗教恐怖袭击事件此后接连发生,引发了社会对穆斯林社群的警惕。2017年9月15日,伦敦地铁又发生爆炸,造成至少22人受伤。这是当年的第5起恐袭事件,前四起恐怖袭击共导致36人死亡。一些穆斯林极端分子频频制造恐怖事件后,让白人开始质疑英国的多元文化政策。再加上英国经济不景气,大批青年人失业,凶杀和盗窃案频发。英国人把这些社会问题都归

英国风物记  *A Cultural Guide to the British*

▲ 英国已经成了外国族裔增长最快的欧洲国家

咎于移民。这种论调导致了排外情绪和种族歧视。

英国政府在不断收紧移民政策，无奈伦敦的土著白人早已沦为了"少数民族"。2012年伦敦人口普查数据显示，在伦敦常住人口中，出生在外国的人口占37%，外籍居民占24%。白种英国人只占伦敦人口的44.9%。在公立学校里，有色人种占60%以上，有1/3孩子的母语不是英语。英国国家统计局依据人口增长速度推测，到了2081年，英国人口将达到1.08亿。住房和停车位将会极度紧张。乡村的安静生活将逐渐消失，进而成为人口稠密的居民区。在2016年6月23日的脱欧公投中，多数英国人选择了脱离欧盟。其中一个重要原因，就是英国要重新掌控边界控制权，限制外国移民和东欧移民进入英国。

第二辑　社会与群体

岛国和欧陆

英国南部的多佛港距离法国约 33 千米。英法的历史恩怨让两国民众心存芥蒂。法国人嘲笑英国人是"乡巴佬",拿破仑讥讽英国为"小店主国家"。英国人则把各种难听的词都用在法国人身上。当英国人发现对方不诚实时,会说"像个法国人一样",把无故缺席的人称为"法国式离开"(French leave)。恋爱男女把舌头伸到对方嘴里,称为"法式接吻"。法国第一位女总理埃迪特·克勒松反唇相讥,声称 1/4 的盎格鲁—撒克逊男人有同性恋倾向。她对记者说:"我记得我们在伦敦闲逛时——法国女孩子都在进行相同的观察——街上的男人们都不带看你的。在巴黎,男人们都会看你。一个正常的人,确切说是每一个大老爷们,都会盯着路过的女人们看。"法国女总理言之凿凿,认为英国男人怯懦和自怜。英国男人笑称这位法国女总理是"青蛙夫人"。

英国与法国的历史极其复杂。诺曼底大公威廉在 1066 年征服英格兰后,加冕为英格兰国王。他依然是诺曼底大公,在欧洲大陆拥有大片领地。当时大部分英国贵族都是跟随威廉一世征战的诺曼人。英法战争(1337—1453)彻底改变了英国与法国的关系,英国在战争前段具有优势。1356 年 9 月,英格兰的"黑王子"爱德华在普瓦提埃(Poitiers)战役中几乎全歼法军,俘获了法王约翰二世和 14 岁的王子。英国人自信心大增。英国议会以法律形式宣布,法庭审讯和辩护必须使用英语。法律文书案用拉丁文书写。原本就在伦敦、牛津、剑桥等文化中心流行的英语,重新被

英国风物记  A Cultural Guide to the British

▲ 英国海岸也有一些奇特地貌。这里是北爱尔兰的玄武岩柱，俗称巨人足迹

英国贵族使用。到了战争后期，英国处于劣势，王室丧失了在大陆的全部领地。这在地理上隔断了与法国的联系。

英国人开始把主要精力放在岛国经营上。贵族们放弃了法语，开始使用英语，也吸收了盎格鲁—撒克逊人的生活方式。岛国成为一个富庶之地。1559 年，伦敦主教约翰·艾尔默（John Aylmer）曾经感叹：英国人的生活是多么富足，国家多么富饶。每个人都该一天七次跪拜上帝，感谢上帝让你生为英国人，而不是法国人、意大利人或德意志人。经过 1688 年的"光荣革命"，英国人以不流血方式废黜了国王詹姆士二世，建立了君主立宪制。英国逐渐确立了自己的地缘战略构想：首先是发展海军，确保本土不被侵略；二是走工商和国际贸易的强国之路；三是不惜各种手段让本国利益最大化。这一系列努力催发了英国工业革命。岛国从文明边缘走向了世界舞台中心，让英国人有了光荣独立的心态。

进入 19 世纪后，英国逐渐走向了巅峰。当时欧洲大陆多为四分五裂的小国。意大利在 19 世纪中期才走向统一。在 1870 年的世界地图上，才有了当今的德国版图。俾斯麦通过"自上而下"的王朝战争完成了德意志民族的统一大业，促进了德国的工业发展。到 1900 年，德国在生铁、钢、机器制造和化学工业等领域已经领先于英国，名列欧洲第一，工业生产总值仅次于美国。德国的咄咄逼人态势使英国深感不安。大英帝国开始走下坡路，不得不放弃光荣独立，在欧陆寻找盟友，共同抗衡德国的强势崛起。1903年，英国国王爱德华七世前往法国访问，起初遭到了法国群众的白眼。爱德华七世神态从容、微笑面对法国人。他在多地发表演说。爱德华七世真诚风趣的形象打动了法国人。法国人逐渐意识到了英法联手制衡德国的必要性，双方签署了多项协议，实际上是建立了非正式的同盟关系。英国在同法国订立了攻守同盟后，又把结盟目光投向了俄国。两国在圣彼得堡签订了英俄协定。这是一种大格局的军事同盟。

英国与欧陆复杂又纠结的关系，恰如英国王室与欧洲王室的关系：既有血缘上的亲近，也有为了各自利益的相互对抗，甚至不惜撕破脸皮。在汉诺威时代（1714—1901），第一任国王乔治一世在德国汉诺威长大，母语是德语，他本人喜欢讲法语。这位国王从登基到去世，一直不会讲英语。汉诺威王朝的末位君主是维多利亚女王，她的舅舅是比利时国王利奥波德一世。她嫁给了表弟阿尔伯特亲王，即德国萨克森—科堡—哥达公爵的次子。他们生育四男五女。她的子女相继与欧洲王室和贵族联姻。在1887年女王即位50周年大典时，各国王室成员齐聚伦敦为她祝寿，与维多利亚女王有姻亲关系的各国王室成员多达51人，维多利亚女王因此有了"欧洲王室外祖母"的称谓。

这种姻缘和血缘关系并不会让他们成为利益共同体，而是各为其主，利益分明，甚至刀剑相向。1901年，维多利亚女王的儿子爱德华七世即位后，采用了父亲阿尔伯特的德国姓氏，即萨克斯—科堡—哥达。他统治的时代也被称为萨克斯—科堡—哥达王朝。他的儿子乔治五世在1910年即位时，英德关系已经恶化。英国皇室

▲ 胜利女神下的维多利亚女王

英国风物记  A Cultural Guide to the British

的德国姓氏遭到英国各界的非议。乔治五世决定用"温莎"作为自己的姓氏。这是英国王室城堡的名字。为了与敌对的德国彻底划清界限，乔治五世宣布放弃德国授予他的所有头衔和勋章。由于这次改姓，从乔治五世开始，英国进入了温莎王朝时代。

"一战"爆发后，英国成了对抗德军的主力。1916年，在法国北部的索姆河战役（Battle of the Somme）中，英军损失42万人。首相阿斯奎斯（Herbert Henry Asquith）的儿子也在这场战役中阵亡。牛津大学几乎每五个学生中就有一人牺牲。在7月1日进攻中，英军在战场上首次使用坦克。这一革命性武器扭转了战局。进入11月份，大雨让战场变成了沼泽，双方都无法展开进攻。索姆河战役才宣告结束。在伊普尔之战中，德军放水阻止英军进攻。英军与德军在淤泥中展开肉搏战，最后以牺牲30万人的代价，只得到了几平方英里的泥泞地。这是英国人最窝心的战役。英国皇家海军与德国舰队在日德兰海面上进行了较量。双方都采用了诱敌深入战略，最后伏击战演变成了遭遇战，一波接一波的攻击，使整片海水都沸腾起来，不时有舰艇中雷，德国舰队最后落荒而逃。1917年4月美国对德宣战，加强了协约国的战斗力量。德国政府于1918年11月11日宣布投降。英国政治家们却笑不出来。虽然英国通过《凡尔赛和约》分得了德国的大多数殖民地，却损失了最有活力和创造力的英国青年群体。妻子失去了丈夫，未婚妻失掉未婚夫。活着回来的残疾军人，有的被毒气毁坏了神经，有的被炮弹震聋了耳朵，有的失去了眼睛。国内到处弥漫着孤立主义和厌战情绪。

第二次世界大战刚刚爆发时，英国采取消极防御策略。在德国"闪电战"的攻势下，英国和法国陷入被动挨打的窘境。1940年5月下旬，数十万英国远征军与法国军队被迫撤到了法国海滨小镇敦刻尔克，演绎了"二战"史上的"敦刻尔克大撤退"。7月16日，希特勒下达了围剿英国的"海狮计划"。在遭到近两个月的狂轰滥炸后，这个岛国岿然不动。希特勒又下令对伦敦等大城市进行轮番轰炸。9月15日是一场载入史册的空中对决。英国皇家空军飞行员在威斯敏斯特教堂祈祷后，抱着必死的决心驾机升空。皇家战机像一支支匕首一样直插德机编队，皇家飞行员协同作战，向着德军轰炸机猛烈开火，当日击落 185 架德国战机，英国只损失了 26 架飞机。这是"不列颠之战"中具有决定性意义的战斗。英国把 9 月 15 日定为"不列颠战役日"。"二战"结束后，英国耗费了 200 多亿英镑军费，战前的黄金和美元储备亦丧失殆尽，33 万军人阵亡，6 万多平民在德军的轰炸中丧生。英国海上霸主的地位让位于美国海军。

两次世界大战，让全世界见识了英国人的骁勇善战以及顽强意志。战争也砍掉了英国这位经济巨人的左膀右臂。战争带来的兴奋很快被严峻的现实冲淡。英国人没有了足够的食物、燃料和衣服。社会和文化领域弥漫着阴沉和灰暗的氛围。青年群体中有一种不安情绪和内心空虚。约翰·韦恩（John Wain）在小说《活着》（*Living in Present*）描述了那个时代的生活状况。主人公来到伦敦的一家餐馆，发现菜单上的菜几乎都没有，只有反复加热过的劣质食物，有咸牛肉丸、熬得稀烂的蔬菜，还有吃起来毫无味道的冰激凌。经历过那个艰苦年代的英国人，在生活上依旧十分节俭，不关注名牌。如果衣服不破，他们会一直穿下去。我去过一位朋友家里，10 月底的天气已经很凉，家里的孩子都冷得瑟瑟发抖，他说要到 11 月 10 日才开电暖器。他们的收入属于中产家庭，并非买不起，却不愿意让别人说自己太矫情。

面对战后出现的新格局，英国在对外关系上采取了功利主义手段。有利时则结盟，无利时则毁盟。这是英国人维护自身利益的惯用方式。英国在加入欧盟的前身欧共体时，均被戴高乐否决。英国在"二战"期间庇护了戴高乐的流亡政府，戴高乐没有给英国人情面。英国不急不恼，等到戴高乐下台后，英国人再次申请，终于成了欧盟一员。进入 21 世纪后，英国人发现欧盟不能给本国带来更多好处，反而承担了更多难民、移民和高额欧盟费用。在留欧还是退欧问题上，英国议会进行了激烈辩论。为了永恒的利益，英国政府打起了民意牌，最后主流民意选择退出了欧盟。

英国风物记  A Cultural Guide to the British

教堂风格和内饰艺术

基督教徒一生中的三件大事：洗礼、婚礼和葬礼都在教堂举行，足以说明教堂在人生中的分量。我第一次听到教堂钟声是在1988年秋天，当时我正在英格兰读书。此后，我常在周末循着钟声去市区的教堂。教堂里平时没有唱诗班，通常是播放音乐，礼拜者跟着哼唱。礼拜结束后，教徒们不着急回家，而是在教堂外面互致问候，聊一些寻常家事。我留在教堂里，欣赏里面的宗教艺术装饰。一年下来，我走遍了莱斯特市内和周边的多座教堂。

信仰与建筑

社会分层次，教堂也有等级，有带修道院的教堂（Minster、Abbey）、主教大教堂（Cathedral）、教区教堂（Parish Church）、小教堂（Chapel）。走进任何一座教堂，你会发现历史人物似乎被石化了。壁龛里有祈祷者雕像，角落里躺着全身盔甲的骑士雕像，还有赫赫有名的贵族和诗人雕像。在耶稣的目光和十字架下，这些石头都呈现出卑微虔诚的神态，那是心灵的姿势，已经变得僵硬。只有祈祷者刚离开的木椅子，还保留着一丝体温。这些木椅子承载过的信仰者，明天又将去哪里？教堂是进入天堂的大门吗？人死后，灵魂会像失事的船骸一样飘荡，还是将被带到遥远彼岸？我一直没有答案。一旦我有了体验或答案，我也无法告诉你了。信与不信，或许只是一个时间问题。在法律照不到的黑暗角落，依然会有上帝的光亮。这是内心的约束，也是对爱与善的渴望。

无论在任何朝代，建造教堂都是一项浩大工程。早期的教堂是基督教文化与古罗马建筑的结合体，形成了罗马式教堂。教堂的窗户、门、拱廊都采用了半圆形拱券结构。教堂与大地是一个和谐的整体。半圆形拱券向上隆起，呈现出与大地分离的姿态，让信徒感受到"天"的存在。下方上圆的建筑格局坚实敦厚，象征着基督教坚不可摧。教堂窗户小且离地面较高，昏暗的空间营造出神秘意境。设计上的主要创新是在教堂正门两侧加上了钟塔，召唤信徒前来礼拜，在战争期间还可兼作瞭望塔。

罗马式教堂传播到诺曼底后，吸收了当地的建筑要素，形成了诺曼风格的教堂。当征服者威廉一世统治英格兰后，也把诺曼风格的建筑带到了英国。达勒姆大教堂（Durham Cathedral）就是这一时期的代表。其前身是公元995年在威尔河（River Wear）畔建造的白色教堂。在扩建大教堂时，确立了诺曼式的建筑基调。这种圆柱和圆拱产生出厚实威严的效果，如同幽暗的城堡。教堂中央是大厅，两侧各有一较窄的小厅，最里头是圣坛。教徒从一侧通道进入，面对圣坛祈祷，或在大厅里聆听主教的布道。教堂内部主要用壁画和雕塑装饰，外部多用浮雕装饰。1228年，建筑师理查德·法纳姆（Richard Farnham）把教堂东侧的礼拜堂改造为哥特式风格。经过数个世纪的扩建，达勒姆大教堂依然被列为英国最典型的诺曼式建筑遗产，于1986年与城堡一起列入了世界文化遗产名录。

公元1054年，基督教分裂为天主教和东正教。西欧人接受了天主教。教会的权力远大于国王。教会通过出租土地和征收什一税，积累了巨额财富。小部分用于救济穷人，大部分用来教堂建造和教会运作。随着建筑水平的提高和财富增加，教堂的建造风格发生了变化。这反映了基督教的求变心态。1144年，法国修道院院长苏格尔（Abbot Suger）出资，在巴黎郊外的圣丹尼斯（St Denis）建造了一座教堂。这种教堂打破了过去教堂的建筑风格，教堂的圆形穹顶被拉长为尖形，给人以高耸云霄的向上动势。它是第一座哥特式教堂。"哥特"一词含有贬义，有"野蛮"之意，是对罗马式教堂的否定。这种哥特式教堂却迅速流行起来，出现在城市和

英国风物记  A Cultural Guide to the British

乡村。哥特式教堂成了居民区的一种文化标志。它是每个教区里最引人瞩目的建筑。

从建筑结构来讲，哥特式教堂的尖拱顶（Pointed Arches）极其沉重。教堂内的立柱和墙壁不足以承受如此重力，有可能造成墙壁外倾倒塌。建筑师在墙外侧设计了扶壁（Flying Buttress），以平衡沉重拱顶的横推力。尖拱顶、拱肋（Rib Vaulting）和扶壁是哥特式教堂的三大特征。当墙壁不再单独承受屋顶压力后，就可以设计出巨大窗户，使得教堂变得明亮。窗户的形状主要有两种，细长的窗户称为"柳叶窗"，圆形的称为"玫瑰窗"。彩色玻璃上描绘出了基督的故事，在天光衬托下营造出一种神圣祥和的氛围。这是古罗马的马赛克（Mosaic）技术遗风。古罗马的建筑师用涂有色彩的小陶片拼出图案和人物。随着建筑材料的进步，这种马赛克的形式通过玻璃传承了下来。红与蓝是彩色玻璃的主调。蓝色象征天国，红色象征基督的鲜血。

英国的哥特式教堂出现在 12 世纪中期。坎特伯雷大教堂最初是罗马式教堂，该教堂在 1174 年毁于大火后，大主教邀请法国建筑师威廉进行重建，这次重建采用了哥特式风格，也标志着哥特风格进入了英国。由于教堂建造时间长，期间不断吸收新的风格特点，这就造成了整体风格多样

▼约克大教堂就是哥特式教堂

150

化。索尔兹伯里主教堂、国王学院教堂等都是以哥特式建筑为主调，兼收并蓄了其他建筑风格。索尔兹伯里主教堂是英国最高的教堂，建于1220—1258年。中心尖塔高约123米，内部是诺曼式装饰，外观具有哥特式风格。哥特式雕塑追求生动自然的形象，衣褶有了结构和透视变化。在光影变化下，衣褶似乎在随着呼吸起伏。这种雕塑让建筑空间具有了人类情感和思想，具有强烈的人文内涵。

剑桥的国王学院教堂让我流连忘返。这座哥特式教堂是亨利六世在1441年规划筹建的。由于"玫瑰战争"和王位争夺，工程建设时断时续，直到亨利八世即位后才完成。教堂外观简洁有力，内部结构细致精巧。穹顶是扇形肋拱顶，优美线条勾勒出细腻对称的几何图案。那是一种思考的机理，一种梦幻与渴望，让教堂与人有了情感交流。窗户上描绘着基督的故事。天光穿透进来，光影在教堂里浮动。国王学院教堂的唱诗班非常有名。当赞美诗和管风琴在大堂里响起时，会让人有一种感动。这个时候，我仰视着宏大穹顶，一股神圣的力量灌入内心，激发出一种虔诚，又被向上的尖塔带动着，有一种接近天堂的感受。

与相对朴素的英国教堂不同，意大利和法国的天主教堂多为繁复夸张的巴洛克风格。"巴洛克"原意是"不圆的珍珠"。文艺复兴时期确立的对称均衡美学，在巴洛克风格中变得不再对称。那种华丽和雄壮的格调，凸显了天主教会炫耀财富和追求神秘感的心理。伦敦的圣保罗大教堂是巴洛克与哥特风格的结合体。圣保罗大教堂毁于1666年的伦敦大火。克里斯托弗·雷恩爵士（Christopher Wren）在构思新教堂时，设计出了一个巨大圆顶，环绕圆顶的是古典式圆柱。大厅两侧有华丽塔楼。圆顶有巴洛克装饰、绘画和浮雕。在光线映衬下，青铜与灰泥塑造出的图案，幻化出神奇的律动，烘托出天堂的壮美。长时间盯着这种装饰，会有一种精神恍惚之感，仿佛走进了天国。英国教堂吸收了巴洛克风格，却放弃了巴洛克的幻想和夸张成分，整体风格具有古典韵律和文艺复兴的理性。

英国教堂中还有许多不解之谜。苏格兰南部的罗斯林教堂（Rosslyn Chapel）颇为奇特。这个教堂是由当地贵族辛克莱（Sinclair）伯爵在1446年动工建造。建筑长21米，宽11米。在15世纪中期苏格兰教会改革

英国风物记  A Cultural Guide to the British

▲ 丹·布朗在《达·芬奇密码》一书中也写到了伦敦的圣殿教堂

中，这座教堂一度被关闭，直到1861年才对外开放。它的外观是哥特式风格，内部装饰有些诡异奇特。从骑士到苏格兰农夫，从绿人石刻到古怪精灵，从共济会标志到宇宙星空，都让人不可思议。那些玉米雕刻的时间早于哥伦布发现新大陆，当时尚未在苏格兰种植。教堂内有14根立柱，每根立柱都有一个故事，如大师柱（Master Pillar）、旅行者柱（Journeyman Pillar）、徒弟柱（Apprentice Pillar）。柱头上雕刻的绿人（Green Man）是教堂内部的重要装饰，共有110个。绿人象征着生命力和繁殖力。藤蔓植物从绿人嘴巴里生长出来，缠绕在石柱上。每个绿人的位置与表情都不相同。东侧的绿人脸庞富有活力，似乎代表着春天。越接近西侧，绿人脸庞越苍老神秘，最西端则代表着冬天。一位导游把我带到一个空荡荡的小石龛前。他把一面镜子放在里面，调整角度，镜子里就出现了耶稣头像。当初采取这种隐秘的措施，估计是为了避免反偶像崇拜者的破坏，或者另有神秘原因。这座教堂确实有些异教徒风格，被视为"充满密码的教堂"。作家丹·布朗在创作《达·芬奇密码》时，从中获得了很多灵感。

教堂艺术

与欧洲大陆的教堂相比，英国教堂和宗教艺术相对朴素。这与英国人的内敛性格有关，更多是英格兰信奉新教的原因。亨利八世在1509年4月登上王位后，娶了丧夫的嫂子凯瑟琳为妻。这桩由父亲安排的婚姻在早期还算美满,凯瑟琳仪表端庄,妩媚动人。凯瑟琳王后只为他生了女儿玛丽,一直未生儿子。亨利八世认为这是上帝对他的惩罚。罗马教皇不批准亨利八世的离婚请求。亨利八世愤然宣布与罗马教廷彻底决裂。

在亨利八世的主导下,英国转向了基督教新教,即英国国教(Anglican Church),被译为"安立甘教"或"圣公会"。根据英国国教,国王是英格兰教会唯一的、至高无上的首脑。在遭遇到天主教徒的反对后,亨利八世借机削弱教会实力,解散修道院,收回教会土地。到1539年底,一共有550所修道院被查禁。亨利八世把大量教会土地收归王室,部分赏赐或出售给贵族。每三个贵族中就有两个被授予或购买了修道院的地产。那些修道院成了世俗社会的豪宅、文法学校。这是宗教改革带来的最大财富变化。

宗教改革让教堂变得朴素。墙壁上的中世纪绘画被经文所取代,教堂里的金银器皿被出售,弥撒变成了圣餐礼。祭坛也变成了圣餐台。礼拜活动也不再使用拉丁语。没有了修道院和地产收入,神职人员只能依靠什一税、捐赠等收入来维持生计。当时的土地价格和地租都明显上涨。很多贵族家庭也债务缠身。那些在教堂里创作宗教作品的艺术家们,失去了赖以创作的环境和资金支持,大批美术家转行或去欧洲大陆谋生。或许正是这一原因,英国人在绘画雕刻艺术方面的成就,远不及诗歌戏剧和小说更引人注目。

在文艺复兴以前,教士是知识分子和文化精英,他们在建筑和艺术上都注入了宗教因素。教堂是中世纪艺术的集大成者。教堂具备了经典艺术品的三大要素:视觉享受,情感认同,生命思考。教堂内部装饰着花纹和图案,讲述天堂和地狱的故事。赞美诗让人有情感上的共鸣,特别是信徒的相互问候和搀扶,有了心理上的相互依偎。教堂里的基督故事,简化成了一目了然的连环画形式。耶稣的形象也是多种多样,如牧羊人、头戴王冠的国君,睿智的教师。其中以耶稣受难的作品最多。耶稣受难的表情也各不相同,有的强调其痛苦和牺牲精神,有的追求其内心平静。站在耶稣像前,每个人都用自己的人生经验来解读这些作品。

教堂里的窗玻璃上描绘的圣经故事最多,天光烘托着彩色玻璃,让上

英国风物记  A Cultural Guide to the British

面描绘的耶稣生平故事更加鲜艳夺目。首先是耶稣降生。报喜天使加百列（Gabriel）向玛利亚宣布，圣灵要降临到她的身上，她将生下神的儿子，可以给儿子起名耶稣。耶稣降生后，一些牧羊人和智者前来探望，围绕这一故事的雕塑和绘画有圣母领报（加百列向玛利亚宣布耶稣降生）、圣母和圣婴（玛利亚和耶稣）、圣家族（玛利亚、耶稣、玛利亚的母亲安妮和玛利亚的丈夫约瑟）、东方三圣膜拜圣婴（三位东方圣贤跟随一颗从东方升起的亮星，来到了伯利恒。他们在约瑟家里看到了圣母和圣婴），以及耶稣受洗（约翰给耶稣施洗）。

　　耶稣的成长遭受了种种磨难。这也是重要的宗教艺术题材。围绕这一系列故事，主要有最后的晚餐（耶稣被犹大出卖后，他在被捕前与信徒共进最后一次晚餐）、耶稣受难（耶稣被钉死在十字架上）、圣殇（圣母抱着死去的耶稣）、耶稣复活（复活后的耶稣，出现在圣母和门徒中间）、升天（耶稣离开人间，回到天父身边）、最后的审判（耶稣返回人间，甄别好人和坏人。天使把好人送到天堂，魔鬼把坏人拖入地狱）。这些宗教故事，被文艺复兴的大师们生动地创作出来。作品强调了悲伤的气氛，让

▼教堂内圣坛上的摆件，描绘了圣母玛丽亚把圣婴交给母亲圣安妮的场景。V&A博物馆收藏

观众通过震撼人心的痛苦和坚韧,加深了对教义的理解。

圣徒的故事也被艺术家进行了再创作。施洗者约翰是一位预言家,身穿兽皮,带着十字架和一只羔羊,还拿着羊皮卷。彼得被描绘成中年形象,蓄有长胡子,手里拿着钥匙或十字架。保罗是一位蓄有大胡子的秃头智者,手握剑和书。马太和约翰都是携带一本书的天使形象。马克是一头带翼的狮子,路加是一头带翼的公牛。抹大拉的玛利亚曾经是一位妓女。耶稣宽恕了其罪孽后,成了虔诚的信徒。她的形象是长发美女,守候在钉死耶稣的十字架旁,手里拿着一罐软药膏。大天使米迦勒(Michael)是一名武士形象,身披盔甲,手持利剑,与一条龙进行搏斗。克里斯多弗是一位怀抱孩子的巨人,他的手里还有一根拐杖。他被奉为旅游者的守护神。他在一个渡口边,用摆渡帮助当地民众过河,同时等待自己的服务对象。基督以孩子的形象出现在他面前,克里斯多弗把耶稣渡过了这条河。除了这些圣徒外,一些受尽苦难的殉道者在各地教堂里也受到了膜拜。

基督教作品中的形象具有象征意味,羊羔象征牺牲和奉献,蜜蜂象征勤劳,海豚可以把福者的灵魂送上天堂。神话中的动物在教堂里也具有了特殊含义,龙是魔鬼撒旦的化身,带翼的鹰头狮身兽象征权力。独角兽象征纯洁,凤凰象征再生。除了艺术大师的作品外,大部分宗教艺术都是循规蹈矩之作。也有对艺术大师作品的模仿,却流露出匠气。在大门上方的拱形区域,以及大厅两侧的圆柱柱头隐蔽处,却隐藏着一些十分生动的雕塑,因为只有在这些不甚引人注目的位置,雕塑家才有创作自由。在石头叶片中,有精灵魔鬼向外窥探,有怪异的神鸟,它们被雕刻得生动传神。在教堂里的雕塑和绘画中,还有一些无法辨识的脸。他们往往是作品的赞助者或供养者,期待通过这种方式,最后升入天堂。

英国风物记  A Cultural Guide to the British

老建筑是历史文脉

生活在英国人中间，我总是保持着几分谨慎。每个英国人都有个性，思维都很复杂，让人难以靠近或深聊。单看他们的建筑，则完全是另一种感受，那种质朴厚重，会让人不假思索地喜欢，感到踏实放心。英国人视自己的历史传统为情感寄托。因了这种性情，伦敦的旧房翻新生意十分红火。一是老房子大都位于较好的市区位置，二是老房子都承载过一段历史，很符合英国人的怀旧心理。那些盛满记忆与情怀的老建筑，都被注入了新功能。

老建筑的维护

在我们伦敦卡姆顿区的办公楼前，曾有一幢破烂不堪的老建筑，面积有半个足球场大小。我目睹了这座老建筑的再造过程。2008年4月，老建筑中的坍塌瓦砾被清理干净。那摇摇欲坠的墙皮却未被拆除，而是用铁架子支撑起来。这一过程花了近三个月时间，然后打地基、砌墙，墙的面积逐渐扩大，与那几块悬空的老墙皮逐渐合二为一。新墙体使用了灰砖，接近老墙皮的颜色，也与周边建筑形成了一个整体，这是老住宅楼的改建过程，远比完全拆掉重建更耗费资金，因为这幢老房子受到了《古迹保护法》(Ancient Monuments Protection Act) 的保护。

老建筑与保守（Conservative）有关。英语里的"保守"含义宽泛，更具正面意义。这种保守不是因循守旧，而是沉稳不激进，强调做事要有所遵循，有所依据。英国在 1882 年推出了《古迹保护法》，此后还增加了 17 部法律和 2 部法规，全方位地保护了古迹和文物。依据文物保护法规，1840 年以前的建筑一律要严格保护，在加固时不得更改外观。古建筑周围的新建筑，都有限高规定。圣保罗大教堂高 111 米。它周围建筑不得高于 40 米，从而凸显了这座历史建筑的宏大气势。1900 年前后的建筑物，要视其历史价值而确定是否保留。

老建筑的外观不可更改，建筑内部却可以装修，以适应现代生活的舒适性和家电设备需求。这种"旧瓶装新酒"的做法，是对保守主义的最准确诠释。我所在的办公楼原是摄政运河旁的水运中转站，后来改建成了新闻媒体大楼。建筑外观是老款式，里面的布局和设施极为先进，完全按着媒体的需求进行了全新改造。在这样的环境下工作和生活，给人穿越的感觉。水闸和码头保持百年前的模样。附近还有一座建造于 1854 年的马厩，后改造为马厩市场，依然是老腔调。市场被分割成多个独立店铺，主要出售怀旧物品，如老唱片和二手服装，也有异国情调的工艺品。

改造和利用是保护老建筑的唯一方式。伦敦泰特当代美术馆（Tate

▼ 圣保罗大教堂旁边不允许有高建筑

英国风物记  A Cultural Guide to the British

Gallery of Modern Art）由一座旧发电厂改造而成。设计师是两位瑞士人雅克·赫尔佐格（Jacqes Herzog）和皮埃尔·德·梅隆（Pierre de Meuron）。巨大的涡轮车间改造成主要通道和多功能大厅。主楼顶部加盖了两层，四面由平板玻璃围合而成，为美术馆提供充足的自然光线，里面设有咖啡座，人们在这里边喝咖啡边俯瞰伦敦城，欣赏泰晤士河对面的圣保罗大教堂。那纯净平滑的玻璃与老建筑的砖石肌理形成鲜明对比。成功的改造也使他们在2001年获得了普利策建筑奖。

大规模的旧建筑改造当数英格兰北部的索尔泰尔（Saltaire）。19世纪的索尔泰尔是规模宏大的工业区。实业家索尔特（Titus Salt）在1851年不仅建造了高大的工厂，还有设施完备的工人村，配套设施有教堂、医院、公共食堂和公园等。纺织业衰落后，索尔泰尔的厂房依然矗立在那里，在1987年被当地实业家席尔瓦（Jonathan Silver）开发利用。他与当地艺术家联手，把老厂房改建成"1853艺廊"，这种改建没有更动厂房结构，也没有拆除里面的设备，几乎完整保住了19世纪中叶的英国典型工厂和生活格局，使得索尔泰尔进入了世界文化遗产名录。被改造后的工厂车间成了艺术品展览厅和大卖场。宽敞的空间带有维多利亚时期的工业痕迹，里面有工艺品、图书和时尚家居等。四楼里面也有咖啡厅和古董店。当地人一边喝咖啡，一边欣赏各种工艺品和画作。历史的相互叠加，才有了现在生活。厚爱历史，也就是爱自己的先辈。

伦敦法学院

国民的价值观和意志，通常会体现在一国之建筑上。国家最看重什么，就会全力营造什么。英国有两类建筑最为气势宏大，一是象征精神和信仰的教堂，如圣保罗大教堂等；二是象征公平正义的司法建筑，如议会大厦、高等法院等。局促狭窄的首相府与这些宏大建筑形成了巨大反差。唐宁街是17世纪后半叶由唐宁爵士（Sir George Downing）开发的住宅街道，后来保留了四座乔治风格的寓所。从1733年开始，唐宁街10号成了历届首相官邸和办公处。这座首相官邸几乎等同于伦敦的寻常民居。前首相布莱尔入住唐宁街 10 号时，曾经为安排全家五口人的居住费了一番周折。

英国皇家司法院、刑事法院（Old Bailey）、四大法学院都位于老城区。六七百年的思考和辩论，让法律精神渗透进了这里的砖缝。每座建筑上都有雕像，有的象征公正，有的是身穿铠甲的骑士，有的造型甚至有点恐怖。它们是维护正义的化身。皇家司法院（Royal Courts of Justice）是一座哥特式建筑，建成于 1881 年。英格兰和威尔士民事案件的审理从议会大厦转到了这里。里面分别是高等法院（High Court）和上诉法院（Court of Appeal）。

依据英国政治传统，从政者要么是律师，要么懂得基本法律。在今天的英国下院，超过 60% 的议员都具有法律专业背景。这是一种悠久的文化传统。在 1690—1715 年的英格兰和威尔士议员中，有 696 人曾经在律师协会接受过训练。从 14 世纪初开始，贵族们就系统研究法律，通过法律来遏制王权。在 16 世纪，法学院有 200 多名学生。法学院不提供奖学金，10 个学生中有 9 个来自贵族或士绅家庭，另一个来自官宦家庭。当时英国还有庄园法庭和教会法庭，专业的法律培训和学习尚没有统一标准。希望从事律师职业的人，都要找一个地方住下来，接受职业培训。"Inns of Court"可直译为法庭客栈或律师会堂，中文译名是"法学院"。这里曾经有八所法学院，400 年的淘汰分合，最后只剩下四个法学院。老城区的法庭巷（Chancery Lane），串联起了这四所法学院。

法学院都位于伦敦老城区，它们被视为伦敦老区的"心脏"。这些建筑如同古老的寺院，威严隐秘，里面有迷宫般的内庭、甬道和回廊。我置身其中，总感到进入了一所魔法学校，似乎下一分钟就会有魔法师走出来，不动声色地把我变成怪物。法学院的安静与街道上的喧闹形成对比。街道上有鹫头飞狮（Griffin）图案，这是老城区的界标。鹫头飞狮是神话传说中的守护者，骁勇忠诚，让老城多了几分威严。老城区是一处独立"王国"，英王前来时，也要在地界停车等候，征得市长准许后方能进入。市长迎面走来，将其手中的城市之剑交给君主，以示忠诚。这种仪式一直持续到现在。

每个法学院的确切诞生日期已不可考，格雷法学院（Gray's Inn）可以

英国风物记  A Cultural Guide to the British

上溯至 1308 年。女王伊丽莎白一世曾是格雷法学院的监护人。在学院的南广场有弗朗西斯·培根塑像。培根 18 岁时在这里开始攻读法律，21 岁时便成为律师，23 岁当选为下议院议员。詹姆斯一世在位期间，他被任命为大法官。培根努力让司法审判做到公正。他说："一次不公正的审判，其恶果甚至超过十次犯罪。虽然犯罪是无视法律——好比污染了水流，而不公正的审判则毁坏法律——好比污染了水源。"在担任大法官时，培根接受过诉讼当事人的"礼物"，他的政敌借此把他赶下台。培根承认自己受贿，也说了如下两句话："我是这 50 年来英国最公正的法官，给我的定罪是 200 年来议会做出的最公正谴责。"

林肯法学院（Lincoln's Inn）有一个占地面积 4.5 万平方米的公园。周边的建筑大都建于 1600 年后。每个门牌号码后面都有一段耐人寻味的故事。59~60 号是英国前首相斯宾塞·帕西瓦尔（Spencer Perceval）的故居。他在 1812 年被精神错乱者刺杀身亡。这座老宅一直保持着原貌。橘红色的砖墙配有规则的白色图案，房前还有 19 世纪的煤气灯铸铁支架和铸铁栏杆。左侧的 65 号宅邸是医生威廉·马兹登（William Marsden）的故居。他创立了皇家慈善医院，这所医院现在还在运营。门牌 13 号是约翰·索恩爵士（Sir John Soane）的私人博物馆。他的职业是建筑设计师，曾设计

▼林肯法学院一角

第二辑　社会与群体

了英格兰银行，平时喜欢收集古玩和油画。他1837年去世前留下了遗嘱，把居所捐给政府，条件是不可更动内部格局和摆设，现在是对外开放的博物馆。我们可以进去欣赏19世纪贵族的家庭生活。任何文字描述的历史远不及实物更清晰生动。

内殿法学院和中殿法学院（Inner and Middle Temple），大约成立于16世纪初期，其名字衍自圣殿骑士。这里最早是1118年成立的圣殿骑士团所在地。他们曾经是十字军东征的主力，在欧洲历史上活跃了两百多年，也因此积累了庞大的财富和势力，甚至威胁到了王室的地位，圣殿骑士团于1312年被宣布解散。圣殿教堂（Temple Church）内有多个石雕骑士像，其历史可以上溯至十字军东征。在圣殿的老建筑中，以中殿厅最为精美。几百年来，这些法学院一直维系着全社会的法律神经。附近的普斯茅斯街上，还有狄更斯笔下的老古玩店。英国人就生活在这些可触可摸的历史文化里。这是一种踏实的活法。

历史文脉

如果把英国建筑串联起来，它们就构成了英国历史的起伏文脉。早期建筑有古希腊廊柱式的石头建筑，有古罗马的拱券和圆形穹顶建筑。基督教又把十字形平面、塔楼和哥特式教堂风格带到了岛国。詹姆斯一世统治时期，房屋建筑越来越复杂，建筑师才成了一种职业。这个时代的橡木房子和家具以结实耐用著称。此前的房屋设计和建造都有木匠和砖瓦匠联合完成，没有成系统的规范设计，而是边建边修改。首先要保证房屋结构的安全性，舒适和方便是其次。建筑外观的装饰未给予足够重视，往往朴素到看不出来其特点。

最早的建筑师伊尼戈·琼斯（Inigo Jones，1573—1652）设计了多个伦敦标志性建筑，如白厅宫殿的宴会厅、格林尼治的皇后宅邸等。他是意大利建筑大师安德烈亚·帕拉第奥（Andrea Palladio，1508—1580）的第一位英国弟子。越来越多的英国建筑师依据岛国的气候和环境特点，设计出了适合本国人居住的房屋。这种房屋以客厅为中心，周边为寝室。民居

英国风物记  A Cultural Guide to the British

多为两层，有框格窗户和门廊。门廊原本是地中海国家的建筑特征，主要是用来遮挡阳光。这种结构形式引入阴天多雨的英国后，主要用来遮挡落雨，形成了英式建筑的特点。

除了沿用欧洲大陆的建筑风格名称外，英国人更喜欢用本国君王的名字来概括其建筑风格，如都铎式、詹姆斯式、乔治亚式建筑。这更容易让人明白社会与建筑风格的相互影响。英国曾经有一段"建筑上少窗户"的历史。玛丽和威廉夫妇登上王座后，提出了一个奇特的收税方法：按每户的窗户数量收税。首先是对每套房子统一征收 2 先令税款；第二笔税款则按着房子里的窗户数目交纳。拥有 10~20 个窗户的房子要交 4 先令，多于 20 个窗户的要交 8 先令。窗户税在 1697 年首年开征就为国库带来 120 万英镑的税款。很多家庭为了避免交纳这笔窗户税，干脆封死了本应开窗的位置。政府在 1851 年 7 月 24 日正式废除窗税，取而代之的是房产税（House Duty）。那些缺少窗户的建筑，成了英国建筑史上的一个奇观。

1748 年，意大利对庞培古城的发掘，震惊了整个欧洲。建筑设计师首次认识了古罗马人的建筑格局。古罗马人朴素和谐、风趣幽默的生活，激发了建筑师们模仿古希腊和古罗马的建筑兴趣。古典主义与理性主义发生联系，产生了新古典主义。大英博物馆始建于 1753 年，由罗伯特·斯默

▼ 都铎风格的建筑

克爵士（Robert Smirke）对蒙塔古宫进行重建，使得整体建筑具有古希腊风格，正面为爱奥尼克风格的立柱和三角形山墙，上面有反映文明进程的浮雕。约翰·索恩爵士设计了英格兰银行，具有清晰的线条、明快的细节以及完美的对称性。这一建筑对伦敦商业建筑产生了广泛影响。这种新古典主义是对古希腊和古罗马建筑的创新，秉承古典主义的对称与和谐概念，强调了构造的美观和比例关系。

在古典主义建筑兴盛过程中，又出现了哥特风格的复兴。建筑师还从哥特风格中发现了浪漫主义色彩。怀旧情绪让民众从哥特建筑中找到了寄托。哥特式建筑风格颇受贵族和社会名流推崇。这种建筑带有塔楼、雉堞、尖拱窗户，让人联想到中世纪的田园生活。霍勒斯·沃尔波尔（Horace Walpole）发起了哥特式建筑的复兴运动。他是英国第一任首相沃尔波尔爵士的幼子。沃尔波尔活跃于政界和文学界。英国历史上第一本所谓中国人的通讯《叔和通讯》（*A letter From Xo Ho*），就是出自霍勒斯·沃尔波尔之手。他假借中国人口气评论英国的人情风俗，批评政党浮夸现象。霍勒斯·沃尔波尔在伦敦西南部的草莓丘（Strawberry Hill）旁打造了一座哥特式建筑，称其为"小玩意"（Little Plaything）。英国另一座标新立异的建筑是布莱顿的皇家别墅，由约翰·纳什（John Nash）设计。这是一座追求异国情调的建筑。屋顶是伊斯兰教样式，室内装潢带有中国风格，拱廊装饰则是摩尔风格。这迎合了大不列颠君主的帝国心理。

大英帝国时期英国财富空前增加，也使得维多利亚建筑具有了奢华特点：空间宽大、装饰精美、雕饰细腻。这也是建筑材料创新所带来的变化。约瑟夫·阿斯波定（Joseph Aspdin）在1824年10月获得了水泥发明专利权，这种硅酸盐类水泥被称为"波特兰水泥"，象征着水泥坚硬如波特兰石头。有了钢筋水泥，伦敦的建筑面积和高度迅速扩展，超过了19世纪以前建筑的总和。这一时期的辉煌建筑代表是议会大厦。议会大厦其实骨子里是一座现代水泥建筑，经过装饰和再造，整体外观是哥特式拱顶和新古典主义风格的圆柱，成就了一座新古典主义与新哥特式相结合的地标建筑。

杰出的建筑设计师都是以其作品而被后人铭记的。擅长哥特风格的建筑大师克里斯托弗·雷恩（Sir Christopher Wren）主持了伦敦大火后的城市规划和设计。1666年9月2日凌晨，伦敦普定巷（Pudding Lane）里的一间面包坊的师傅忘记关上烤炉，引发火灾。大火燃烧了四天，烧毁了伦敦大约1/6的建筑，却只有六人罹难。原因是大火前一年，伦敦暴发鼠疫，有钱人纷纷逃离伦敦。大火刚刚熄灭，雷恩爵士立刻从牛津赶到伦敦，在大火灰烬中考察和丈量，提出了伦敦灾后重建方案，可惜重建计划未获通过，直到雷恩在1669年当上了王室工程检验员后，才有机会施展设计才华。他主持设计了52座教堂，用石材和砖瓦取代了木头和易燃材料，街道两侧的教堂如同唱诗班，一直排列到圣保罗大教堂，这种格局一直保留至今。

雷恩最早从法国和意大利的教堂设计中获得了灵感，他认真研究了意大利设计师贝尔尼尼的设计图。这使得圣保罗大教堂的重建方案既有意大利的奢华风格，又兼具英国文化的内敛性。这座神殿于1675年奠基，耗时35年才建成。这座教堂由建筑大师托马斯·斯特朗（Thomas Strong）监督建造。这位来自科兹沃尔德石匠家族的建筑师，完全实现了雷恩爵士的设计构想，诠释了基督教里的神圣空间，并且强调了人的感受。高耸圆顶和附近的教堂尖塔遥相呼应，赋予了这座城市以神性和庄重的氛围。

很多经典建筑，凝聚了三四代人的心血才能完成。北约克的霍华德堡（Castle Howard）从1699年开始建造到1811年完成，历时112年。在这期间，英国建筑风格经历了从新古典主义到哥特式建筑的复兴，再到浪漫主义风格。这些风格都在建筑上留下了烙印。霍华德堡最初的设计是一座巴洛克风格的宅邸。整个建筑从东侧施工。1715年，伯爵把建筑重点放在了花园和景观建设上。建筑设计师范布勒（John Vanbrugh）在1726年去世时，西侧工程还没有开始施工。第三代伯爵的女婿托马斯·罗宾森爵士（Sir Thomas Robinson）负责西侧工程。当时巴洛克风格在英国已经过时。罗宾森爵士把西侧建筑改为帕拉第奥式（Palladian style），导致了两翼设计风格存在明显差异。罗宾森爵士1777年去世，内饰装潢直到1811年才算完成。这体现了英国贵族追求完美的精神。在接下来的岁月里，主体建筑的修缮一直在进行。最大的整修是在1940年的火灾之后，大厅圆顶和

20多个房间被毁。修复工程直到1962年才修复完成，西侧建筑最大限度地恢复了当初的巴洛克风格。为了庭园的景观设计，这座宅邸采取了坐南朝北的位置，其浪漫主义建筑风格，与宁谧的园林形成了鲜明对比。

20世纪的建筑原则是"形式服从功能"。在有限的建筑空间里，首先要确定各部分的功能，再确定相互联系，最后找出最恰当的建筑外观。外表没有多余的装潢修饰，钢架结构代替了承重外墙。新材料使建筑建造得越来越高，以适应人口膨胀和城市扩展的需要。劳埃德大厦使用了不锈钢、铝材和其他合金材料构件。一楼大厅的设计具有咖啡馆的怀旧风格。劳埃德保险业务最初就在咖啡馆内进行。这种设计让后人想起18世纪的保险商们的创业情形。外号"小黄瓜"（The Gherkin）的瑞士再保险大厦也是一个成功设计。这座高180米的大厦建在波罗的海贸易海运交易所（Baltic Exchange Building）旧址上。交易所建于1903年，是全球船舶销售和航运信息中心。爱尔兰共和军于1992年4月10日在附近引爆炸弹，严重损毁了这一标志性建筑，也启动了新大楼的重建计划。英国建筑师弗斯特（Norman Foster）采用了全新设计理念，这座建筑通过自然通风，使用节能照明设备，其外表覆盖的玻璃相当于5个足球场的面积，比普通的办公大楼要节省50%的能源。

每一座崛起的建筑，既是当代的，又是历史的。每个建筑都是一个生命体，都与周围环境和一座城市有着联系。它不是其他建筑的屏障，而是一种衬托和补充。很多城市都有这样的现代建筑混迹在传统街区中。其他新地标建筑如碎片大厦之所以建造得细长，一是取决于环境限制，二是为了给圣保罗大教堂提供更大空间。伦敦的都市风景就此丰富起来。它们都是城市建筑文化的延续。

英国风物记  A Cultural Guide to the British

淑女与绅士

英国社会如重峦叠嶂。站的位置不同，你看到的风景也会不同。社会底层质朴厚重、达观知足，听天由命，也抱怨社会不公。上层社会多了思辨和竞争，光鲜和虚荣。在英国社会，淑女和绅士位于中上层。他们勤奋上进，是英国主流价值观的践行者。他们有自己的审美和品位。他们构成了英国社会的主要风景。

淑女

淑女们注重生活品位，如同重视衣服的质地一样。她们喜欢戴帽子和稍显夸张的项链，在矜持与得体之间拿捏得很准。她们在公司里精明干练，下班后陪着孩子一起锻炼。闺蜜们时常在露天茶座上聚会，不时发出喜悦的笑声。树上飘落的小碎花，点缀在她们的衣服上，增添了自然花色和香气。她们喝完茶后，从手袋里拿出口红，悄悄涂好。口袋里还有梳子和香水。离开茶座后，她们告别朋友，独自走在老街上，风吹动着脖子上的丝巾。那些绚烂的橱窗和红色双层巴士，都成了她们的衬托。

淑女文化始于文艺复兴。贵族家庭聘请私教，让女儿学习绘画、音乐和舞蹈，还要学习社交礼仪。作家布拉思韦特（Richard Brathwait）在《英国淑女》（*English Gentlewoman*）中总结了中世纪淑女的规矩：淑女走路时要仪态大方；亲切得体；眼睛不左顾右盼，在众人面前寡语慎言；要言行一致；服饰搭配和谐，忌琐碎。对于年轻女性来说，带有几分羞涩的沉默是一种美德。女性要注重自己的名誉。在男性面前，女性要诚实，同时也要保持几分神秘，这样才能赢得男子的追求。到了17世纪中期，淑女的社交礼仪越来越细化，如女子要机敏和矜持。她们落座时，先要用手理顺裙子。坐下后，不能大幅摆动上身，最好借助扇子，轻轻晃动或挪动，以减轻疲劳。早期淑女概念过分注重女子的外貌和体形。那种"病态美"限制了女性的自由和身体发育。女孩子从11岁就要束腰，长期束腰的女子容易造成盆骨变形，不利于怀孕生子。由束腰导致的难产和死亡时有发生。

在淑女文化提升方面，维多利亚女王起到了示范作用。女王认为，淑女应该具有体面、端庄、节制和优雅的特质。维多利亚女王幼年丧父，与母亲在德国过着朴素生活。母亲很早就教导她简朴持家：女人频繁变换服饰是挥霍浪费，真正的淑女应该远离骄奢生活。性的纯洁是女性的最大美德。维多利亚时期的女性被称为家庭天使。她们更多承担家庭责任，避免了女性在家庭、工作的双重负担。虽然女性的社会地位不高，她们在公共场合依然享有优先权。进门时，男士必须侧身扶门，让女士先进去。在马路上行走，男性要走在靠近机动车道的一侧。维多利亚时期女性有三项特权：有权先行就座或坐在好位置，在生理期间必须得到照顾，在参加活动时要先于男子被介绍给贵宾。

专门招生女童的学校在19世纪中期陆续开办，她们毕业后担任学龄前儿童的启蒙老师。自从女性扩大了学习知识和了解社会的途径，促使更多女性走向了社会。南丁格尔离开优渥家庭，改革了医院护理工作，被誉为"提灯女士"。弗莱（Elizabeth Fry）致力于监狱和社会改革。她们的思想和人生态度为淑女注入了新内涵。"一战"前后，

▲伦敦街头身穿骑马装的淑女

众多英国女性走出家门，填补了大量成年男子入伍后空下的职位。这提升了女性的社会地位。她们向议会递交请愿书，要求政治选举权。1928 年，女性与男性享有了同等政治权利。从 20 世纪 70 年代起，女性进入了政府公共服务领域。在英格兰和威尔士的地方政府中，女性工作者占据了 70% 以上。职业女性开始进入中产阶级男性一直把持的地位，包括律师、医生、管理人员等。

进入 21 世纪后，120 多名女性通过地方竞选进入了议会，给这个老式男人俱乐部带去优雅与温和，也让议会里的色彩更丰富，辩论中少了粗鲁，多了理性和细腻。女性社会地位在变化的同时，她们的服装也随之改变。女性服装设计趋于简洁明快，讲究便捷优雅。女帽的阔边缩小，凸显了女性颈项的修长圆润，淑女们显得楚楚动人。在假日或周末，她们带着狗在草坪上晒太阳或散步。服装的最大变化是裙子长度越来越短，暴露美腿渐成时髦。只有在重要场合，女性们才会穿上长裙。

女性不再充当家庭的陪衬角色，而是获得了与丈夫平起平坐的地位。在婚礼仪式上，新娘誓词中有关顺从丈夫的话早被删除。英国议会在 1870 年就通过了《已婚妇女财产法案》(Married Women's Property Act)，规定女子有权拥有自己的财产。为了保障婚姻破裂后自身财产不受侵犯，很多女性要求签订婚前协议。议会在 1969 年通过了《离婚改革法》(Divorce Reform Act 1969)，可以把感情破裂作为离婚的主要理由。双方都可以提出申诉。夫妻分居五年，可以自动解除婚约。现在每 10 桩婚姻中，就有 4 桩以离婚告终。社会越开放，女性的独立意识越强，她们对婚姻就变得更为慎重。近 1/3 的女性选择同居生活。有 3/5 计划结婚的伴侣，也常常先选择同居。信息社会拓宽了女性的从业范围，甚至比男性更具优势。淑女文化增加了女性的独立精神和思考的内涵。

绅士

绅士文化在西方社会有不同解读。相较而言，意大利绅士善于恭维女人，喜欢打扮自己，让自己看上去神采飞扬。法国绅士潇洒风流，追求浪

第二辑　社会与群体

漫情调。英国绅士低调谦逊、风趣幽默、注重礼仪。英国绅士文化浸透在社会深处。当年我来英留学时，随身带着一件又大又重的行李箱。每当我上台阶时，总有人过来帮我抬一下。

▲英国小镇上的老绅士

我在街上打听地址时，也有人过来热情指点，甚至带我走上一段。进入大门时，前面的人总会扶一下门，以免门自动关闭时碰到我。人的种族不同，唯有礼仪可以让人相互尊重、平等相处。

绅士不属于某个阶层，而是承载社会核心价值的精英群体。在伦敦帕尔摩尔街（Pall Mall）上，你会经常看到衣着讲究的男士，匆匆走进一家绅士俱乐部。绅士俱乐部在18世纪开始风行。资产新贵是在工业革命中成长起来的。他们没有古堡，也没有庄园，只能在城市里寻求聚会场所。在19世纪末，伦敦有400多家俱乐部，其中近半数经营至今。很多俱乐部还保留着老规矩，如禁止使用电子设备，包括手机和电脑等。这些俱乐部被比喻为"绅士修道院"，在里面修行一两年后，更懂得社交礼仪和规范。

加入绅士俱乐部并非易事，新人入会要有多位提名人（Proposer）和附议人（Seconder）签字担保。有的俱乐部还需要2/3的会员投票同意方可入会。申请者的经济状况、职位和职业都是申请者能否入会的重要条件。一旦加入会员，需要缴纳一笔不菲的会员费。绅士俱乐部沿袭传统的着装制度，男士须穿西服、佩戴领带。会员一般可以邀请客人到俱乐部。俱乐部里有图书馆、茶室、餐厅和娱乐室。聚会程序首先是轻松的酒会，大家畅谈交流，然后进入宴会厅或自助餐。信息社会使得男人有更多的交流渠道，绅士俱乐部已经远不及过去热闹，但它们依然是一种身份的象征。

绅士的最初含义十分简单。1414年，国王亨利五世执政期间，"绅士"

英国风物记  A Cultural Guide to the British

一词开始使用。当时专指男爵家族中无头衔的年轻人，其地位低于骑士和贵族。绅士不是王室册封的头衔，但也有约定俗成的条件，即绅士的主要收入来自私有土地，而不是靠薪水或放高利贷。绅士在当地担任一定官职，有贵族亲属或与贵族联姻。他们注重道德，讲礼貌。其中很多人通过奋斗获得了贵族头衔。

　　工业革命以后，英国的商业气息变得浓厚。绅士的道德标准被提到了新高度，家庭背景不再重要。英国有句名言，即无道德者难成绅士。道德的法则需要用心来遵守，而不是来自外力和强加。绅士不是头衔，而是需要德行和社会认可，仅仅有钱远远不够。19世纪末，伦敦首家百货商场的创办人威廉·威特利（William Whiteley）听店员汇报说，有三个女孩子合伙从商场里偷窃商品。经调查，他得知这三名女孩的父亲是一位有声望的律师。威廉·威特利私下约见了这位律师，并告诉他三个女儿的偷窃行为。这名律师十分生气，扬言要以诽谤罪控告威特利。当他回家询问自己女儿时，女儿承认偷拿了商品。这位律师立刻向威特利道歉，并变卖了家产，辞去了所有职务，远走他乡。绅士的高贵之处，就是干净地活着，有尊严地活着。

　　"二战"后，英国经济疲惫下滑，社会趋向保守。这反而提升了对道德的要求，降低了对失德行为的容忍度。人们心中依然把绅士精神视为社会文化的最高标准。BBC在2002年评选出了100位最了不起的英国人。南极探险家沙克尔顿爵士（Ernest Shackleton）位列前十名。1914年初，沙克尔顿在招募横跨南极大陆同行者时说："这是在极端苦寒和危机四伏之地工作，难以保证能安全返航，而且酬薪微薄。唯一的荣耀是活着回来。"他们挑战人类的体力极限，被视为民族英雄。生物化学家弗雷德里克·桑格（Frederick Sanger）博士先后于1958年和1980年两度获得诺贝尔化学奖。有记者问他为何能取得如此大的成就时，桑格博士说自己就是爱在实验室里瞎折腾。他拒绝册封爵位，他晚年在自家花园里养花弄草，过一种朴素平静的生活。诗人霍普金斯（Gerard Manley Hopkins，1844—1889）说："即使英国人不能给这个世界留下什么别的东西，单凭绅士这个概念，他们就足以造福人类。"英国民众对一个男人的最高评价是：嗯，一个真正的绅士。

第二辑　社会与群体

贵族们的蜕变

世袭贵族从中世纪走到现在，从群星璀璨变得寥若晨星。越来越低的"政治天花板"把他们推挤到了大众群体中。他们变得低调朴素，谨言慎行，以免招来指责和非议。实际上，很多世袭家族仍拥有全国最多的土地，掌控着最有商业价值的房地产。伦敦西区32%的地产属于贵族家族。他们的城堡和庄园不再是财富象征，却依然是家族的历史荣耀。他们很少在公众场合谈论自己的家族背景。他们继承了家族的辉煌和负担，早已看淡了身边的荣辱，而深藏内心的想法，只在不经意间流露出来。

世袭贵族

电视连续剧《唐顿庄园》播出后，作为拍摄场地的海克利尔庄园（Highclere Castle）成了热门景点。这座詹姆斯时代的庄园属于赫伯特家族。现任庄园主是乔治·赫伯特（George Herbert），即第8代卡纳文伯爵。他是女王伊丽莎白二世的教子，曾在伊顿公学读书，毕业于牛津大学圣约翰学院，于2001年继承了伯爵头衔。这是一位典型的世袭贵族的成长轨迹。我前去采访时，乔治·赫伯特的夫人接待了我。她每天的工作就是社交活动和项目谈判。我们见面时，她正领着几位美国客人参观。那奢华的书房让美国客人一脸惊讶。她说，她每年夏天要组织庄园音乐会，举办晚宴和野餐会，一直忙碌到秋天。

英国风物记  A Cultural Guide to the British

▲ 海克利尔庄园

赫伯特家族的主要成员仍住在庄园里。参观路径特意避开了私人生活区，有"此处禁止通行"和"请沿箭头方向行走"的字样。游客沿着指定路线参观，也需要耗费一个半小时，可见这座老建筑的宏大气势。我们的采访在开放区的书房里进行。金色立柱和红沙发衬托着成排的奢华书柜。高大敞亮的窗户把阳光洒了进来，室内依然有些凉意。女主人特意披上了披肩。茶桌上放着伯爵和夫人的照片，对参观者永远保持微笑。贵族最不愿意把私生活暴露在众人面前，这也是为了创收而被迫做出的改变。伯爵夫人说，第5代卡纳文伯爵乔治·赫伯特在世时，家族处于鼎盛期。第5代伯爵是埃及古物学家，也是业余考古爱好者。他和助手在帝王谷发掘古墓时，于1922年发现了图坦卡蒙陵墓，震惊了世界考古界。不知是纯属巧合还是真的受到了法老诅咒，第5代伯爵在尼罗河上被蚊子叮咬后，于1923年4月5日染病身亡。

第一次世界大战期间，第5代伯爵夫人把海克利尔庄园开辟成后方医院，医治从战场回来的伤残军人。"一战"后英国经济大幅下滑，庄园经济也持续低迷。到了第8代伯爵时，庄园的管理已经有些吃力。《唐顿庄园》播出后引起轰动，吸引来了大量参观者。这改变了庄园的经济状况。伯爵夫人说现在自己有两个身份，一个是贵族夫人身份，另一个是商人身份。她平时穿休闲装，如果有客人来了，她就要穿正装；打猎时穿猎装；骑马时要戴头盔、穿马裤和马靴。庄园雇用了80多人，有厨师、电工、水管工、花匠、导游和清洁工。他们负责管理庄园，打扫300多个房间，还要维护5000英亩的草地和花园。

中世纪的贵族是最好分辨的群体。他们在不同场合的穿戴、在教堂里坐的位置，以及谁会向他们致敬，都有很多讲究和规矩。这些礼仪如今不再重要。他们外表谦卑，内心高傲。贵族家宅有近似的装饰风格。走廊里挂着前辈的油画。按辈分高低排列的前辈们俯瞰着家族后代。客厅里摆着老式红木家具，历时百年依然闪着暗红光泽。褐色牛皮沙发对面是大理石壁炉。墙上还装饰有大鹿角，象征着家族牧场的富有和辽阔。家族纹章也挂在显眼位置。纹章最初是骑士的识别标记，后来成了象征符号，代表着家族的血统、起源和社会地位。纹章上面刻有家训，有"忠诚是最高美德""有信仰者不可战胜"等字样。老贵族托马斯·多尔曼（Sir Thomas Dolman）的家训是另一种格调："无牙者嫉妒进食者的牙齿。"这是家族的自我激励，对外人则是意味深长的暗示。

英国现在有1000多位世袭贵族。世袭公爵只剩下了20多位。第6代威斯敏斯特公爵（Duke of Westminster）是贵族中的富豪。他在伦敦的梅费尔和贝尔格拉维亚拥有300英亩的黄金地产。该家族还在苏格兰拥有9.6万英亩土地，在西班牙拥有3.2万英亩土地，总价值超过了95亿英镑。第6代公爵于2016年8月9日去世后，25岁的儿子休·格罗夫纳（Hugh Grosvenor）继承了家族地产和爵位，一跃成为位列英国前10名的富豪。

在社会变迁中，很多世袭贵族沦为了平民。第9代伦斯特公爵（Duke of Leinster）莫里斯·菲茨杰拉德（Maurice FitzGerald）现在是一名园艺师，全家在牛津郡过着平民生活。菲茨杰拉德家族曾经富可敌国。爱尔兰议会大厦和多座城堡都曾属于他的家族。第7代公爵爱德华投资失败后，大量房地产被抵押出售。他在晚年只能靠一家小茶叶店谋生，于1976年得抑郁症后自杀。第8代伦斯特公爵毕业于伊顿公学和桑德赫斯特皇家军

事学院。"二战"时官至陆军少校,在诺曼底登陆中受伤后复员。他打算经营祖辈在爱尔兰留下来的城堡和田产,无奈回天乏力,于 2004 年去世。长子莫里斯·菲茨杰拉德成为第 9 代伦斯特公爵。

贵族与王室

英国世袭贵族是永久世袭。朝代更迭不影响贵族封号的传承。1066 年,威廉一世征服英格兰后,通过土地分封来巩固王位。主教和修道院得到了 26% 的土地,贵族们得到了 49% 的土地。贵族们有权在自己地盘上再次分封,获封者需要以服兵役(骑士)作为经营土地的条件。骑士效忠领主,通过契约服务于领主。一旦有战事,各地诸侯召集骑士为国王效力。骑士穿上了领主授予的战袍,就成了领主权力和尊严的捍卫者。从诺曼人征服英格兰到 1348 年的黑死病暴发,岛国一直处于英吉利海峡两岸的战争中。

亨利二世在 1152 年娶了阿基坦的埃莉诺(Eleanor of Aquitaine)后,获得了包括波尔多在内的法国南部和西部领土。这需要贵族们肩负起保卫国家疆土的职责。贵族体系在这一时期逐渐形成,依次为公爵、侯爵、伯爵、子爵和男爵五级贵族体制。伯爵在五级贵族中出现的最早。男爵出现在 12 世纪后期。侯爵最初专指管理威尔士边疆的领主,后来成为第二等级头衔。子爵原意是郡守。公爵多是王室嫡系和亲戚。1337 年,国王爱德华三世把儿子爱德华册封为康沃尔公爵(Duke of Cornwall)。到了 14 世纪,勋爵既是头衔,也成了贵族的统称。在文官体制尚未形成之前,这是国王管理国家的重要手段。1337 年,国王爱德华三世宣称自己拥有法国王位,挑起了英法百年战争(1337—1453)。在与法国作战的第一年,他册封了 24 位骑士和 6 位伯爵,让这些贵族带着自豪感在战场上冲锋陷阵。

地产是贵族家庭的主要财富。当时实行的是长子继承制。这避免了多子女继承导致的地产碎片化。如果家中没男孩,继承权就要转给家中的男性亲戚。这是确保土地永远留在家族内的做法。不能继承家产的次子,则选择成为律师、军官和教士的职业,由于他们大多受过良好教育,再加上家族背景,很容易在各行业取得建树。一旦有了钱财,他们也会购买土地，扩大地产，最后走上封爵之路。反之亦然。一旦获封爵位后，爵位领有人需要有与之相称的地产。英国海军上将纳尔逊在特拉法加海战中去世。由于他没有子嗣，他的哥哥威廉·纳尔逊在1806年获封纳尔逊伯爵。为了使自己的地产规模与爵位相称，他以1.2万镑的价格购买了索尔兹伯里附近的一块地产，更名为特拉法加公园。

贵族们拥有了更多地产，也就意味肩负更多责任。一旦战争爆发，他们不仅付出鲜血和生命，家族还要担负巨大的军费开支。1585年，莱斯特伯爵（Earl of Leicester）为了筹集军费，不惜抵押自家的土地，筹集到了2.5万镑，还向女王伊丽莎白一世借了1.3万镑。在18世纪的20位陆军元帅中，有14人拥有贵族头衔。在皇家海军中，出身贵族的军官比例最高。他们的伤亡比例也最高。第一次世界大战于1914年7月爆发，到了1914年底，共阵亡贵族6人，从男爵16人，爵士6人，贵族子弟84人，从男爵子弟82人，爵士子弟84人。

贵族们为国家而战，他们依然有独立人格。一旦国王有越权行动，侵害了贵族利益，贵族们会联合起来与国王斗争。"狮心王"理查德一世在1199年去世后，其四弟约翰登上王位。约翰王借与法国开战为理由，随意提高税额，令贵族们极其愤怒。1215年5月5日，一些贵族向约翰王提交了权利要求书，要求约翰王尊重贵族和臣民的权利。在遭到约翰王的拒绝后，贵族们携带武器向伦敦进发，声言要除掉国王。贵族们拿着法律文书与约翰王在兰尼米德（Runnymede）进行了四天谈判。约翰王最终做出让步，于6月15日在协议上签字，史称《大宪章》。这个会谈地点在伦敦以西32千米处的库珀丘（Cooper's Hill）。约翰王只是把签署《大宪章》作为缓兵之计。他征集军队围剿敌对贵族，内战由此爆发。贵族们联合法国国王腓力二世共同对付约翰王。约翰王退至英格兰北部后患病死去，其幼子亨利三世继位。

亨利三世依然不遵守"王在法下"的法规，结果被一位女贵族羞辱一通。中世纪史学家马修·帕里斯（Matthew Paris，1200—1259）记述了阿伦德尔的女伯爵伊莎贝拉对亨利三世的斥责："我的国王，你为什么背离公正呢？一个人搞不懂对错，这事竟然发生在宫廷里。你是上帝和我们的中间人。你既没有管理好自己,也没有统治好我们……更有甚者,你恬不知耻,你变着花样欺负这个王国里的贵族。"亨利三世反唇相讥道:"我的女伯爵,这是怎么啦?你滔滔不绝地讲,难道英格兰的贵族特许你做他们的代言人吗?"伊莎贝拉说:"没有。'国王',但是你给我了一部《大宪章》。这是你的父王准许颁发的。你同意宪章,你发誓要忠诚遵守,不会亵渎……虽然我是一名女子,我们生来就是你的忠诚臣民,我们依然要在全体尊贵的法官面前起诉你;天地将为我们做证。既然你不公正地对待我们,我们指责你并不算犯罪。我的上帝,复仇的上帝,请替我复仇。"国王被驳得哑口无言,女伯爵还没有获得国王的准许,就拂袖离开了宫殿。

在贵族的压力下,亨利三世被迫召开宫廷会议,再次确认《大宪章》给予贵族的特许权。英国贵族们少有篡权野心,却敢于规范国王的行为。查理一世企图把王权置于议会之上,结果被斩首。后来,查理二世的弟弟詹姆斯二世即位后,试图恢复罗马天主教。议会又赶跑了詹姆斯二世,从荷兰召回了他的女儿玛丽。玛丽要求与丈夫詹姆斯共同执政,他们在1688年共同签署了《权利法案》,才坐上了王位。从此,议会取代国王成了英国政治权力中心,奠定了国王统而不治的宪政基础。这场没有流血的变革被称为"光荣革命"。

家族财富与遗产税

逛英国古玩市场时,会看到很多老版图书。很多老版诗集扉页上都印有"献给某某爵士"的字样。从16世纪以后,贵族们开始讲究艺术品位,成了文化艺术的庇护者。他们开始收藏图书、绘画、艺术品,资助诗人出版诗集。音乐、戏剧和绘画成了贵族生活的一部分。经过两三代的熏陶,他们逐渐把艺术教养内化到血液中。习惯变成自然,造就了贵族的教养。由于贵族们的审美取向不同,各类艺术处于相对自由的发展状态。到了18世纪,建筑、花园、绘画、家具和服饰都有了社会公认的标准,这一时期的文化有了高雅和低俗之分。在卡文迪什家族的查兹沃斯庄园图书馆里,收藏有4万多本珍稀硬皮书。卡文迪什家族还保护性收购了18世纪和19

第二辑　社会与群体

▲浪漫主义诗人拜伦宅邸里的书房

世纪出版的植物插图书籍，形成了几近完整的收藏系列。

贵族在文化艺术、服装生活上引领了社会风骚。他们有闲暇时间来涉猎各种艺术。根据 1873 年的统计，7000 个贵族家庭拥有全国 4/5 的土地。他们占有的资源可以让他们得风气之先。当商业革命到来后，贵族最先投资海外贸易。当城市发展时，他们马上投资房地产。第 4 代南安普敦伯爵托马斯在 17 世纪中期开发了伦敦最早的商业广场。当时他的宅邸前面有一片空地。他计划在空地上建起店铺，每个店铺面宽 7.3 米，以每年 6 英镑的低价出租给建筑商。建筑商必须建成风格统一的商铺，通过租给商贩来回收投资，租期为 42 年。租期届满后，这些店铺归南安普敦伯爵所有。低廉的租金吸引了很多建筑商来竞标。伦敦半数以上的贵族都采用了这种土地租赁形式。随着建筑成本上升，土地租赁期延长为 99 年，这也是当今最常采用的租赁期限。

贵族们握有大片土地，这可以让他们用长远眼光来投资伦敦。格罗夫纳家族上溯至 1066 年的征服者威廉时代。托马斯·格罗夫纳爵士迎娶了一位富有的女继承人玛丽·戴维斯（Mary Davies）。玛丽继承了一座庄园，还有伦敦西部的 500 英亩沼泽、牧场及果园。当初的沼泽地并不值钱，但是格罗夫纳家族坚持持有，直到 1720 年才开发成商业区。贝尔格莱维亚和梅费尔区，在 19 世纪末期就成了伦敦的黄金地段。格罗夫纳家族、英女王在内的五位贵族家庭，拥有伦敦市中心的 1300 英亩地产，2017 年的物业总值为 228 亿英镑。女王伊丽莎白二世名义下的皇冠地产，持有摄政街大部分房地产及伦敦圣詹姆斯地区的一半房产物业，还有苏格兰的畜牧农场、英格兰多塞特郡的矿石和海洋资源等。

英国议会在 1832 年改为代议制后，中产人士逐步进入议会，推出了多个有利于中下层选民的法案。1909 年，首相阿斯奎斯领导的自由党内阁政府出台了人民预算案。这是英国历史上首个财富再分配的法规。在保留了累进税的基础上，大幅度提高遗产税。世袭贵族们主导的上院拒绝通过该法案。1911 年阿斯奎斯自由党内阁促使议会通过了《议会法案》（Parliament Act），取消了上院的否决权。上院的世袭贵族议员一片哀叹，却无能为力。议会在 1889 年把涉及不动产和动产的财产继承归纳为单一遗产税（Inheritance Tax），并于 1894 年开征。凡是拥有 100 万英镑（相当于现在 9500 万英镑）以上家产者，在继承家族财产时，必须缴纳 8% 的遗产继承税。遗产税在 1939 年提高到了 60%。如果土地贵族无法按时缴纳，还必须支付 8% 的欠税利息。

地主贵族们的日子开始难过起来。这意味着每死一代，贵族的财力就要减少一大半。三代世袭贵族过世后，家族的大半财富都进入国库。他们被迫削减开支，通过出售土地或拍卖珍藏艺术品，来维持家传祖业。第 11 代德文郡公爵安德鲁·卡文迪什（Andrew Cavendish）的父亲在 1950 年去世后，他继承了公爵头衔，也拿到了 700 万英镑的遗产税，相当于 2015 年的 1 亿 8000 万英镑。他出售了 48 万英亩地产，把伦勃朗名画和 12 件古典艺术品捐赠给了美术馆，最后把哈德威克庄园（Hardwick Park）交给国民信托组织，散尽了一大半家产。他用了 24 年才偿清遗产税款。这是贵族最看重的契约精神。

遗产税让世袭贵族的财富严重缩水，唯一例外是英国王室。其主要原因是从国王乔治三世（1760—1820 年在位）开始，王室就与议会达成了妥协，王室把收入所得上交国库，政府必须帮王室偿还债务，并向王室支付内务开支。1952 年，女王接受了《王室费用法》(Civil List Act)，同意把皇冠地产收益全部上交财政部。作为交换条件，政府每年提供王室开支。2012 年 4 月，议会新通过的《君王拨款法案》(The Sovereign Grant Act) 正式生效，政府以一种"主权拨款"方式给予王室财政拨款，拨款数额按照两个财年的皇冠地产年收益 15% 计，或延续上一财年的拨款额。依据 2017 年的评估，皇冠地产总价值达 70 多亿英镑，年收入约为 2.5 亿英镑。

王室的两块世袭领地是王室开销的重要补贴。一块是查尔斯王子的康沃尔公爵领地，分布在英国 23 个郡，共约 54 424 英亩。这是 1337 年由爱德华三世为其长子创立的，目的是希望通过地产经营，为王室带来收入。另一块是女王名下的兰卡斯特公爵领地。同白金汉宫、伦敦塔、温莎城堡等王室建筑一样，这两块领地都属于国家主权地产，女王只有经营权，无权售卖。女王的私产只有苏格兰的巴尔莫罗宫（Balmoral Estate）和英格兰的桑德灵姆宅邸（Sandringham Estate）。这是女王从其父亲乔治六世那里继承的私产。王室收藏有大量珠宝和艺术品，总价值超过 95 亿英镑，由王室收藏基金会（The Royal Collection Trust）管理，展览的年收入近 3 亿英镑。王室的价值品牌对国家贡献良多。每年对英国经济净贡献 11 亿多英镑，主要来自旅游业、对皇家认证品牌的信誉背书等。

政治影响力式微

世袭贵族不断进行自我调整，与新生力量妥协，这是不被社会抛弃的最大原因。政治家托尼·本恩（Tony Benn）在 1960 年承袭了父亲的子爵封号。为了竞选下院议员，他主动放弃了世袭贵族的称号，以平民身份参加竞选活动。这被称为世袭贵族的"自愿淘汰"。工党政府于 1997 年 5 月上台后，在第一年推行了一系列改革方案，上院退回了 38 个议案。布莱尔说，保守党利用与世袭贵族的良好关系，阻碍了下院的各种改革议案。他决心废除上院里的世袭贵族议政方式。

1998 年 11 月 24 日，女王在第二届议会开幕式上宣读了未来一年的立法议程。当她读到政府将改革上院时，工党议员高喊，"听啊，听啊！"而保守党则喊："羞耻，羞耻！"这是议会开幕式上少有的对抗。布莱尔政府宣布，上院改革的第一个阶段是废除759名世袭贵族议员的出席权和表决权。为了减少上院的改革阻力，工党与上院保守党领袖克兰伯恩子爵（Viscount Cranborne）达成妥协，保留92名世袭贵族的议席。该法案于1999年3月16日在下院进行了投票表决，以340票对132票获得通过，第二天提交到了上院进行辩论。

这一天，上院议事厅挤满了世袭贵族。很多人找不到座位，干脆坐在走廊里。空气中弥漫着一种无奈和被抛弃的情绪。有的老贵族慷慨陈词，历数世袭贵族们对国家的奉献。他们指责工党政府的决议伤害了他们的感情。他们认为自己是英国历史文化的传承者，具有天生的爱国热情。经过辩论，大部分世袭贵族认识到上院的改革利大于弊。1999年10月26日，上院以221票对81票通过了该法案。在投票过程中，伯福德伯爵（Lord Burford）站在上院议长的羊毛垫上，谴责政府的提案是颠覆行为。他大声叫嚷："我们前面将是一片废墟，没有女王，没有主权，没有自由！"他随后被赶出了议事厅。

600多名世袭贵族就此告别了上院，终结了700多年的世袭贵族参政方式。他们离开时没有举行任何仪式。很多贵族已经是风烛残年，难料今后是否还能见面。1999年11月11日，英女王在议案上签字，该法案当天正式生效。很多世袭贵族对自己"突然失业"感到无所适从，他们需要重新融入社会。有的埋头于自己的家族基金，有的开发家族旅游资源，也有人开始了创业。埃克斯茅斯子爵（Viscount Exmouth）利用世袭贵族的身份，筹划了一个交易网站，出售各种贵族器物的仿制品，为城堡和庄园开发出谋划策，让更多游客走进古堡和庄园里，认识原汁原味的贵族文化。

终身贵族

世袭贵族是英国政治传统的重要组成部分。当世袭贵族不再册封后，王室于1958年开始册封终身贵族，以延续这种政治传统。终身贵族的头衔只授予一个人而不可世袭,而且是一个荣誉头衔,没有田产和钱财。根据 1958 年议会通过的《终身贵族法案》(Life Peerage Act),平民可以通过两种途径获得爵位。一种是在英国某个党派内做出突出贡献的人,由该党派推荐进入上院。这是首相授予亲信和提高党派威望的重要手段。其他党派也会提出自己的人选名单,借此鼓舞士气和提升凝聚力。另一种是在社会上做出杰出贡献的专业精英和慈善家,由专门委员会推荐进入上院。他们都需要获得君主的册封。

虽然君主出面加封爵位,但首相握有实际上的册封权。这不可避免地有在政治上论功行赏和回报各界好友的因素。英国媒体在 2006 年 3 月披露说,工党在 2005 年大选前接受了 12 位富商总共 1400 万英镑的捐款。作为回报,其中几位富商可能被提名获得爵士头衔,并经工党举荐进入上院。这一消息震惊朝野,工党主要筹款人利维勋爵、布莱尔的助手特纳先后被捕。"金钱换爵位"的政治丑闻给布莱尔领导的工党带来了耻辱。

英国历史上曾经有很多名人拒绝被封为贵族。首相丘吉尔在"二战"中功勋卓著,王室拟封他为公爵。丘吉尔认为议员和内阁首相更符合其身份,他婉言谢绝了王室的善意。大多数人都把获得爵位作为人生的荣耀。册封新贵通常选在新年和君主生日两个时间,在威斯敏斯特大教堂举行。被册封者穿着红色勋袍,依次走到君主面前,君主用"国家之剑"轻轻触碰被册封者的肩头,就算完成了册封仪式。这些终身贵族大部分是各行各业的精英人物。他们充当的是这个国家的"道德楷模",向社会传递主流价值观,这些主流价值观也正是世袭贵族们在千年历史中锤炼出来的。

英国风物记  A Cultural Guide to the British

欧陆游学

英国人最先把旅游经营成了大众休闲文化,在1856年就有了组团出国旅游。托马斯·库克(Thomas Cook)第一次带领英国旅游团前往瑞士的阿尔卑斯山脉。在和平年代,到国外度假成了英国人的休假方式。在1971年,全国有400万人去海外度假。在这一时期,爱尔兰姑娘莫琳(Maureen)与伦敦商学院毕业生托尼·惠勒(Tony Wheeler)连续出版了多本自助游,最后形成了《孤独星球》(Lonely Planet)系列,奠定了大众旅游基调:"我笑,我看,我想,我惊叹,我寻觅,我梦想,所以我旅游。"现在,近3000万英国人去海外旅游和度假。他们喜欢到有阳光、沙滩和大海的国家。

人类文明的进程总是伴随着旅行和贸易。英国人早期前往欧洲大陆旅游正是这种文明化的过程。英国人理查德·拉塞尔斯(Richard Lassels)在1670年出版了《意大利之旅》(The Voyage of Italy)中,称其为"大旅行"(Grand Tour)。他把"大游学"定义为一种教育形式。教会人士前往巴黎学习神学和文科诸艺;律师前往意大利的博诺尼亚大学学习民法。它与巴黎大学、牛津大学和西班牙的萨拉曼卡大学并称欧洲四大名校,被誉为欧洲"大学之母"。学医青年前往意大利的萨勒诺大学。这是欧洲最古老的医学院。

贵族都重视子女的教育,贵族们为儿子游欧支付的费用,远大于在剑桥或牛津大学读书的学费。诺丁汉伯爵为其长子支付的大陆游学费用为每

182

年3000磅。金斯顿公爵在欧陆游学10年，总共花掉4万多镑。下院议员尤其重视欧洲大陆的历史和经验。在1690—1715年，有157名下院议员到欧洲大陆进行过大游学。很多议员甚至留下来，在欧洲接受大学教育。这是大游学的延伸。其中最受欢迎的是莱顿大学（Leiden University）。这所大学成立于1575年，是荷兰王国历史最悠久的高等学府，也是最具声望的欧洲大学之一。笛卡尔、伦勃朗、斯宾诺莎等科学文艺巨匠都毕业于这所大学。大游学的高峰是在18世纪30年代和40年代。此后，大游学的热情逐渐降温。

早期的旅游时间漫长，交通困难，价格不菲。这对旅行者的思考和体力都是重要考验。爱尔兰剧作家戈德史密斯说，一个人到国外去游历，事关国家体面，这个人不能是平庸之辈，第一要有哲学头脑，通情达理；第二要有各种知识和经验，不能白纸一张，遇到事情可以沉着应对；第三要身体好，经得起长途旅行对身心的折磨。这种游学的过程，本身就是历练和淘汰的过程，具备这三个条件者，才会成为某一领域的学者。除了知识外，旅行还有许多不期然的收获。如在某一时刻突然重新认识自己，或者发现一种久违的感动，进而在精神层面上重新定位自己，建立自己的价值体系。这也有心理学和生理学方面的依据。人在探索周围的新奇环境中，会使大脑里神经元有更多的分支，增加求知和探索的欲望。这种刺激可以使得大脑具有重塑自己的可能，在语言、学习和注意力方面会有所提升。当吸收的养分和各种感受交汇融合后，人的心智才会完全成熟，进而对自己、对生活会有新的认知和感悟。

早期的欧洲游历者前面没有权威，他们手里没有旅游指南，只好按照自己的兴趣来研究，兴趣是最好的向导。最初的好奇心是身边的问题，这个问题如同石子投入水中泛起的涟漪一样，向外一圈圈地扩展，从身边扩展到大社会。有的人围着古罗马遗址转了一圈，看到的是残垣断壁，有的人发现了断垣残壁中还有盛开的花朵，还有破碎的雕塑。爱德华·吉本（Edward Gibbon，1737—1794）来到古罗马遗址时，受到了强烈震撼。他更渴望了解废墟下的古罗马历史。强烈的好奇心会让人有一种强烈的冲动，希望能把它们纳入自己的生命里。他坐在马车里慢慢思考，走遍了罗马的每一个角落，回国后专著罗马史，耗时12年出版了《罗马帝国衰亡史》(*The History of the Decline and Fall of the Roman Empire*)。爱德华·吉本说："正是在1764年，当我坐在罗马，坐在孤独废墟中心沉思默想，当赤脚的修道士在朱庇特和恺撒雕像旁吟唱晚祷曲时，撰写该城衰亡史的念头在我心中浮现出来。"他写出了古罗马人的内心世界，历史社会兴衰的根本原因。假如吉本当时手里有一部相机，他还能静静地欣赏那片遗址吗？当代人的旅游总是来去匆匆，缺少了细致的观察。相机可以成为一种记忆的补充，而不能替代观察。通过观察我们才能了解一朵花瓣的结构，通过知识我们才能了解花卉的生长习性，并且补充自己知识的不足。

旅行需要必要的知识积累，否则就会漏掉很多有价值的信息。通过观察来丰富自己的品位，提升审美能力。我们为什么喜欢一种文化，而不喜欢另一种文化。这是因为两种文化有不同的细节和要素。旅行家彼得·贝克福德（Peter Beckford）在1760—1790年多次前往欧洲大陆，他深切感到本国礼仪的粗陋。他把自己在欧洲学到的各种礼仪，绘声绘色地介绍到了英国，包括站姿、脱帽，以及如何礼貌地退出客人房间等，让本国民众学习。彼得·贝克福德认为，"旅游不仅是看景色和雕像，而且要考察这些国家的法律、习俗和礼仪，并把它们与我国的进行对比。"两次世界大战中，欧洲大陆的上流社会受到严重冲击，许多传统礼仪都被抛弃，这些礼仪却被偏居一隅的英国人传承了下来。英国的绅士淑女文化得到普遍认同，成为民族文化的一大特点。

大游学也是贵族青年接受教育的方式。贵族家庭有早婚的传统，在十三四岁就订亲和结婚。过早生育不利于新婚夫妇的心智发育，也不利于家族血脉的延续。家长们先让小夫妻举行婚礼，象征性地圆房，然后让新郎前往欧洲学习，去进行为期一年或更长时间的旅行。在这个过程中，旅行者可以开阔视野，促进个人发展和性格完善。在私人教师和仆从的陪同下，贵族青年学习各种语言，研究古典艺术，访问贵族名人。基本路线是从英国的多佛港乘船到法国加莱，至巴黎，再往日内瓦，接着翻越阿尔卑斯山，在威尼斯、佛罗伦萨和罗马等地停留一个月到数个月，或走马观花，或潜心研究。从意大利南部前往希腊，然后游历柏林，在慕尼黑大学

第二辑 社会与群体

▲ 游学现在依然是一种教育手段

和海德堡大学学习。通过旅游，人才会有更广阔的视野，还有可能找到激励自己执着追求的东西和学科。当然，也有不少纨绔子弟借游学之名在外寻花问柳，酗酒赌博，最后灰溜溜地返回了英国。

在旅游中，知识是进入深度探索的入口，好奇心是深入发掘的动力。英语词典编纂者塞缪尔·约翰逊博士平时为人傲慢。他在 1775 年访问了巴黎，为巴黎的繁华所震慑。他悄悄脱下了英国的褐色外套，黑色长袜，换上了法式礼帽、白色长袜，还戴上了法国假发。他的法语不灵光，只好讲拉丁语。约翰逊具有丰富的学识，法国的很多新奇事物点燃了他的热情和研究兴趣。他能很快触类旁通。旅游给人带来的最大变化，就是认识到世界之大，然后放弃了自己的偏见和狭隘心态。约翰逊回到伦敦后，更加努力学习和写作。布里奇沃特公爵（Duke of Bridgewater）在意大利旅游时，对意大利河流上的水闸建造发生了兴趣。当时意大利人在利用水闸调节河水落差方面领先于欧洲。1761 年，布里奇沃特公爵回到家乡兰开夏后，邀请一位自学成才的工程师詹姆斯·布林德利（James Brindley），开凿了 10.5 英里长的运河，从他的沃斯利煤矿一直通到曼彻斯特郊区。这条运河不仅运输煤，也运输粮食和各种农副产品。这在当时是一项了不起的工程。

185

  **英国风物记** *A Cultural Guide to the British*

▲ 英国有些小镇古朴又宁静，不失旅行体验的好选择

　　进入 20 世纪后，交通的改善使得游历时间大为缩短，欧陆游学失去了传统的贵族特色，变成了一种消遣，所有人都有机会到国外旅行，去体验多姿多彩的生活，其目的是丰富自己的生活和精神。当地球的每一个角落都留下了旅行者的足迹后，这个世界已经没有了遥不可及的远方，最远的地方就是自己的内心。要想了解自己的内心，就要走很远的路。这就是旅游的魅力。游客的视线追寻着地图上的一道细线，找到一个原点。从这个原点沉下去，进入一个陌生社群或一片自然景观。只要有足够的耐心，就能深入进去，可能会有出其不意的遭遇或情感共鸣。倘若是独自行走，个人看法就不易受他人影响，也不用隐藏自己身上的某些特性，对一切都保持好奇心，积极尝试和体验，让新鲜的东西灼蚀一下灵魂，人会重新精神焕发。然后找到一条小径，重新返回地图上的原点。一个人的生活方式、兴趣点和价值链都会增加分量，甚至会重新排列，其生存的疆界也会随之扩大。

第二辑　社会与群体

家庭教育

圣诞节前夕，我和一位英国同学从伦敦返回母校莱斯特大学。我们抵达维多利亚长途客运站时，那里已经排起了长龙。这正是伦敦的外地人返乡高峰。我和同学足足等了三个多小时。人们安静地等待，没有人插队，也没有人抱怨。他们上车时还相互照应一下。我对那个场景念念不忘。这不仅是一种礼仪，也与社会环境和家庭教育密不可分。

在长途客车上，这位同学向我讲起了母亲对他的"耐心"教育。他三岁时，母亲走出家庭，在饭店找了一份工作。每天下班回家，妈妈总要带回几块糖果或者小玩具。妈妈进了家门后，无论他多么渴望立刻得到这份礼物，妈妈总是先上楼脱掉外衣，褪去妆容，然后才微笑着走到他身边，蹲下来把礼物给他。起初，他也哭闹过，抱着妈妈的腿不撒手。妈妈毫不退让。他慢慢地学会了等待。为了熬过这段时间，他靠在餐桌旁，猜想今天是什么礼物。虽然只有短短的 5 分钟，这种安静的等待让他终身受益。自己有欲望和需求，但是也要考虑母亲是否方便，要顾及别人的感受。

礼貌行为和人生态度与幼年教育密不可分。从"等待"到"忍耐"是一种意志磨炼。这对塑造一个人的性格大有裨益。探险家奥古斯丁·考陶尔德（Augustine Courtauld，1904—1959）出生在富豪之家。其家族曾垄断英格兰的纺织业。父母从小就教育他要懂得忍耐和坚守，要敢于独自面对困难。1930 年，奥古斯丁参加了英国北极探险队。探险队进入北极圈后遭遇恶劣天气，行程受阻。奥古斯丁独自一人留在格陵兰冰盖上，自愿担

英国风物记  A Cultural Guide to the British

任气象观测员。漫天大雪覆盖住帐篷，他每天把自己从冰雪中挖出来，用剩下的一点粮食坚持了五个月。到了最后，一粒粮食也没有了，火炉也熄灭了。这位探险家依然坚守，终于等到了救援队员。

在牛津大学和剑桥大学的新生中，约80%的学生都来自于中上层家庭。牛津大学的本科招生主任萨米娜·汗博士（Dr. Samina Khan）说，如果对该项数据进行"正确"解析的话，你会发现这些学生的家长都十分重视他们的早期教育。越富有的家庭，对孩子越不溺爱，越注重锻炼孩子的独立精神。我在伦敦采访英国儿童教育专家时，他们也持同样的看法。英国人永远把现实放在第一位，亲情放在第二位。有些孩子生下来爱笑，有的爱哭，有的喜欢动，有的喜欢静。他们在孕育过程就继承了父母的脾气和性格基因。只有在知识面前，儿童才是一张白纸。父母的观念和行为，是写在白纸上的第一行字。父母与孩子沟通的语言，一定要简短易懂。如果孩子一脸懵懂，这就需要借助手势，或换一个句子来表达同一个意思。如果孩子不能照做，家长可以重复要求，帮孩子完成初步动作。

礼仪也需要从小抓起。一岁至一岁半的孩子喜欢用手抓着吃饭。家长要教孩子用汤匙。当孩子挑食时，家长要学会变换饭菜花样，避免孩子挑食。这不仅可以避免孩子任性和自私，长大后也不容易有偏执型性格。外出购物时，父母不许孩子任性地挑吃挑穿。当然，父母在特殊场合也会满足孩子的愿望，甚至给孩子制造惊喜。孩子们的生日派对也是重要活动。孩子们相互参加对方的生日派对，不仅可以交到朋友，也会让孩子变得更自信。

让孩子多接触自然，是最锻炼性格的好方式。英国家长们经常带孩子郊游或徒步旅行。在寒冷天气，孩子的衣服十分单薄，甚至光着脚丫。即使孩子摔倒，父母也不会大惊失色，高声叫喊反倒会让孩子有受挫感。对

▲有些家庭会鼓励孩子积极参与运动健身项目，骑马就是其中之一

第二辑　社会与群体

▲父亲陪着孩子在薰衣草地里玩

待孩子的哭闹，不要马上就哄。如果不是因为生病不舒服，可以让孩子哭闹一会儿，发泄完小情绪后，孩子就会安静下来。如果天气恶劣，父母可以在自家客厅里支一个小帐篷，满足孩子藏猫猫的乐趣，也沟通了家长与孩子的情感。好奇是孩子的天性，允许孩子搞怪，甚至胡闹，这是成长的一部分。当孩子长到五六岁时，他们很乐意参与到家庭事务中来，比如摆放餐具、收拾餐具、整理床铺等。家长要放手让孩子去尝试做各种事情，让孩子有一种参与感，这有助于培养孩子的平等和参与意识。

　　孩子要学会尊重家人。当要求父母、兄弟姐妹帮忙时，孩子必须把"请"、"谢谢"挂在嘴边，这取决于父母的言传身教。无论在家还是在外，家长对孩子客气，孩子就会有同样的反馈。在餐桌上，当妈妈递过饭勺和餐叉时，孩子也要学会说"谢谢"。吃完饭后，孩子要问父母是否可以离开餐桌了。当孩子懂得尊重他人和礼貌待人后，家长要给孩子一个满意的表情。礼貌待人是一个孩子的基本素质。如果孩子犯了错误，父母可以进行严格纠正。家长切忌问："为什么要这么做？"因为孩子会顺着自己的思路，找到一个自认为合理的解释。家长应该问："发生了什么？"或者"你做这事时想到了什么？"这有助于找到问题的根源。孩子的成长总是伴随

英国风物记  A Cultural Guide to the British

着磕磕绊绊的各种教训。

英国家长极少呵斥辱骂孩子。对于孩子的危险动作，他们只是提高声音，让声音多了几分严厉，或换上一副严肃表情。儿童心理学家认为，如果父母粗暴，势必让孩子产生抵触情绪，进而性情暴躁，行为粗鲁，甚至会产生叛逆心理。这些孩子会殴打同伴或虐待小动物，借此发泄情绪。有的孩子还会自虐，通过增加自身肉体痛苦来减轻精神痛苦。长此以往，父母与孩子之间的亲情就会淡漠。性格扭曲的孩子长大后，会有报复社会的倾向。英国教育家约翰·洛克（John Locke，1632—1704）在《教育漫话》（Some Thoughts Concerning Education）中说，儿童期是一个人性格形成的关键阶段，教育决定了一个人的好坏或能力高低。恐吓或体罚孩子只能影响儿童的成长。"在我们婴儿时期所受到的任何琐碎印象，都会对我们以后有相当重大而持久的影响"。

▲ 关爱动物和环境是家庭教育的一部分。这使得英国有优良的动物宜居环境

英国人看重一个人的职业、薪水、毕业于哪所大学，但是更重视一个人的品行。这需要从小培养。善待周围的一切，包括小动物和植物，是一个人素质的重要体现。英国家庭一般都有小花园。植物花草会招来很多小虫子。这些小虫子也会爬进厨房或卧室。家长不允许用开水烫或烧死小虫和蚂蚁，而是采取喷雾驱赶的方式。家长还会带着孩子一起清扫和掩埋这些小昆虫的尸体。如果家中的狗或猫死了，孩子们都会特别伤心，家长会给他们解释，生命总有结束的时候，他们活着的时候很开心，因为大家都爱它。他们一起把宠物掩埋掉，做一个祈祷仪式，这培养了孩子的爱心和对生命的尊重。

精英教育

在孩子成长期间，家长对孩子说得最多一句话，不是嘘寒问暖，而是用鼓励的口吻说，"Stay in school"（在学校学习）。家长特别重视孩子的初级教育。初级教育重点在于启发孩子的思路，教导孩子的学习方法，鼓励孩子的扩散性思维，或把原文故事演绎出不同的情节和结果。这种思维方式让人受益一辈子。英国已经从工业大国转化为了创意大国。这与英国的基础教育有密切关系。

我的女儿曾就读于伦敦的独立学校——弗朗西斯·哈兰德学校（Francis Holland School）。这是建于1870年的伦敦女子名校，学生主要来自中产阶级家庭。我作为家长经常参与学校的各种活动和董事会。我看到该校初级教育主要是提升学生的学习兴趣，培育学生的表达能力、动手能力和创新能力，注重对社会和自然界知识的学习。课堂多是小班的圆桌讨论式。老师布置了一个课题，学生们要自己去查阅资料，通过查阅资料了解更多的背景知识。在构思一篇作文或研究报告时，老师会与学生一起讨论表达形式、文章结构、重点部分等，同时鼓励学生自由发挥。

英国没有统一的中小学教程。政府不干涉教学内容。这使得学校在教学内容上多种多样。根据教育经费和师资来源的不同，学校分为公立和私立两大类。公立学校基本免费，教学经费来自地方议会的税收，采取的是就近入学原则。英国法律规定，5~16岁是义务教育阶段，必须接受全日制教育。如果一个家庭有足够财力，他们都会送孩子上私立学校。私立学校

英国风物记  A Cultural Guide to the British

是独立运营，不需要政府的税收资助，其资金来源是学费和公益赞助。每个学期费用在 4000 英镑以上。独立学校都有良好的师资和教学环境，这更容易培养出优秀人才。调查数据显示，牛津大学或剑桥大学的毕业生仅占英国大学毕业生的很小一部分。这两所学校却培养出了多位英国首相、高级法官、议员和公务员。牛津大学和剑桥大学每年新生中，大多数都来自独立学校和文法学校。

英国小学学生年龄是从 5~11 岁。小学毕业时一律参加"11 岁考试"。这是人生的第一次重要考试。由于学生智力、教育环境和经济条件不同，在小学毕业时就要大致确定未来发展方向。虽然这对智力发育晚的学生并不公正，但是大部分家长都能接受这种考试方式。通过这次小学毕业的"摸底考试"，少数考试成绩优异者会被文法学校录取，这是进入重点大学的重要台阶。普通学生进入 GCSE 阶段（普通初级中学教育文凭）学习。英国中小学校教育质量参差不齐。一些教育人士总是呼吁减轻学生负担，尊重学生的自我意识。这让教育质量不能令人满意。有 2/5 的初中毕业生达不到规定标准，数学、历史和地理知识明显不及中国、新加坡等亚洲国家的学生。

学生结束 GCSE 学习后，还要面临着一次更大的分流。成绩优异者开始两年的 A-Level（高中）学习，这是进入大学的预备阶段。还有一部分学生进入职业高中。"职高"主要是让学生掌握谋生的技能，如做厨师、

▲一位中学生在博物馆里进行课题学习和研究

当技工等。经过两年的系统培训后，他们就进入社会，凭借一技之长来立足社会。有的毕业生选择间隔年（Gap Year）。他们乐意到社会中闯荡一年，增加人生阅历，然后返校深造。间隔年对他们了解自己和社会十分重要。在未来职业选择和生活上，

也有了更多思考和把握。

进入 A-level 后，除了继续学习数学等常规课程外，学校还开设了"critical thinking"（批评性思考）课程，主要是培养学生的独立分析能力。它没有统一答案，关键看学生推理的过程是否合理。学生要学会从正反两方面论证自己的观点，以及运用观察和逻辑推理能力，来捍卫自己的观点。前首相撒切尔夫人回忆说，她在读中学时，约翰·斯特雷奇（John Strachey, 1901—1963）的《即将到来的权力之争》（*The Coming Struggle for Power*）十分新鲜和刺激。该书预言资本主义将被社会主义所取代。当时的玛格丽特对此表示严重怀疑。她认为这种观点是一种浪漫的空想，根本不适合西欧国家，更不适合英国。具备了这种独立思考和判断力的青少年，成年后才会对社会有独特的见解，认识到自己的权利和义务。到了这个阶段，老师不再一味鼓励学生，也会指出孩子的不足，努力做到赏罚分明。一位中学校长告诉我，那些爱抱怨学校和家长的学生，长大后也容易抱怨社会和公司，不乐意检讨个人问题和自我反省。他们容易给社会带来麻烦，而不是正能量。

英国教育侧重于精英教育，贵在精而不在多。特别是在教育经费和资源有限的情况下，重点培养一批有潜质的学生十分必要。优秀学生通常选择独立学校和文法学校。这些学生被认为非常有潜质，有可能在某个领域做出突出成绩。在政府的重要岗位上，80% 的人有独立学校背景。这个精英教育成了"小圈子教育"。这些独立学校冠以"公学"之名，其实是私立学校。它指的是公开招生，并不限于特定族群，但是学费极其昂贵。

英国公学始于 1382 年。温切斯特主教威廉·威克姆（William of Wykeham）在汉普郡的温切斯特创建了男生寄宿制学校。他招收了附近家境贫困的 70 多名优秀学生，还有 10 多名富裕家庭的子弟。这 10 多名富家子弟需要交纳昂贵的学费。国王亨利六世在 1440 年仿效这一模式，创建了伊顿公学，当时招收了 70 名学习优异的贫困学生。贵族家庭尤其重视教育，他们送孩子到公学读书。其中最受青睐的是伊顿公学和威斯敏斯特公学。一项早期议员的学历调查显示，从 1754 年至 1790 年，有 1/5 的下院议员在这两所公学里接受过教育。从 17 世纪开始，这种学校得到上

英国风物记  A Cultural Guide to the British

▲ 在外学习实践的孩子们

流社会的支持，捐款逐渐增多，贵族也把自己的孩子送到公学。由于受名额限制，学校逐渐放弃了招收贫困学生的传统，演变为贵族精英学校。很多公学都有基金会和教会捐助。1892年，温彻斯特公学的一年寄宿费和学费为112英镑。这在当时是一笔巨大开支。在1868年，一个公务员工作15年后，其年薪才只有150英镑。当时公立走读学校每年学费只有10英镑，书本文具费和其他费用约合10英镑，总计20英镑。两类学校的资金投入差距巨大，必然带来不一样的教学结果。

公学在英国教育界享有特殊地位。公学不仅注重学习质量，还锻炼学生意志和体质。虽然年学费高达两万多英镑，但并非有钱人就能进入这类学校。由于学位有限，伊顿公学每年只招250多名新生。全部学生加起来是1480名。入选条件需要经过冗长和烦琐的程序。如果家长希望孩子进入这所学校，需要一出生就要前来登记申请，最迟也要在11岁半之前完成登记。到了11岁半后，学校会通知申请者前来考试，考试分为60分钟的面试和笔试，笔试内容有英语、法律、地理、历史、拉丁文、数学和宗教科目等。进入伊顿公学，学生们都需要遵守严格的校规。普通学生都居住在小镇上的寄宿公寓里，70名获得国王奖学金的学生住在学校公寓。学生早上7点半起床，参加祷告仪式。他们的饭菜饮食延续了18世纪以来的传统，简单且有营养。伊顿的课程主要安排在上午，午后 1 时 45 分才结束课程。下午参加各种文体活动。很多学生都乐意学习骑马、击剑这样的贵族运动。晚上 9 点 30 分准时熄灯就寝。每个学生都有私人导师，导师每周见一次学生，了解学习、生活和起居方面的问题，让学生心情愉快，精力充沛地学习。伊顿学校的办学理念是，除了培育学生的自信力和独立个性外，还要培养学生的主流价值观。

文法学校最早是由教会捐款开办的。中世纪的文法学校以神学和"七艺"为主。"七艺"包括文法、逻辑、修辞、算术、几何、天文和音乐。文法在七艺中居于首位，故名文法学校。拉丁语曾经是英国上层社会流行的语言。这需要大量背诵，学生必须有刻苦学习的精神。到了维多利亚时期，文法学校采纳了公学的课程，但是学费并不高。现在，文法学校专门招收在"11 岁考试"中取得优异成绩的孩子。进入文法学校的学生只有一个目标，即进入名牌大学读书。文法学校分为独立和半独立学校。在教学质量上，向政府领取部分补贴的半独立学校更胜一筹。由于入学竞争激烈，只有那些聪慧的学生才能通过严苛的考试，其中包括面试环节。一个孩子的行为礼仪、互动交流状态都是观察和考试内容。

独立学校都有排名。这提高了学校之间的竞争力，也带来了压力。许多独立学校的校长呼吁取消中学的排名，让学校回到教育的本真上来，其中包括批判性思维（critical thinking）、问题解决能力（problem solving）、独立思考与学习的能力以及领导力和创造力。数字化和智能化正在成为社会发展趋势。教育界需要确立一个能紧随时代的标准，科学地评估学校和学生的能力。这同大学录取一样，一流大学不是看重学生在过去几年里考了多少 A，更看重二三十年后这个校友能为学校带来什么。学校乐意培养出合格的工程师或一流行政人员，更希望能培养出一位首相或诺贝尔奖得主。

第三辑

游走与凝视

英国风物记  A Cultural Guide to the British

湖区

去英格兰湖区旅行，温德米尔湖附近的小酒馆算是第一站。小酒馆聚集了各路游客。从这里出发，有人选择了攀登丘陵，有人选择了徒步荒原。我选择了湖区路径。这种平淡无奇的行走，寻寻觅觅，让自己融入大自然中，随性随意。登上山丘，自己就成了山丘，潜入林地，自己就是一棵树。这是我喜欢的旅行方式。

游走湖区

湖区成为英格兰的后花园，那是浪漫主义时代之后的事。在此之前，林木湖泊只是习以为常的居住环境，山峰甚至被视为障碍。1724年，作家和探险家丹尼尔·笛福出版了《大不列颠全岛游记》(*Tour Through the Whole Island of Great Britain*)。他在第一卷中对湖区有这样的评价："这是我在英格兰乃至爱尔兰经历过的最荒凉、最贫瘠和可怕的地区。"这种地貌在当地被称为"荒山沼地"（fells）。"Fells"一词源自古斯堪的那维亚语。当时英国人不喜欢来这里，而是喜欢去罗马、佛罗伦萨、那不勒斯等历史名城。那里有古罗马诗人吟唱的历史人物和遗迹，有文艺复兴时期的油画和雕塑。那些经过绘画大师描绘过的地方，都有一种圣洁、神力和宁静，可以帮助游客开启心智，或者发现地理风光的独特魅力。

随着自由思想的兴起，英国人渴望更宽广的视野。山河依旧，社会变了，人的心态也随之改变。到了维多利亚时期，原来的险恶屏障，成了吸引勇敢者攀登的旅游胜地。征服山峰成了一种英雄情结。为什么要登山？因为它在那里。这成了英国人的浪漫情怀。浪漫主义者怀揣一种理想，通过艰苦历程达到自己心中的目的，升华自己的感情。这一时期的风景油画，凸显了大自然的神秘和威力。一艘在风暴中飘摇的帆船，会给人带来视觉冲击和精神亢奋。诗人不再满足于新古典主义的格局，浪漫主义成了释放内心情感的重要手段。这种文学流派奠基人就是湖畔诗人华兹华斯。

华兹华斯的湖畔抒情诗描绘了湖区的自然景观，以及自己对湖区的理解。从他的笔下，我看到了湖区色彩是如此丰富。作家是用文字来描述自己的观察、自己的思考和感情，以及沉淀后的记忆。散文家约瑟夫·艾迪生在《旁观者》(*The Spectator*) 中写道：我们发现，大自然越接近艺术作品，就越令人愉悦。一片风光独特的自然景观，就是一件带着气息的风景油画。到了 19 世纪初期，湖区吸引了游客前来度假和旅游。这似乎印证了艺术与大众的互动规律：文学和画家寻找能给他们带来灵感的地方。当这些地方被反复描述后，就成了一个文化圣地，进而吸引民众前来探索和旅游。华兹华斯和柯勒律治的诗歌，波特的童话故事，让湖区成了最吸引游客的风景名胜。

大部分游客从东南部的肯德尔（Kandal）进入湖区，最先看到的是温德米尔湖（Windermere）。湖畔有堡尼斯村（Bowness），有石阶蜿蜒向林木深处，石阶两侧的木栅栏生满绿苔。沿着石阶前行，穿过农场小径，就登上了奥瑞斯特丘顶（Orrest Head）。站在丘顶可以远眺温德米尔湖和大片牧场。低矮的石墙和木围栏把牧场分割成棋盘。沿着路径下行，就会看到绿藤掩映的窗棂屋脊。当地潮湿，却盛产石灰岩。居民把石灰岩烧成石灰后，涂抹在墙上。这成了乡村一景，也是传统的防潮手段，正可谓相生相克。人们依附于环境，总会找到最适合的活法。湖区客栈都是农舍改建，内部狭小局促，却功能齐全。卧室茶几上放着免费茶袋和两块姜汁饼。姜汁饼是当地特产，可以暖胃祛湿。墙上贴有草花图案的壁纸。细风穿过窗缝进来，有丝丝寒意，壁纸上的草花似乎在摇摆晃动。

湖区的旅游，说不上探索，而是人在自然中重新认识自己。橡树与灌木丛组成绿色屏障，把游客与各种动物昆虫围拢在一起。草丛中的各种动

英国风物记  A Cultural Guide to the British

物都在忙着自己的事。带羽毛的小动物十分精明，遇到人靠近时总会惊起，尖叫几声，飞上枝头。毛毛虫最为专注，对各种声音毫无反应，按着自己的轨迹前行。人和这些小动物都有永不相交的生活路径。只是在这个短暂时刻，我与几条毛毛虫处在了同一个空间和时间里。我突然觉得世界小而柔弱。叶片上的阳光变得厚重，地上的阳光也有了毛毯的感觉。随着毛毛虫爬远，这种感觉慢慢消退，最后归为平静。我又回到了人的社会。

在所有湖泊中，塔豪斯湖（Tarn Hows）最令我难忘。这是彼得兔作者碧翠克斯·波特捐赠给国民信托组织的私产。她认为生活中不能只有机器马达的轰鸣，还要有落叶的声音，有溪水的浅吟低唱。她花巨资购买了这片土地，阻止了财团对这里的商业开发。湖中有小岛，周围林木茂盛。有的林木干脆匍匐在地，不肯成为栋梁之材，却不经意间长成了独木桥。远处的溪流欢快而来，跃下一段卵石丛生的斜坡，成为微型瀑布，又在下面悄悄运作出几个小漩涡。一旦暴露在光天化日之下，溪水即刻收敛变得安静，依然掩不住几分顽皮，带着几片落叶在溪谷中奔跑。

湖区美在自然景观，村舍牛羊只是陪衬。水仙花在春天最先绽放，然后是紫丁香、杜鹃花、鸢尾花、百合花、牡丹、红鹅莓和蓝铃花。这里的蓝铃花是本土品种，又称野风信子，花茎弯曲，挂着一串串蓝紫色的小铃铛，细风吹过，所有的花都朝一个方向点头，很远就能闻到淡淡的香味。蓝铃花具有喜阴的特点，在幽暗和斑驳的阳光下，给人精灵古怪的感觉。华兹华斯钟爱这里的一草一木。在诗人眼中，它们是"痛苦世界里安宁的中心"。这里确实安静，时常让我幻听。云朵相互拉扯，为天空留出一个空当，透出几分沉郁的蓝。当阳光灿烂时，天空也会飘过一阵细雨，来去无踪。你会发现植物突然变得碧绿水亮，远处的绿地上笼罩了一层光晕。

七月是花卉竞放的高潮，最吸引游客的镜头。在阳光和雨水中，风铃草、青葱、毛地黄、羽扇豆、剪秋萝和景天属植物都在疯长。进入秋天后，这些花草逐渐让位给雏菊和蜜蜂花。所有花木都有自己的季节，不争不抢。轮到你时，才有出头之日。若强势出头，必遭天气和温度的双重打击，挺不过三天便败下阵来。一阵冷雨后，寒气渐重，阳光贵若黄金。还没等舒展心情，天空又阴沉下来。这时候，躲在农舍客栈里，喝上一杯奶

▲ 春天里绽放的水仙花

茶,吃上两块姜汁饼,心里会释放出丝丝暖意。然后静等着冬天,在湖泊上铺开水墨画。

　　来到湖区后,你才明白,一个人只有融入社会和自然中,顺势而为,敬畏生命,才能营造出自己的一方天地。有了这种感悟,才有转身的空间,从容欣赏湖区的日落。夕阳的逆光中,空荡荡的树枝都包裹上了一层光芒,然后渐渐转淡,最后抽身转离。墨蓝色夜空覆盖了林地山丘,星光中溶进石屋内的灯火。此时的湖区,生活由绚烂归于平静。有了一份旷达和超然,黑夜就不会显得漫长。

寻访华兹华斯

　　我经常在秋天去湖区度假。秋日的湖区,游人渐少。天空是细雾和薄云混合成的灰白。这种灰白把高高低低的茅舍,层次分明地呈现出来。开阔地上盛开着小黄花,旁边是低矮的灌木,稍高的是榛子和橡树。树木下面是长满青苔的石头围栏。这里的农舍屋顶都铺着灰色石板。屋里铺有石头地板,墙壁上钉着橡木板。这些都是湖区的传统农舍样式。

英国风物记  A Cultural Guide to the British

湖畔诗人华兹华斯（*William Wordsworth*）在 1770 年 4 月 7 日出生于湖区北侧的科克茅斯镇（Cockermouth）。8 岁丧母，13 岁丧父。在亲戚监护之下，华兹华斯于 1779~1787 年在湖区的霍克斯黑德文法学校（Hawkshead Grammar School）读书。他自称"童年的一半时光是在山野中嬉戏奔跑"。他学习了拉丁文、希腊文、数学、科学和文学，然后进入剑桥大学圣约翰学院攻读希腊和拉丁文学。他渴望自由生活，两次前往法国支持革命活动，并与法国女子阿内特·瓦隆恋爱，生下了一个女儿。他最初欢呼法国大革命。巴黎成立革命自治政府后，处决了 1000 多名土地贵族和牧师。华兹华斯对如此血腥的大革命感到了恐慌。一旦观念走向极端，生活便失去了平衡。华兹华斯匆匆从法国回到了伦敦，有些失魂落魄。一位老同学的遗赠，让他的生计暂时有了着落。他认为湖区才是自己生活的地方。回到家乡后，湖区景色激发起了他的灵感，深刻而温暖。他在《漫游》（*The Excursion*）第一卷中写道：

　　唯在群山之中，他感觉到他的信念。
　　在那里，万物呼应着文字，
　　呼吸着永生，循环着生命。

这是华兹华斯的真实自我写照。诗人的内心与天空星辰、自然万物似乎有着某种隐秘联系。华兹华斯在 1797 年同诗人柯勒律治（Samuel Taylor Coleridge）相识，第二年他们合作出版了《抒情歌谣集》（*Lyrical Ballads*）。华兹华斯的两位诗友柯勒律治、骚塞（Robert Southey）都生活在湖区的克斯韦克（Keswick）。三位诗人经常在湖边漫步，吟诗唱和。华兹华斯的走路姿势有些难看。他习惯斜着身子走路，沉浸在自己的思考中，如同在躲避身边看不见的行人。

起初，华兹华斯的浪漫情调受到了诗人和诗歌评论家的嘲讽。另一位浪漫派诗人拜伦说，华兹华斯面对花草昆虫表现出的感情，未免有些无病呻吟、虚骄浮华，难道是为了"缓解摇篮里婴儿的啼哭吗？"《爱丁堡评论》（*Edinburgh Review*）断言华兹华斯的诗歌是"幼稚、荒谬之作"。华兹华斯并不气馁，他认为自己的诗歌是治愈城市病的精神良药，花草山泉可以抚慰被城市腐蚀的心灵。大自然有难以估量的救赎功能，让人恢复坦诚和纯真的情感。随着社会风气的转变,华兹华斯的诗歌逐渐被读者认同,被视为英国诗坛的一股清流。

格拉斯米尔湖畔保留着沃兹华斯的房舍,还有他经常散步的小径。从1799年到1808年5月,华兹华斯租住在安伯塞德村(Ambleside)的农舍内,这里靠近格拉斯米尔湖。一次,华兹华斯与柯勒律治在湖畔散步后,路过这座石头老屋。华兹华斯觉得这里交通方便,面积合适,便租住了下来。租金一年5英镑。这栋老房子建于17世纪早期,最早的名字是"鸽子和橄榄枝",后简化为鸽舍。华兹华斯与妹妹多萝西(Dorothy Wordsworth)感情甚笃,他邀妹妹搬过来同住。

鸽舍保持着华兹华斯居住时的模样。老屋的一层有客厅、餐桌、食品储藏室,还有多萝西的卧室。二楼有华兹华斯的书房,从窗户可以看到远处的格拉斯米尔湖。另外三个房间都是卧室。为了御寒,多萝西在墙壁上糊上报纸。房子里没有上下水,厨房和厕所都在外面。院子里有个小花园。这位浪漫诗人把花园布置得颇有野性,种上了水仙、玫瑰、报春花和兰铃花。他们的生活有些拮据,却可以从自然环境中获得精神安慰。妹妹多萝西一直陪伴着哥哥,有写日记的习惯。一天,华兹华斯翻看妹妹的《格拉斯米尔日志》(*The Grasmere Journal*),妹妹在里面提到哥哥特别喜欢湖边的水仙花。华兹华斯忆起了那个场景,触动了他内心情感。他写出了吟咏水仙花的名诗《我好似一朵孤独的流云》(*I Wandered Lonely as a Cloud*)。在这首诗里,水仙成了象征。忧郁的灵魂在现实中孤独游走,只能在大自然中找到寄托和快乐。

华兹华斯有时与妹妹坐在橡树下,听着橡果落在地上的声音,好像在叩问一个

▲华兹华斯居住的老屋——鸽舍

个没有答案的问题。橡果的外壳坚硬,用来保护里面娇嫩的种子。它们是松鼠和虫鸟最喜欢的零食。只有一两粒侥幸逃过贪婪嘴巴的橡果,才能落地生根。橡树是生命耐心和尊严的象征。粗大的根系从土地深处吸收水分和矿物质,然后输送到叶片,等待着光合作用的阳光。毛毛虫趁机爬上树干,悄悄啃食树叶,橡树悄悄泌出带苦味的化学物质,让毛毛虫无从下嘴。冬天到来后,如果叶片制造的养分尚未被消耗的话,就会输送回根部贮存起来,等到来年春天再输送到树叶上。橡树的坚韧、敏感和生命力,潜移默化地影响了华兹华斯的性格。

华兹华斯在 1810 年出版了《湖区指南》(*Guide to the Lakes*),到 1835 年共印刷了 5 版。此书后更名为《北英格兰的湖区通览》(*A Guide Through the District of the Lakes in the North of England*)。1802 年,他从父亲那里继承了遗产,那是一笔不小的借债。这位债务人在临死前才偿还了本金和利息。华兹华斯的生活从此有了改善。他迎娶了玛丽·哈钦森(Mary Hutchinson)。在随后四年里,他的三个孩子降生。这个居所变得拥挤起来。他们在 1808 年离开了这里。此后多人租住这座农舍。1880 年,伦敦一位叫埃德蒙的富商为儿子购买了鸽舍,因为他的儿子喜欢写诗,可惜这座老房子并没有给他的儿子带来创作灵感。为了纪念这位湖畔诗人,华兹华斯托管组织在 1890 年以 650 英镑的价格购回了这座老屋,并于 1891 年 7 月对公众开放。鸽舍旁边的老建筑,改造成了华兹华斯博物馆,里面展览着他的诗稿和画像。

经过两次搬家后,华兹华斯一家在 1813 年搬到了莱德尔山庄(Rydal Mount)。这栋房子宽敞明亮,一层是客厅、图书室和餐厅,二楼是卧室。阁楼是诗人的书房,里面摆放着诗人的遗物和诗集。华兹华斯一直都住在这里,华兹华斯于 1843 年被封为"桂冠诗人"。他在 1850 年去世后,葬于格拉斯米尔村的圣奥斯瓦尔德教堂墓地(St Oswald's Churchyard)。他的妹妹多萝西、他的妻子玛丽、他们的孩子多拉、凯瑟琳、托马斯,以及柯勒律治的儿子哈特利去世后都安葬在这里。墓碑朴素干净。我在傍晚时来到了墓地前,周围十分安静。夕阳穿过树叶,投到了墓碑上,那光线如同一位虔诚基督徒临终前的微笑,掺杂着遗憾和希翼。我望了一眼天空,天空中飘着几片落叶。

彼得兔妈妈的伊甸园

英国插图童话作家碧翠克斯·波特创作了彼得兔、兔子本杰明、鸭子杰米玛、松鼠提米脚尖儿等形象。这些童话故事是西方儿童书架上最受欢迎的图书。碧翠克斯出生于1866年。当时照相术已经在伦敦流行。照片记录了她的真性情。她喜欢抱着兔子玩偶照相。家人经常看到她独自与玩偶对话，玩各种游戏。她像遛狗那样牵着兔子四处溜达。碧翠克斯早年住在南肯辛顿博尔顿花园2号。律师出身的父亲重视子女教育。他送儿子去寄宿学校读书，给女儿安排了私教，在家里学习语言、文学、科学和历史。

碧翠克斯喜爱涂鸦，善于观察。她养的宠物包括青蛙、蝾螈，还有两只兔子，叫本杰明和彼得。她从兔子和鸭子的角度仰脸看人，从中找到了极大乐趣。兔子看似天真，眼睛里总游移着一丝警惕。他们喜欢挖洞和独立生活，却又头脑简单。1890年，碧翠克斯在画兔子时来了灵感，为什么不给兔子穿上服装呢？那可能更有乐趣吧。这种新颖的兔子造型吸引了希尔特海姆和福克纳出版公司（Hildesheimer and Faulkner）。当年圣诞节前，该公司花6英镑买了这些颇有创意的兔子图画，印制成了圣诞卡，在市场上十分畅销。

彼得兔的故事也是偶然之作。碧翠克斯和她的家庭老师安妮年龄相仿，两人十分要好。安妮的儿子诺埃尔（Noel）时常生病。1893年，碧翠克斯随父母到苏格兰度假时，还惦念着生病的诺埃尔，于是给他写了一封信：亲爱的诺埃尔，我不晓得该给你写点啥。我就给你讲四只兔子的故事吧，他们是耷拉耳兔、邋遢兔、棉尾兔和彼得兔。碧翠克斯还在信件中画了兔子和小动物。安妮看到信件后，一眼认定这是特别棒的儿童启蒙读物。她建议碧翠克斯联系出版商。

1901年，碧翠克斯依然沉浸在绘画中，她也希望自己的绘画获得社会认可。她尝试着联系了几个出版公司，未得到积极反馈。35岁的碧翠克斯不差钱，她自费印刷了《彼得兔的故事》，当礼物送给亲朋好友。波

英国风物记  A Cultural Guide to the British

▲ 波特在湖区的写生图

特家族的世交卡侬·罗恩斯利（Canon Rawnsley）十分欣赏这本插图童话，推荐给了伦敦出版界的好友。罗恩斯利是湖区的牧师。他一直反对工业项目对湖区环境的污染。1895年，他与律师罗伯特·亨特爵士（Sir Robert Hunter）、奥克塔维亚·希尔（Octavia Hill）等人组建了国民信托组织（National Trust），保护自然环境和文化遗产，以及乡间民居。这一环保理念影响了碧翠克斯的后半生，并成为忠实的践行者。

伦敦的沃恩出版公司（Frederick Warne & Co）收到这本插图童话后，担心不好销售，便搁置下来。第二年，该出版公司尝试开发儿童图书市场，决定出版小开本的"兔子书"。图书编辑诺曼·沃恩与碧翠克斯合作，用三原色制版出版了《彼得兔的故事》，引发了儿童们的热烈反应。碧翠克斯与编辑诺曼·沃恩萌发了爱情，两人私下交换戒指，誓言相爱一生。出乎意料，诺曼·沃恩在一个月后猝然死于白血病。碧翠克斯伤心欲绝，只好去湖区散心。她16岁时曾随父母来这里度假，并喜欢上了这里。

1905年，碧翠克斯来到湖区的索瑞村后，用《彼得兔的故事》的版税买下了丘顶农场（Top Hill）。这本书两年之内销售了5万本。丘顶农场是一个典型的湖区农舍。农舍建于17世纪末。碧翠克斯讲究生活品位，她入住前对农舍进行全面改造，添置了橡木和红木家具。她18岁在牛津逛古玩店时曾萌生过一个愿望："等我有了自己的房子后，一定要摆上老式家具。餐厅里要有橡木餐桌，客厅里摆放齐本德尔式家具。它们不像现代家具那么昂贵，但做工更精致耐用。"碧翠克斯喜欢收藏瓷器摆件，把它们收藏在自己的"百宝格"里。

碧翠克斯把丘顶农场和乡村场景都画进她的童话故事里。《馅饼与小肉饼盘子》里的农舍、石板储物室、邮局、猫和狗等，都取材自索瑞村。《生姜和咸菜》取自索瑞村史密斯巷拐角的小店铺。《汤姆小猫的故事》背

第三辑 游走与凝视

景取自丘顶农场的花园。碧翠克斯把丘顶农场划分成菜园、花卉园、牧场和果园。花卉园里有水仙、虎耳草、紫丁香、倒挂金钟、夹竹桃、百合和杜鹃等。她在菜园与牧场中间支起木架，让绿藤爬满木架，视野之内便有了错落对比。她把路径和木栅栏缩到最窄，让牧场显得更宽阔。这些过程给她带来了很多创作灵感。在她的童话故事里，乡民的聊天和生活被置换成了猫、狗和兔子等。当这些小动物有了人的表情、心理和行为时，它们实际上在演绎人间故事。图画是想象力的支点，会让故事变得好玩、有趣生动。1905~1913年，碧翠克斯在丘顶农场撰写了9部童话故事。

碧翠克斯喜欢写生。她画笔下的农舍结构和陈设，真实记录了传统农舍的模样：壁炉架上方是茶叶盒，这可以避免茶叶受潮后变质。一束草药悬垂屋顶，能够净化空气。维多利亚式躺椅上放着松软的大垫子。种有天竺葵和风铃草的花盆摆放在窗台上。她喜欢这里的一切，直到46岁时，碧翠克斯在湖区依然过着单身生活。每当她返回伦敦时，她便委托乡村律师威廉·希利斯（William Heelis）照料她的房产。希利斯性格温和，富有耐心。碧翠克斯逐渐感到希利斯是可以托付终身的人。希利斯很早就喜欢上了这位伦敦才女。1912年夏天，碧翠克斯答应了希利斯的求婚。两人在1913年10月前往伦敦，在肯辛顿的圣玛丽·阿波茨教堂（St Mary

▼ 丘顶农场的外景

英国风物记  A Cultural Guide to the British

Abbots）举行了婚礼。她在婚后出版了《小猪布兰德的故事》，里面有两只小猪携手走过小桥，那便是她与丈夫的快乐写照。

回到湖区后，他们选择在城堡农场（Castle Farm）居住。她在传统乡村的保护上花费了大量精力，仅出版了四本新的童话故事。1912年，她听说温德米尔湖东岸准备建造水上飞机后，担心这个项目会影响动物迁徙和环境。她投书《乡村生活》杂志，抗议这个项目上马。她与华兹华斯、骚塞等人联名，反对任何破坏湖区原始生态的项目和建设。她买下那些破败的农舍，用传统工艺修缮。在当地拍卖会上，她频频举牌，拍得了很多古旧家具和瓷器。这些乡村老物件都出现在了她的童话故事里。纺车、藤条椅出现在了《三只小老鼠坐下来纺线》中。她收藏的爱德华七世加冕纪念茶壶，出现在了《馅饼与小肉饼盘子》里。碧翠克斯从小动物身上看到了朴素人性，从湖区看到了社会变迁对居住环境的影响，这促使她竭尽全力保护了湖区的传统模样。

"一战"后，英国的工业化进程加快。碧翠克斯逐渐扩大了保护范围。1923年，当她听说特劳贝克帕克农场（Troutbeck Park Farm）要拍卖时，她连忙赶了过去，花巨资买了下来，阻止开发商对这个农场的开发。这个农场位于谷底，面积6平方千米，有建于17世纪的农舍和双层谷仓。碧翠克斯以此农场为背景创作了《精灵大篷车》。她喜欢在这里散步，聆听昆虫在青草里低语。她从宁谧环境中吸取着淳朴和快乐，把它们呈现在自己的童话故事里。1930年，碧翠克斯买下了蒙克·柯尼斯顿庄园（Monk Coniston Estate）。这个庄园包括兰开夏郡西北地区的多个农场，风景优美的塔豪斯湖（Tarn Hows）也在其中。所有资金都是来自她的稿费和版税。

碧翠克斯还出资培育了2000多只纯种黑德威克羊（Herdwick）。这种绵羊的商业价值不高，羊毛粗，肉质偏硬。当地牧羊人都在换新品种。碧翠克斯认为黑德威克绵羊是湖区文化遗产的一部分，不应该让它们灭绝。为了筹集资金，碧翠克斯前往伦敦，为彼得兔申请了玩偶专利。她也因此成了世界上第一位为玩偶申请专利的作家。她养的黑德维克羊在当地比赛中赢得了多项第一名。在碧翠克斯和湖区诗人的努力下，国民信托组织从一个环保观念，演变成了保护湖区和景观价值的慈善组织。其影响力从湖区扩展到全英格兰，成为拯救文化遗产的最重要机构。该机构总部就是以碧翠克斯的丈夫姓氏希利斯（Heelis）命名的，以示对他们希利斯夫妇的尊重。

长期操劳使碧翠克斯的视力出了问题，身体更加糟糕。她知道自己将走向生命尽头，开始把自己购置的农田、农场和农舍委托丈夫捐赠给国民信托组织，共计有14个农场，20多座农舍，还有2000多头牛羊，总面积超过了16平方千米。1943年12月22日，碧翠克斯签署了索瑞村两座农舍的转让协议后，因肺炎和心脏病发作，当天就去世了。根据她的遗嘱，她的骨灰埋在湖区内的隐秘地点，不留任何记号。负责掩埋骨灰的农夫托姆·斯托利（Tom Storey）是她的朋友和雇员，至死也没有向外人透露半点线索。直到现在，无人知晓她的骨灰埋葬何处。当风吹过这里的草木时，有人说这是她的灵魂在巡视。

一年后，她的丈夫希利斯去世，希利斯也把自己名下的财产捐赠给了国民信托组织，有3个农场，3座农舍和律师事务所。1985年，她丈夫的律师事务所改成了碧翠克斯·波特画廊（Beatrix Potter Gallery）。这幢17世纪的石头建筑，基本保持希利斯居住的模样。阿米特图书馆（Armitt Library）收藏有碧翠克斯描绘的真菌水彩图。在长期观察植物中，碧翠克斯首先发现了地衣是藻类与真菌组成的共生植物。她为此描绘了270多幅地衣和真菌图，并最终获得了英国皇家协会的认可。根据碧翠克斯的生前遗嘱，她只保留下了丘顶农场，所有起居陈设原封不动。丘顶农场于1946年向公众开放。

英国文人有很强的社会责任感和参与意识，也有行动力。诗人拜伦自费跑到希腊，参加了那里的民族解放运动，最后病死于希腊。小说家乔治·奥威尔曾去西班牙参加反法西斯战争。在环境保护上，碧翠克斯超越了古往今来的文豪巨匠。她对环保的远见和努力，堪称精英群体的楷模。她还是欧洲环保运动的最重要先驱。她的超前环保意识和亲力亲为，成就了独特的环保样本，保护了湖区自然文化遗产，也让后人看到了一座维多利亚时期的伊甸园。

英国风物记  A Cultural Guide to the British

城堡探秘

英国城堡厚重且冷硬，不仅影响了国民性情，也深嵌入其思维模式里。英国有"家是城堡"的说法。当你登临城堡时，你才能感受到其生动比喻。沟壑、吊桥和石墙构成了道道防御系统。当火药在 14 世纪引入英国后，城堡防御失去了优势。贵族们纷纷走出城堡，抖落一身的湿气，开始建造宽大明亮的宫殿。不忍舍弃城堡的贵族们，开始对城堡内部进行装修，墙壁上镶嵌上了带花纹的护壁板，悬挂着土耳其毛毯。有些城堡主人无力维护庞大的城堡，只得交给国民信托组织来管理，更有多座城堡倾颓在旷野里。

古堡是战略要塞

古堡通常都坐落在制高点，俯瞰周围环境，在战争中易守难攻。诺曼人在 1066 年征服英格兰之前，英格兰境内已经有了十几座城堡。这些土堆夯筑的城堡主要建造于英王爱德华时期，四周捆扎着防御性围栏，中心建筑是塔楼。主堡旁边是外庭，里面驻有武装人员，用栈桥或吊桥与主堡勾连。这些土木结构的城堡并不坚固。

诺曼底公爵威廉与英王爱德华有血缘关系，爱德华曾允诺传王位给威廉。当爱德华在 1066 年病故后，英格兰的贤人议会推举英格兰贵族哈罗德为新国王。这惹怒了诺曼底公爵，经过半年的准备，威廉率 7000 军人渡海西征，击溃了哈罗德统帅的英军，登上了英格兰王位。他把大片土地分封给亲信。这些亲信建造石头堡垒，镇守英格兰的疆土。这也是为什么早期英国贵族都讲法语的缘故。第一座石头城堡是在1067年建造的切普斯托堡（Chepstow Castle），位于英格兰与威尔士交界的万伊河附近。1096年，镇守英格兰北部边境的伊夫斯（Yves de Vescy）建造了安尼克堡（Alnwick Castle）。后来，第一代珀西男爵亨利·珀西（Henry de Percy，1273—1314）购得安尼克堡，将古堡改造为半圆形堡垒。阿博特塔、中门、巡视塔基本保持着12世纪的模样。珀西家族一直生活在里面。电影《哈利·波特》和电视连续剧《唐顿庄园》都曾经在这里取景拍摄。

截止到1100年，英格兰乡村的战略要塞，已经建立起了大小500座城堡，它们是权势的象征，也是军事据点。中世纪的战争都围绕着城堡进行。城堡中的防御体系由城墙、壕沟、吊桥和堡垒组成。壕沟上有吊桥，大门是橡木做成，外包铁皮和铁钉。大门上方有两座塔楼，上面有观察孔和射击口。守军主要从堡垒上用弩弓、威尔士长弓和石块来阻击敌人靠近城堡。由于城堡易守难攻，进攻一方基本都是通过智取和心理战，如通过

▼ 位于城市制高点的爱丁堡城堡

英国风物记  A Cultural Guide to the British

传递假情报让城堡主人上当，或让骑士化装成商人潜入城堡。通过收买城堡里面的人员，来获得内部情况，再制定进攻策略。进攻的武器主要是石弩，通过杠杆作用，把大块石头或烧红的铁块甩到城堡里面，打击城堡里面的士气。在进攻的同时，一些士兵设法填平一段壕沟。在木轮高台的掩护下靠近城墙根，木轮高台上裹着浸湿的兽皮，不容易被城堡上投下来的火焰点燃。一旦接近城墙根后，就在城墙上凿洞，或挖地道进入。最后，双方基本是贴身肉搏战斗。

最笨也是最有效的攻克城堡方法是围而不打。迫使城堡主人弹尽粮绝后自动打开城门。这需要半年至一年的时间。城堡储备有粮食，饲养家禽和牲畜。这些粮食和禽蛋可以供城堡内 60 人吃上一年。对于城堡主人来说，只要有水源，就有坚持下去的勇气。所以城堡都建在水源充沛的地方。城堡内不仅有水井，还可以从附近河流取水，引山泉进入城堡。当水源被切断后，城堡内的人首先会把酒当水喝，用酒制作面包。酒用完后，就开始杀掉牲畜，喝牲畜的血。如果敌人依然围困城堡，他们至多再坚持三天。城堡内建有外逃暗道。很多贵族并不逃走，他们像古罗马元老院的议员那样，把自己的长袍整理干净，端坐在椅子上，毫无祈求地接受死亡的到来。这被视为尊贵和高尚的行为。

进入 13 世纪后，建筑工程技术有了巨大进步，同时枪炮也更加先进。为了防止敌人用抛石机进攻城墙，城堡外墙改造为椭圆或圆形，城墙逐渐加厚，厚度达 6 米多，温莎城堡的城墙厚达 7 米多。火药在 14 世纪从欧洲大陆引入英国，在火炮的轰击下，城堡几乎失去了防御能力。在玫瑰战争中，英格兰东北海岸的班堡（Bamburgh Castle）被白玫

▲ 四面环水的利兹城堡

瑰家族的理查·内维尔（Richard Neville）围困了9个月，城堡主人依然在抵抗，最后被火炮攻陷。这也是英格兰历史上第一座被火炮攻陷的城堡。国王把这座城堡赏赐给了约翰·弗斯特爵士（Sir John Forster）。弗斯特家族在1700年破产。城堡几经易手后，被维多利亚时代的

▲ 城堡上的火炮表演

实业家威廉·阿姆斯特朗（William Armstrong）买下。现在城堡仍然属于阿姆斯特朗家族，部分城堡向公众开放，承办婚礼和宴会，以维持城堡维修的庞大开支。

当战争硝烟已经散去，古堡成了文化遗产和人文景观。完整的中世纪城堡有华威克堡、温莎堡、安尼克堡等。当年为了控制威尔士，爱德华一世敕令在英格兰西南边境修建了多座城堡，形成了"防御铁环"。卡那封城堡（Caernarfon Castle）是"防御铁环"的重要一环。高大的城墙模仿了君士坦丁堡的建筑风格，由多边形角楼加固。从爱德华一世开始，英国王室就有了在卡那封城堡宣布王储的传统。据说，爱德华一世接受威尔士贵族的苛刻要求，同意由一位威尔士亲王管理威尔士。这位亲王必须在威尔士出生，不讲英语，平生说的第一句话必须是威尔士语。这个几乎不可能实现的苛刻要求被爱德华一世轻松化解。他把即将分娩的王后接到威尔士。儿子降生后不久，他把儿子抱在威尔士贵族面前说，我的儿子出生在威尔士，他说的第一句话将是威尔士语。这位王子便是第一位"威尔士亲王"爱德华二世。此后英国王室总是把"威尔士亲王"的头衔赐给长子。这个头衔就成了"英国王储"的同义词。1969年，伊丽莎白二世的长子查尔斯在这里获封威尔士亲王头衔。

英国风物记  A Cultural Guide to the British

城堡内的生活

城堡也是中世纪贵族的生活居所。城堡内主楼的设计，充分考虑到了日常生活的需要。大厅地面是夯实的硬土或石板。大厅里的墙壁用石膏抹平，或涂上白粉。上面描绘出红色图案。装饰护板采用冷杉木，竖起的木板也涂有白色，再描绘出图案。图案五花八门，有的描绘有圣经故事，有的是花卉图案。

城堡内比较阴冷。墙壁上钉上毛线毯或亚麻织毯，既有装饰效果，也能起到挡风和保温作用。这些挂毯还有秘密功用，就是遮盖墙体上的窥视孔。主人掀开挂毯一角，可以窥看外面动静。城堡一楼是主人的活动中心，也是会客厅和餐厅。到了晚上，城堡主人就睡着大厅一角。床的四周围拢着布幔，既能保护隐私，也能挡住穿堂风。随着城堡的扩大和格局改进，主人的寝室搬到了二楼。第三层是阁楼，女儿和儿子分别住在阁楼两侧。主人寝室最大，床铺采用的是橡木框架，铺面是由亚麻或皮条编织而成，以增加床铺弹性，上面是羽绒床垫，然后是床单、被子和枕头，最上面是床罩。床铺四周依然围着亚麻布帘。城堡主人和妻子并不总睡在一张床上。妻子有自己的床铺，有侍女陪伴。白天，男孩子学习骑射狩猎，击

▼城堡里的挂毯

剑下棋。女孩子学习拉丁文、唱歌和刺绣。贵族家的女儿在 12 岁就要谈婚论嫁，一般在 14 岁出嫁，在 20 岁时已经成了几个孩子的母亲。30 多岁时就会成为

▲中世纪的贵族女子在制作装饰品（情景再现场景）

祖母。不乐意出嫁的女子，只能进入修道院，在那里终老一生。

　　历史学家告诉我，中世纪的人们习惯裸睡，贵族也是如此。他们起床后用冷水洗脸，然后穿衣装扮。男女主人一般都是三件套。第一件是长袖束腰衣服，从头上套下去，宽大的领口在脖子处收紧，然后用领针系紧，再穿上袖子宽松的外衣，宽带束腰，最后是斗篷，领口收紧，再别上一枚领针。在室内，男女都喜欢用亚麻布包住头发，外出时则要戴上帽子。随着物质生活的丰富，不同等级的贵族在衣着穿戴上也有档次区别。根据 1336 年的规定，年收入不少于 100 镑的贵族、教士和骑士才可以穿裘皮大衣。1363 年颁布的《限制奢侈消费法》(The English Sumptuary Law)规定，最高等级的贵族才可以穿细羊毛织物、细亚麻布和丝绸。伯爵和贵族的服饰要明显不同于骑士的装束。骑士的装束也必须与乡绅服饰区别开来。

　　很多城堡都保留着中世纪的饮食档案。早餐通常是面包和黄油，外加一杯葡萄酒或麦芽啤酒。盐和糖都是昂贵的作料。当时餐桌上还没有餐叉，只有餐刀和盘子。用刀子切面包和肉，用手指拿着吃。午餐时间在 10—12 点。头一道是汤，喝汤时佐以面包，然后用面包擦干盘子里的汤汁。第二道是煮蔬菜和肉。当时保存肉的方法是烟熏和盐腌。人们把海盐捣成粉末，涂抹在鲜肉上，可以延长肉的保质期。另一种方式是把肉泡在盐水中。吃时需要先在清水里排出盐分，用清水煮熟。煮肉的调味品有

葱、姜、胡椒、藏红花、丁香和肉桂等。这些香料价格昂贵，它们既起到调味作用，还可以掩盖腐肉的味道。饮料有葡萄酒和麦芽啤酒。葡萄酒来自法国的波尔多。在13世纪，法国的波尔多处于英格兰国王的管辖范围。英国当时只生产麦芽啤酒。许多庄园都种植有大麦、小麦和燕麦，每年收获之后，各个庄园都会酿制啤酒，然后贮存在城堡里，随喝随取。晚餐有汤和两三道菜、面包和肉食。

英国美食少，除了气候和土壤因素外，英国饮食还受到了传统医学的抑制。依据传统医学理论：人的健康是四种因素（液体）相对平衡的结果。这四种液体是血液、胆汁、黏液和抑郁汁（黑胆汁）。它们依次代表人体的热、冷、湿、干。一旦四种体液失调，人就会得病。医生需要采取放血来治病，用草药等方法进行调理。他们认为，维持四种体液平衡的主要方式是合理膳食，既不能暴饮暴吃，也不能随意品尝各种野味和草本植物的根茎和叶子。这体现了英国人在饮食上的谨慎态度，也就抑制了他们对美食的追求和舌尖上的欲望。

到了晚上，全家人会围着壁炉讲故事、唱歌、吟诗或游戏。室内主要用蜡烛或动物油脂照明，蜡烛放在枝状的烛台里，或放在墙壁伸出的支架上。蜡烛是用羊油制成。亚麻线上浇上滚热的羊油，然后慢慢凝固，反复操作，就成了蜡烛。这种蜡烛散发出一股羊油味。比较高级的蜡烛用蜂蜡制作。动物脂油通常放在铁碗内，从屋顶上悬挂下来，具有较好的照明效果。活动之后是就寝时间。夜深人静后，城堡里一片沉寂，只有守夜人的走动声。天空上的一轮圆月，给灰色石墙带来清冷色调。

13世纪以后，随着财富增加和隐私意识的提高，许多城堡主人对楼房布局进行了重新设计和改造，寝室的私密性有了很大提高。壁炉的供暖设施更完善。厕所建造在寝室附近，当时只有蹲坑式，直接把粪便通过泄水孔排到城墙外。有的蹲坑连接着木槽，便于把排泄物输送到城堡外面的河湖中。人们用各种干草擦屁股。佣人用收集的雨水或厨房里的泔水来冲洗厕所。尽管这种厕所不太卫生，当时却有一个隐晦的名字——"衣帽间"（garderobe）。

城堡里是一个小社会。除了主人和家属外，还有守卫人员和家臣，少则三四十人，多则上百人。守卫人员是骑士、士兵、守门人和巡夜者。家臣包括仆人和管理人员。总管负责大厅的各类事务。牧师负责小教堂和礼拜祭祀等宗教活动。仆人负责管理和打扫房间，还有专门负责服饰、膳食的人。他们必须注意卫生，否则有可能传染疾病。洗衣工在水盆中加入草木灰水、烧碱，这样可以把衣服洗得更干净。洗衣工不停地捶打衣服，捞出后拧干，晾晒在院子里。院子里都有花园，里面种植着罗勒、罂粟、驴蹄草、雏菊、薄荷、艾菊、紫罗兰、薰衣草等。墙根下种植着爬藤植物，牲畜和猫狗粪都是上等肥料。有的在花园里建有小池塘，主要养殖鲑鱼。到了夏天，城堡里总是弥漫着花香和牲畜粪便的混合气息。

衰落与延续

同骑士阶层一样，城堡在社会演进中走向了衰落。很多城堡主人走出湿冷的城堡，在乡村盖起了宽敞明亮的宫殿。到了16—17世纪，几乎所有的城堡贵族都住进了庄园宅邸和宫殿内。这些建筑是以生活为目的建造的，布局更加合理和人性化。宅邸典雅讲究，墙壁上挂着油画，屋顶上有浮雕图案，地上铺满大理石。宫殿外有草坪和花园，林木茂密。

少数贵族仍然居住在城堡里。城堡里的起居室都按着当代人的生活标准进行了装修，甚至增加了空调设备。安尼克堡是尚有人居住的英国第二大城堡，仅次于温莎堡。1572年，第7代诺森伯兰伯爵（Earl of

▼贵族城堡里喜欢用兵器装饰墙壁

Northumberland）托马斯·珀西被处死后，珀西家族一度搬离了这个城堡。珀西家族的最后一位继承人是伊丽莎白·珀西（1667—1722）。她嫁给了第7代萨默塞特公爵阿尔杰农·西摩。他们的女儿伊丽莎白·西摩继承了母亲财产，拥有了整个安尼克堡。伊丽莎白·西摩在1740年嫁给了休·史密森。根据财产继承法的特别条款，只有休·史密森改姓珀西后，才能继承和掌管家族财产。休·史密森更名为休·珀西。他作为伊丽莎白·西摩的丈夫，在岳父去世后继承了诺森伯兰伯爵头衔，并在1766年获封第1代诺森伯兰公爵。

第4代诺森伯兰公爵阿尔杰农·珀西（Algernon Percy，1792—1865）热爱艺术，是一位有鉴赏力的艺术品收藏家。他邀请园艺师和画家参与了古堡的改扩建工程。其中就有画家凡·戴克、英国园艺大师兰斯洛特·布朗。布朗设计了古堡北侧的两个公园。较小的公园横跨安河，被称为牧场公园，是典型的英格兰公园。古堡从外观看朴素无华，内部采用了文艺复兴时期的宫廷式装饰。红色会客厅和图书室是古堡中的重建项目。图书室位于塔楼一层，嵌有枫木的橡木书架上摆放着成排书籍。第4代诺森伯兰公爵痴迷于航海和考古，此类书籍占据了重要一部分。

维护一座城堡耗资巨大，还有许多意想不到的巨额开支。2012年，纽卡斯尔暴发洪水，对安尼克堡造成了破坏，部分建筑坍塌。其修复费用高达1200万英镑。第12代诺森伯兰公爵不得不通过拍卖祖传艺术品来筹措维修经费，共拍卖了价值1500万英镑的祖传古董。这些古董在古堡中已经收藏了500多年。其中有艺术大师的油画、伊丽莎白一世签字的信函、家具、手稿和孤本图书。它们是古堡历史的重要见证。

第三辑　**游走与凝视**

庄园与遗产

庄园通常建在草地林木中间，靠近池塘河流，有一个幽静隐蔽的环境。这与位于制高点上的城堡格局形成鲜明对比。绕过草地，穿过林木后，才会看到庄园宅邸的气势和精致。这是一个自成体系的小社会。现在庄园宅邸基本都对外开放，以获取维修和保护费用。游客参观时，站在二楼的窗户前眺望，远处是水池和林木花园，远疏近密，曲径通幽。庄园宅邸在规格上低于城堡，却是生活和休闲的中心。

格局和生活

庄园是封建领地体系中的基本单位。1066年诺曼人征服英格兰后，国王威廉一世没收了盎格鲁—撒克逊贵族的土地。他把大量土地赏赐给亲信。这些亲信宣誓效忠英王。他们在近水之地建造起了宅邸。这是庄园的最初格局。中世纪以前的庄园都建有防御设施，有警卫门房、岗楼，甚至壕沟和吊桥。玫瑰战争后，社会趋向安定，国民心态也从防御转向开放，防御系统逐渐弱化。花园、池塘、草坪和雕塑成了庄园标配。亨利八世在推行新教过程中，把天主教修道院的地产据为己有，或赏赐给贵族。很多贵族和庄园主趁机购买土地，利用修道院的石材，建造了豪华宅邸。书房、舞厅和餐厅在建筑内部占有突出位置。

那些历尽战争劫难依然矗立的庄园，成了最具英国文化特征的符号。

英国风物记  A Cultural Guide to the British

位于诺丁汉郡的纽斯泰德庄园（Newstead Abbey）是浪漫派诗人拜伦继承的祖宅，这座哥特式建筑占地 300 英亩。1540 年，亨利八世册封约翰·拜伦为男爵后，把当地的修道院赏赐给他。约翰·拜伦用修道院的石材，建造了这座奢华庄园。残破的修道院西墙依然矗立着，上面有精致的纹饰。庄园几经扩建，延续到了 18 世纪。诗人拜伦的大伯无子嗣，去世后把世袭爵位和田产传给了拜伦。拜伦住进这座庄园时，宅邸已经相当破败。经过一番修缮，庄园逐渐恢复了其奢华气派。四周的田野林木充满野趣。

布莱尼姆宫（Blenheim Palace）是巴洛克式庄园。英国首相温斯顿·丘吉尔就诞生在这里，它也因此被称为丘吉尔庄园。这是建筑大师约翰·范布勒于 1705~1722 年完成的代表作，借鉴了巴黎凡尔赛宫的建筑风格和园林设计。其设计理念是左右对称、庄重雄伟。建筑的侧翼高于中轴线上的门廊，形成高低错落的轮廓线。多柱式结构造成的光影使建筑有跃动感。从庭院向远处望去，起伏辽阔的绿地上矗立着古典雕塑。1764 年，园林设计师兰斯洛特·布朗重新规划设计了花园，使庭院和园林形成了一个和谐整体。

查兹沃斯庄园（Chatsworth House）地处英格兰北部峰区国家公园内。

▼丘吉尔庄园内的园林风格

最早的庄园主伊丽莎白·哈德威克是苏格兰女王玛丽、英格兰女王伊丽莎白一世的闺蜜。这两位相互敌视的女王，分别是她两个儿子的教母。伊丽莎白·哈德威克也是王室外最富有的女人。这奠定了查

▲ 查兹沃斯庄园

兹沃斯庄园宏大和奢华的风格。我在巴斯洛小镇（Barslow）停好车，同游客一起沿着德文特河行走，就进入了庄园领地。庄园领地里有1000英亩的牧场，还有105英亩花园。走过长长的甬道，跨过石桥，我们停在河流南岸，从这里可以看到宅邸的正面。这座新古典主义风格的建筑，给人一种对称、端庄和高贵的美感。在2005年版电影《傲慢与偏见》中，男主角达西先生的家就选在了这个庄园。当伊丽莎白来到达西家的雕像馆时，第一次看到如此多的精美雕像，心情变得复杂起来。庄园附近有人造瀑布和石亭。电影中的达西先生就是在这里向伊丽莎白求爱的。

这座有着500多年历史的庄园属于卡文迪什家族，定期向公众开放。进入宅邸正门，迎面就是挑高两层的大厅，墙壁上挂着油画，大理石雕像依墙而立，天花板上描绘着精致图案。贵族家庭的优雅奢华氛围，顷刻就会包围住你，让你情不自禁地挺直腰板，努力适应周围环境的典雅高贵。踏着地毯走上二楼，在限定参观的区域中有书房和餐厅。书房铺着玫瑰色地毯，厚重的书桌位于书房中间，书架占据了两面墙，天花板有精雕细琢的装饰画。餐厅的墙上挂着油画，说明贵族喜欢少油烟的饮食。水晶灯从天花板垂挂下来，烛台餐具锃光发亮。维多利亚女王的成人晚宴就在这里举行。整座建筑有297个独立房间，有112个壁炉、68个卫生间、26个盥洗室、32个厨房和操作间以及1000多米长的走廊。在参观时，我看到

一些破损的地毯、丝线脱落的挂毯。它们并不显得寒酸，反而传递出久远的信息。

庄园宅邸十分华丽和壮观，贵族们的饮食却简单寡淡。厨师和面包师负责制作各种食物，主要有面包、啤酒、蔬菜和肉食。厨房里最贵的是香料，有胡椒、肉桂、丁香、肉豆蔻、姜黄和生姜等。这些香料贩自印度，经过长途贩运和各项税收后变成了奢侈品。贵族的餐桌上离不开香料。他们还把多余的肉涂上香料，延长保存期。香料还被当作药材。在麦芽啤酒中加入一小撮香料，混合后饮下有驱寒作用。野味是他们饮食的重要补充。14世纪以后，猎杀鹿、野猪、野兔、松鸡和野鸡是贵族的特权。1671年的狩猎法放宽了限制。凡是年收入100镑以上的自耕农、产值不低于150镑的佃农都可以狩猎。到了春天，田埂上的野菜，山楂树的嫩叶，都是新鲜绿叶菜。这不仅能改善人们的生活，也可以防止他们患上坏血病。

土地贵族们爱喝酒。当时有麦芽啤酒、苹果酒、梨酒和蜂蜜酒。自从威廉一世登基后，贵族们可以经常喝到法国葡萄酒。这甚至成为了贵族身份的象征。当亨利二世与阿基坦的埃莉诺（法王路易七世的前妻）联姻后，英格兰贵族开始大量饮用法国葡萄酒。法国的酿酒技术已经很高，当时长期贮存和运输方式比较落后。有些葡萄酒用木桶运到英格兰后，已经浑浊发酸。法国外交家彼得（Peter of Blois）在一封信中描述了英格兰王宫中喝葡萄酒的窘境："我有时看到那些了不起的贵族们喝着浑浊的葡萄酒，一个人不得不闭眼咬牙，嘴巴歪斜，身体颤抖着，用牙齿把葡萄酒过滤到嗓子眼里，而不是喝下去的。"彼得曾经在国王亨利二世的宫廷里服务。这种描述应该是真实可信的。

庄园管理

庄园里等级分明，庄园主处于金字塔的顶端。其次是庄园管家。管家协助庄园主管理整个庄园事务，包括巡查地界和账目收支等。佃农是主要技术劳动力。他们为庄园主提供劳役，照料牲畜和维修房屋等，一周为庄园主劳作三四天。农奴（维兰）处于最底层，他们被各种契税捆绑在庄园土地上，缺乏基本的自由。庄园主每年付给他们少量工资或谷物。如果农奴的女儿出嫁，还必须给庄园主一笔钱；农奴在市场上卖自家牲口，也必须把部分收入转给庄园主。历史学家认为，佃农和农奴的负担很重，除了维持生计外，还要向教堂缴纳什一税。在礼拜日能得到一天的休息，是他们心灵的最大安抚。

庄园主拥有庄园里的所有土地。这些土地分为自营地、公田和荒地。自营地是庄园主的专属土地，土地上生长的粮食和蔬菜专供庄园主一家享用。公田源自早期的公田制，村民有权在公田上放牧牛羊。牛羊提供奶和肉，绵羊提供羊毛。这些都是农民生活的必需品。随着农村人口增多，公田被庄园主开辟成了条田，由佃农们统一耕作和收获，这是佃农的一年口粮。荒地位于森林边缘。开垦者每年向庄园主交少量租金，就可以进行开垦，在荒地上种出来的粮食归自己所有。

除了售卖林木、剩余的粮食和矿产外，庄园主的另一项收入来自垄断性经营权，如把磨坊出租给磨坊主。农民把自己家麦子拉到磨坊加工。磨坊主会扣留 1/16~1/24 的麦子，作为加工费。磨坊主最能赚钱，却也最招人恨。磨坊主在称重量时，经常克扣斤两，甚至把农民带来的优质小麦，替换成次等小麦。当时英格兰乡村流行这样一个谜语："什么是天底下最大胆的事？"答曰："磨坊主的内衣，它每天都罩着一个贼。"农民没有选择磨坊的自由。一旦农民去其他地方磨面，就要被庄园主课以罚金。

对于庄园内部的各种土地纠纷，主要通过庄园法庭来解决。每年春季和秋季，管家都要主持法庭审判，解决佃户间的纠纷，记录土地交易和继承问题，商讨租赁土地的价格等。其他事项包括调动村民为庄园主排涝抗旱和收割等。庄园主都要支付相应报酬，或给予特殊奖赏，如在晾晒干草结束后，庄园主允许打工者把一捆干草扛回家，凡是能用长柄大镰刀挑起来的干草，都归打工者所有。1348 年黑死病暴发后，乡村的劳动力变得短缺。劳力们首次看到了自身价值，妇女的地位也有了提高。他们都有了争取基本权利的资本。庄园主不得不拿出部分收益，来补贴男女劳动的工钱。工匠的酬劳增加了一倍。晚期的庄园法庭增设了佃户推选的陪审团，参与案件审案。这在一定程度上限制了庄园主的权利。

1349年后，商品经济的发展渗透到社会各个层面。庄园主不再让佃农服劳役，而是改为缴纳货币地租。庄园主再雇佣一帮短工。这可以为庄园主节省一大笔费用。很多佃农通过买卖小块土地积累了一定财富，后来发展成为租地农场主。土地走向了市场化后，从根本上瓦解了传统的庄园经济。庄园制在15世纪基本走到了尽头。议会通过法令将教会和衰败庄园的地产进行公开拍卖。这些地产落入资产新贵和乡绅手中。他们具有商业经营头脑。乡绅杰思罗·塔尔（Jethro Tull，1674—1741）发明了马拉耕具，提高了播种效率。汤森德勋爵（Lord Townshend，1675—1738）倡导四茬轮作制，使耕种作物多样化。很多乡绅进行牲畜改良，使得牛羊体重增加了一倍。自由人力市场随之形成。人们不需要特别的交流，牧羊人拿着一缕羊毛，女佣则拿着一个拖把，就可以找到工作。

农业耕作方法改良后，需要大面积的农田和牧场。18世纪的圈地运动，逐渐把零散耕地变成了农场和牧场。饲养奶牛和羊群，获取牛奶、黄油、奶酪、羊肉和羊毛，然后在市场上出售，获得的利润远高于粮食生产。圈地（Enclosure）是相对于中世纪的敞地（Open Field）而言的。在获得议会私人圈地令后，申请者便可把原来的敞地、自耕地和牧场圈占起来，以适应集约化经营。申请者需要有足够的资金支付给律师、测量员，还要出资建造围栏、道路和排水系统。这有利于大农场主。卖了土地的自耕农失去了赖以为生的资源，不得不前往城里谋生。这是农村土地所有权变革中最残酷的一章，却为工业革命的到来做好了人力和资源准备。

庄园主也把乡村里的贫困者作为慈善救助的对象，承担起了类似于家长制的庇护责任。1849年，第7代贝德福德公爵建造了500多座农舍，以低廉的价格出租给贫困家庭，缓解了农民的住房困境。贝德福德公爵还长期发放年金、抚恤金和善款，帮助庄园里的佣人和雇工改善生活。贵族家的女性会送给他们毛毯、煤炭或食物。特别是在圣诞节前夕，庄园里的慈善活动会让贫困家庭有几天开心的日子，以换取依附者的忠诚和顺从。庄园里的神职人员也会鼓励贫苦人家去教堂领圣餐，接受灵魂的洗礼。

文化遗产

18世纪是庄园的最后黄金岁月。随着工业革命催生出大批产业工人，商人登上政治舞台，贵族开始走下坡路。1909年，下议院通过了对富人征收重税的条例，贵族们组成的上议院拒绝通过此项法案。这最终导致了1911年《议会法》的出台，上议院最终失去了否决权。两次世界大战期间，大量青壮年劳动力死于战场，庄园失去了廉价劳动力。政府征收的遗产税高达60%。这让贵族们不堪重负。很多贵族忍痛放弃了家族庄园，任其荒芜毁坏。在20世纪，英格兰约有1200座庄园被拆毁，占全部庄园1/6。英格兰西部的什罗普郡有173座庄园，在1922~1934年有53座转手出售，还有221座贵族宅第被遗弃。

在19世纪末，一些知识分子已经意识到工业革命对文化遗产造成的破坏。社会改良学家奥克塔维亚·希尔和牧师卡侬·罗恩斯利等人在1895年成立了国民信托组织（National Trust）。这是注册的民间慈善组织，负责保护英格兰、威尔士等地的老建筑和文化遗产。许多庄园主把古堡和庄园转交给国民信托组织。罗斯柴尔德家族的沃德斯登庄园（Waddesdon Manor）是最奢华的英国庄园之一。这是费迪南男爵在1874~1889年修建的乡间别墅。他聘请了法国名建筑设计师，打造出了一座法国城堡式豪宅，里面摆满了17~18世纪的法国瓷器和家具、挂毯、地毯和文艺复兴时期的欧洲名画。费迪南临终前把庄园托付给妹妹爱丽丝。爱丽丝爱园如痴，一生未婚，她去世时把庄园交给了侄子詹姆斯。为了避免遗产税，詹姆斯在1957年把庄园和藏品悉数交给了国民信托组织。现在，全国有超过350座具有历史价值的庄园（包括绘画收藏、家具、书籍等）向公众开放，用门票收入和捐款进行修缮维护。全国有6.1万名志愿者参与到日常管理、接待、解说、打理花园等工作当中。

很多贵族乐意把庄园经营成一种生意。他们放下身段，让游客进入他们的私人领地。巴斯侯爵的郎利特庄园（Longleat Manor），是首个对外开放的庄园之一，也是英国最大的狩猎公园。该庄园是伊丽莎白一世时期的经典建筑，由设计大师罗伯特·斯密森在1568年设计，耗时12年建成。

英国风物记  A Cultural Guide to the British

庄园占地面积 9800 英亩，其中公园面积 900 英亩。现在的庄园主人是第 7 代巴斯侯爵亚历山大·泰恩（Alexander Thynn）。他的儿子西弗林·泰恩负责管理。旅游项目包括狩猎、走迷宫，还出租婚礼场地。

第 11 代德文郡公爵安德鲁不赞同郎利特庄园的那种经营模式。他要让游客们感受到真正的贵族文化。卡文迪什家族喜欢赛马，这是贵族最钟爱的比赛。除了每年 5 月举行的查兹沃斯国际马术比赛外，他们在 8 月还举办乡村游园会。很多传统项目只能在游园会上看到，如赛狗、钉马掌表演、古董车展。旋转木马是儿童的最爱。现场有 300 个摊位售卖土特产和手工艺品。他们还利用民众对公爵的敬重和信任，推出了公爵夫人牌果酱和公爵牌香肠，出售自产的有机蔬菜和农副产品。家族还经营着一家餐馆，公爵和夫人经常去餐馆就餐，品尝饭菜质量。这些项目都有可观收入。1981 年，公爵成立了查兹沃斯庄园基金会，把自家耕地、树林、荒原、河流、村庄和房地产都纳入基金会管理范围内，这可以更好地维护查兹沃斯历史建筑和遗产。这也是合理地规避遗产税的方式。

自 1960 年以后，民众的怀旧情绪渐浓。英国政府在 1968 年出台了《城镇和乡村规范法案》（Town and Country Planning Act），避免新建项目影响或破坏历史建筑和自然景观。1974 年在维多利亚和阿尔伯特博物馆举办的"毁去的庄园"展览，改变了民间对庄园的认识。随着民众生活的提高，人们日渐关注历史文化，爱护历史文物成了一种品德。在这一时期，古董店逐渐兴盛起来。民众开始收藏老物件。肯辛顿教堂街有多家古董家具店，里面古董家具和老式烛台散发着怀旧情调。经过了上百年的时光揉摩，它们变得温润光泽。站在这些古董面前，人的整个身心都会放松下来。这些古董家具、老式枝形吊灯、古典青铜烛台大都是出自庄园或破落的大户人家，它们本身也是贵族文化的一部分。

第三辑　游走与凝视

莎士比亚密码

英格兰的乡野，一年四季都有绿色。冬季是绿色的潜伏期，绿草一直趴在地上，通过根须吸收大地里的热能。当田野由淡绿转成墨绿时，就到了春天。水仙花迅速蹿高，一拨又一拨，花草竞相吐蕊展叶。白嘴鸦在高大树冠上筑巢。艾翁河里的天鹅平缓地划过水面。400多年前的一个春天，莎士比亚就站在河畔，呼吸着让人沉醉的春天气息。他陷入沉思和狂癫之中，像一名黑衣巫师。这是我想象中的莎士比亚。当我开车前往艾翁河畔的斯特拉福德（Stratford-upon-Avon）时，看到田野的一片春色，心中就浮现出了这样一个形象。

莎士比亚就是在这片土地和河流旁长大的。镇上的每一条街道，每一家书店，每一座雕塑，都有莎士比亚的名字。他的故居是这个小镇的心脏。这是一幢带阁楼的两层民居，用橡木搭建框架。框架之间填以石砖，然后抹上泥灰。这种泥灰是用麦秆、牛毛和黏土混合而成的。框架上涂着黑漆，泥砖墙刷上了白石灰，木架与墙面形成黑白对比效果。这是都铎时期的建筑风格。因长期风吹日晒，墙壁变成了灰褐色。粗大的橡木露出了原木纹理。屋顶上铺着红褐色的瓦片。当地有关部门还依据零星史料，重建了莎士比亚妻子安妮·海瑟薇的祖屋（Anne Hathaway's Cottage）、女儿女婿的荷尔农庄（Hall's Croft）、孙女婿的纳什居所（Nash's House），并对莎士比亚最后居住的新坊（New Place）遗址，进行了考古发掘和保护。

购票进入莎士比亚故居后，一位年长导游负责讲解，像谈论自家邻居

227

英国风物记  A Cultural Guide to the British

▲ 莎士比亚故居

一样:"莎士比亚是手工作坊老板的儿子,主要经营手套和皮革生意。莎士比亚的父亲识字不多,他总是在文件上作标记,而不是签署意见。他家的作坊也是居室,估计那种气味不大好闻。"他故意耸耸鼻子,通过狭窄的楼梯上到二楼。他又说,"这是莎士比亚父母的床,比较短。16 世纪的英国人不完全平躺着睡觉。当时是烧木柴取暖,房间里烟雾缭绕。平躺着睡觉容易造成呼吸障碍或窒息。当地还流行一种说法:魔鬼经常在深夜里潜入卧室。如果有人完全平躺着。魔鬼就以为他已经死去,会带走他的灵魂。半躺在床上会让人有一种安全感。"导游边说边从床铺底下拉出一个小木床,神秘兮兮地说,"嗯,莎士比亚小时候就睡在这张小木床上。你看,这种设计,比宜家卖的组合木床早了 4 个多世纪。"游客们笑了起来。参观完故居里面,游客都会来到后院。里面种植有花草藤类植物。庭院空地边缘有长座椅。两三位演员在站着聊天。到了演出时间,他们立刻穿着 16 世纪的服装,戴上假发,马上就进入了状态,表演一段莎剧。

年轻的莎士比亚性情敏感、放荡不羁。在帮助父亲整理皮具和梳理羊毛时,也爱听各种民间故事。刚刚远去的骑士、国王、王后、情人、骗子和女巫,时常让他处于兴奋和痴狂的状态。据说,他和伙伴们一起偷猎庄园里的鹿,被逮住后关了一夜禁闭。这次惩戒很可能激发了莎士比亚远走

第三辑 游走与凝视

他乡的想法。伦敦是英国的文化和戏剧中心。贵族们热衷赌博，也爱看戏剧。很多贵族庇护自己喜爱的职业剧团，让剧团使用自己的贵族封号。因为16世纪颁布了惩治流民的法令，只有在得到了贵族保护后，剧团才能行走江湖。剧团游走江湖的同时，可以扩大庇护人的名声。莎士比亚最先靠改编旧剧本在伦敦站稳了脚跟。当时剧团采用经理负责制，由8~12个股东组成，采用分红方式。莎士比亚参股的剧团，在不同时期得到了不同贵族的庇护。最初受到了兰卡斯特伯爵的庇护，称作"兰开斯特伯爵供奉"剧团。1603年詹姆斯一世即位后宣布，只有王室成员才有权庇护剧团。该剧团又更名为"国王陛下供奉"剧团。

莎士比亚选取的故事多为阴谋篡权、血亲乱伦、死亡通奸等宫廷故事。他通过国王揭示了人性的复杂，用幽灵营造出戏剧冲突和氛围。命运通过人自身的欲望、邪恶、性格缺陷间接作用于人。人自言自语，人与神的对话，人试图逃避自我审判，使得戏剧有一种撼人的力量。

当时剧场有两种形式，一种是供普通市民观看的露天剧场。另一种是上流社会喜欢光顾的室内剧场。在公共剧场里，演员与观众几乎是零距离接触。演员与观众之间有互动，这使得现场有很强的带入感。演员都擅长抖机灵，在台词中加进对时局的评论，或者"现挂"时事。观众的直接反应，为剧作修改提供了灵感和视角。

莎士比亚的剧作主要在露天剧场里演出。伦敦潮湿多雨，观众席和舞台上面有顶棚。演出时不换背景，演员上台后要说地点和时间。莎士比亚所在的剧团于1599年建造了露天的环球剧场，在1601年上演了《哈姆雷特》。哈姆雷特是一位知识青年，他犹豫彷徨，痛苦思考，却缺乏行动力。这是当时知识分子的普遍心态。1613年6月29日上演《亨利八世》时，因燃放烟花失火而被毁。剧院在一年后得以重建，砖瓦代替了易燃的茅草顶。清教徒在1642年强行关闭了剧院。剧院萧条了下来，两年后拆毁，为其他建筑让出了地块。直到1970年，美国电影导演萨姆·沃纳梅克（Sam Wanamaker）获悉环球剧院的遗址后，决心在此重建环球剧院。沃纳梅克创办莎士比亚环球信托基金会，很快筹集到了1000万美元。重建的环球剧院距离原址约200米，在1997年6月12日正式开放。整个工程采用了

英国风物记  A Cultural Guide to the British

16世纪的建筑方式和工艺。露天的圆形剧院把伦敦的阴晴云雨纳入观看模式中。当天空飘着细雨时，观众听着哈姆雷特与自己父亲灵魂的对话，那是别有一番感受。

在莎士比亚时代，英国上流社会摈弃了法语，把英语作为官方语言。莎士比亚是英语语言大师。他大胆创新了词汇，如 eyeball（眼球）、marriage bed（婚床）、elbow room（活动余地）等。有专家统计，莎士比亚为英语创新了1000多个新单词。他的戏剧还帮助英国人确立了"英国意识"，鼓舞了民族自信心。《亨利五世》讲述的是阿金库尔之战（Battle of Agincourt）。1415年9月，在亨利五世的率领下，英军深入到诺曼底，击溃了法国军队。在抵达加莱后，英军进入了法国军队包围圈。当时英国军队只有6000多人，而法国军队人数多达3万人。英国将领认为自己胜算不大，要求国王派出援军。亨利五世说，英军不需要增加一兵一卒，人越多，分享荣耀的人也就越多。如果有人不想参战，现在可以回国，军饷照发。留下来的军人，将成为国王的兄弟，与国王一起分享尊严和荣耀。亨利五世高喊："我们人少，我们快乐，我们是兄弟。"在这种气势下，6000多名英军竟然把数万法军击溃。莎士比亚在《亨利五世》中用戏剧化的表现形式，展示了英国人的强悍心态。

莎士比亚在晚年返回斯特拉福德，与妻子和孩子团聚。到了礼拜日，圣三一教堂的钟声都召唤他去教堂。他在1597年买下了新坊，居住环境更为宽敞，离教堂更近。1616年初，一位剧作家前来拜访莎士比亚。莎士比亚多喝了几杯酒，酒后患了热病，高烧不退，于同年4月23日去世，安葬在圣三一教堂内。导游说莎士比亚能安葬在教堂内的荣誉之地，是由于他在教区内拥有地产，且按时交纳什一税，并非其戏剧创作上的成就。壁龛里有一尊莎士比亚的彩色雕像。他穿着白领红衣黑坎肩，手拿鹅管笔，神情有些诙谐。莎士比亚有自撰的墓志铭："看在上帝的分上，别动我的墓，动者遭诅咒，护者得祝福。"莎士比亚不认为自己是名作家，他只想安稳地睡在家乡，不被打扰。

哈德良长城

哈德良长城不是建造在悬崖峭壁上。如果没有辽阔的草团高丘作为依托，它会显得更不起眼。走近细看，围墙的石头发黑、粗糙，有一种沉重感。石头旁边的野花，为石墙底部镶嵌了花边，让石墙有了一丝生机。空气中携带着草团气息。虽然是夏天，这里却是凉风飕飕。

发达国家总是自带光环。他们希望把落后地区纳入自己的文明圈，这一过程伴随着征服和杀戮。公元 43 年，罗马皇帝克劳狄一世率军进入了这个岛屿，罗马军队一路向北，在苏格兰遭遇了顽强抵抗。当地的凯尔特人和皮克特人凭借丘陵高地，把罗马军队抵挡在了高地之南。罗马人只得驻扎在英格兰北部泰恩山谷一带。罗马皇帝哈德良在 117 年登基后，下令在这里建造防线。这条防线依托公元 119 年前后建造的要塞，向东延伸到北海附近的泰恩河，向西抵达爱尔兰海的索尔威湾，全长 118 千米。由 3 个罗马军团耗时 6 年多垒筑完成，形成了哈德良长城。当建筑完成后，外侧涂抹上了白色石膏泥，在几千米之外就能看到在丘陵中蜿蜒的建筑，传递出一种威严和强大。

哈德良长城经过的地段都是丘陵和草团沼泽地带。这道防御工事最初是就地取材，东部采用了石灰岩材料，石墙约 3 米宽，高 5~6 米。西部采用的是草皮堆砌，宽 6 米，高 3.5 米。后来用石灰岩取代塌陷部分。每隔一罗马里（约 1481 米）建有一座堡垒，可容纳 60 余人。一旦发现敌情，守卫者以狼烟烽火传递信息。每隔五罗马里建有一个要塞，共有 16 座。

英国风物记  *A Cultural Guide to the British*

▲ 本书作者与当地小学生一起参与保护哈德良长城活动

每座要塞能容纳 500~1000 名士兵。里面有指挥部、营房、粮仓和医院等。其中兵营的建筑颇为独特。石板地面下是空的。由多根 1 米高的石柱支撑着石板，有排烟道，在下面烧火后，整个房间会变得暖和。这是罗马士兵抵御寒冷的方式。

安东尼·庇护（Antoninus Pius，138—161 年在位）成为罗马皇帝后，下令在距离哈德良长城以北 160 千米地带，建造了另一道长城，称为安东尼长城。这道长城位于苏格兰低地，长约 60 千米。罗马军队仍然无法征服北方的皮克特人，最后又退守到了哈德良长城。罗马帝国此时已经由盛转衰。哈德良长城在 383 年被弃守。公元 409 年，罗马人离开了英国。这个石头防御体系不再具有任何现实意义。罗马军队在大不列颠经营了 400 年，一直把苏格兰排除在罗马文明圈之外。在罗马人看来，长城以南是受罗马教化的"文明人"，长城以北则是"野蛮人"。这加剧了英格兰和苏格兰民众的敌视和矛盾。

哈德良长城不是英格兰与苏格兰的地理分界线，这道长城几乎都在英格兰境内。在东部地区，长城距离苏格兰地界还有 110 千米，只有西部沿海小镇包尼斯（Bowness-on-Solway）绕进苏格兰界内 1 千米。人为破坏和自然侵蚀，让哈德良长城变得残缺不全。律师约翰·克莱顿（John Clayton）独自一人开始保护哈德良长城。当时做法是购买长城附近的土地，变成他的私产，这可以阻止当地农民随意从长城上搬走石头。他陆续购买了从布朗顿（Brunton）到卡费尔兹（Cawfields）的大片土地，其中包括几座最重要的要塞。他在这片土地上放牧，把赚的钱投到维护长城上。克莱顿去世后，国民信托组织从其后人手中获得这些土地，才有了大规模的保护活动。

约翰·克莱顿保护的几座要塞都建成了博物馆。豪斯坦茨要塞（Housesteads Fort）有比较完整的建筑遗址。这里有一座兵营建筑、保存尚好的罗马厕所。从这里往西到斯蒂尔里格（Steel Rigg）长约4.8千米，是健步的最佳路线。在这里可以看到峭壁上的一段长城。切斯特斯要塞（Chesters）是保存最完整的军事指挥部。这里的博物馆收藏有附近出土的罗马文物。温德兰达要塞（Vindolanda）以建筑工艺精湛闻名。在考古发掘中，这里经常发现罗马时期的文物。20世纪初期，英国政府制定了《古迹与考古地区法》（*Ancient Monuments and Archaeological Areas Act*），哈德良长城的保护遂有法可依。1987年，哈德良长城被列为世界文化遗产。

哈德良长城穿越了英格兰北部的3郡12县和两个政府行政区，90%以上地段属于私人地产，保护难度大。从西部的草团沼泽到中部丘陵，再至东部人口稠密的城镇，不同地段的地貌也需要不同的保护形式。为了不降低当地居民的收入，哈德良长城的景区从1987年的5个增加到了11个，创造了6000多个就业岗位。景区的门票收入，全部用于维护景区及其服务设施。这种以文物营收来保护文物的做法，是维持长城持续开放的重要手段，也得到了当地民众的支持。

英国风物记  A Cultural Guide to the British

旧书店

　　英国人称早期的印刷品为古董（antiques），视其为文物，足见他们对古旧图书的尊重。大英图书馆和英国各大高校图书馆，都与旧书店有业务联系。旧书店的橱窗里展示着本店的重点图书。每家书店在收购旧书时都有所侧重。这取决于书店老板对某个学科的研究深度。了解了一个学科和版本学，才有定价权。这是旧书店竞争过程中形成的生存秘籍。走进旧书店里面，所有图书多按书名或作者分类。书店里空间狭小，只容下一个人转身。书店格局和经营模式，同《查令十字街84号》描述得差不多。唯一不同的，是书店一角多了个监视器。收银台上多了一台电脑。

　　伦敦老街上都有旧书店，其中西区最多。这些店铺门脸小，像路边野花一样各自盛开。旧书店的最大好处，一是价格便宜。很多当年的畅销书进入了旧书店后，价格只有原来的1/10或更低。二是古本书丰富。读者可以从两百多年前的旧书里，认识到早期英国人的所思所想。我抽出一本装帧精美的旧书，不知道这位作者熬过了多少个夜晚，查阅了多少资料，才完成了这本书。如今还能挺立在书架上，也算是一种幸运。旧书店是古旧图书的避难所。当今社会缤纷缭乱，太过喧嚣。很多爱书人来到静谧的旧书店，拿起一本书，从中寻找自己的乐趣和知识需求。

　　对于爱书人来说，伦敦查令十字街的名气很大。这里有多家高质量的旧书店。电影演员卓别林、作家萧伯纳和狄更斯都是这里的常客。书信集《查令十字街84号》的出版，让这条街的名字更加响亮。该书记录了纽约

第三辑　游走与凝视

女作家海莲·汉芙女士（Helene Hanff）与伦敦查令十字街84号的异国奇缘。1949年9月的一个晚上，海莲随手翻开《星期六文学评论》（*Saturday Review of Literature*），上面一则广告吸引了她："古董书商"查令十字街84号。海莲在当年10月5日寄去了购书单。她说自己是穷作家，旧版书颇合自己的"老胃口"。纽约的古旧书价格高，令她难以承受。过了20天，海莲收到了这家书店的回信，答应将寻找这些图书，落款简写为"FPD"。11月3日，海莲收到这些图书。她赞叹英国老版图书的精致，"简直不相信一本书竟也这么迷人，抚摸一下，从心眼里都感到舒服。"

从书信来往中，海莲得知FPD就是书店经理弗兰克·德尔（Frank P. Doel）的名字缩写。这家书店在1920年开业。书店合伙人是马科斯和科恩（Benjamin Marks and Mark Cohen）。这是一家重信用的旧书店。只有爱书人才懂得这家书店的诚意。弗兰克·德尔与海莲保持了20多年的书信往来。1968年12月15日，弗兰克患急性盲肠炎去世。两位书店合伙人也先后离世。这家经营了50多年的旧书店只好关门歇业。这一连串不幸消息，简直击碎了海莲的心。她整理出了自己与弗兰克的通信，写了纪念性

▼伦敦的二手书店内景

英国风物记  A Cultural Guide to the British

文字，怀念这家旧书店带给自己的美好时光。书信集在 1970 年秋天问世，在美国读者中引起了热烈反响。该书于 1971 年 6 月在英国出版。海莲来到了伦敦，她站在物是人非的查令十字街 84 号前，独自黯然神伤。汉芙女士写道："书店还在那儿，若你们恰好路经查令十字街 84 号，代我献上一吻，我亏欠它良多……"古董书店在 1970 年 12 月拆掉，取而代之的是一家餐馆，地址成了剑桥圆环 24 号（24 Cambridge Circus）。原书店位置的墙壁上固定着金属牌，上面写着："查令十字街 84 号，马科斯和科恩书店旧址，由于海莲·汉芙的书而驰名于世。"这部书信集后来改编成了电影。战后的英国物质极其匮乏。外表冷漠、内心温良的书店经理与纽约女作家，演绎出了爱书人的执拗和温暖。

查令十字街是长约 1 千米的市街，南抵特拉法加广场，北到新牛津街。这个名字源于爱德华一世为亡妻的出殡仪式。1290 年，爱德华一世在把亡妻的灵柩从林肯（Lincoln）运往威斯敏斯特教堂时，在特拉法加广场竖立了十字架，民众在十字架附近悼念。查令十字架便成了当地的名字。市街附近的小巷里也有多家旧书店。最有名的是赛西尔巷（Cecil Court）。我在这里收集到了一些老北京的铜版印刷品。街北边有水石书店（Waterstones）、福伊斯书店（Foyles）。后者是欧洲最大的独立书店，里面的书架布局婉转曲折，书目超过 20 万种，成了名副其实的历史文化长廊。

伦敦拥有欧洲最多的二手书店。我十分喜欢当特书店（Daunt Books）。它位于马勒本商业街附近，是一座爱德华风格的建筑，有橡木走廊和天窗。这家书店的书目按照国家地区划分，除了旅游类图书

▲当特书店内景

外，还有文学艺术类书籍。随手抽出一本书，就可以坐下阅读。我所期许的绝佳阅读时光就在这里，宁静安逸。这家书店还为顾客收集一些绝版图书。位于皮卡迪利广场附近的哈查兹书店（Hatchards Bookstore）

▲哈查兹书店

从1797年开始就在这里营业。这是英国最有贵族气息的书店，装饰考究。王尔德和拜伦都曾光顾这里。书店还负责为女王提供书籍。

查令十字街往东是通向大英博物馆的布卢姆斯伯里街（Bloomsbury Street）。那一带又是书店聚集区。书签书店（Bookmarks）坐落在大英博物馆西侧。这是一家左派书店，主要抨击资本主义体制，英国政府却让它极其嚣张地活着。大英博物馆左前方的伯里路（Bury Place）上有伦敦评论书店（London Review Bookshop）。这家书店提供思想类图书和再版经典。书店每周都举办演讲活动。再往东走就到了珀尔塞福涅书店（Persephone Books）。珀尔塞福涅在希腊神话中是宙斯之女，后来成了文艺复兴时期的代表形象。书店老板也是出版商，翻印和出售20世纪那些被人遗忘的经典作品，其中以女性作家的著作为主，包括小说、诗歌、日记、食谱等。

我是个容易怀旧的人。喜欢翻开书页后，手指摩挲书页的踏实感觉，就像我现在聆听窗外的雨声，有一种久违的熟悉和亲近。我书架上有1/3的书都来自伦敦旧书店，让我感到充实和幸运。一本书在旧书店里等待了几十年，却被一个远道而来的人看上，满心欢喜地买走。这实在是一种缘分。书里面的思考，温婉散淡的感情，一直封闭在文字里，遇到知音后才会慢慢化开，像里面的淡淡书香，从半个世纪前丝丝缕缕地飘散过来。

英国风物记  A Cultural Guide to the British

墙上的名人牌

生活在伦敦的名人是幸运的。即使在世时没有引起当地居民的注意，待他们去世后，也会得到应有的尊重。那些名人居住过的寓所外墙上，都钉着一个圆形搪瓷蓝牌，上面写着名人的名字、职业、生卒年月以及居住在此的时间。这个生动的坐标，使得一段生命故事变得可触可摸。

我原先的伦敦公寓旁，有亚历山大·弗莱明爵士发明青霉素的实验室。这一造福人类健康的重大发明，竟来自那么狭小的房间。我后来搬到了圣约翰伍德区（St. Johns Wood），附近的樱草山东北侧，有恩格斯住过的老屋。他在那里替马克思整理完成了《资本论》第二、第三卷。樱草丘公园附近的查克特广场（Chalcot Square），12号寓所外的蓝牌上写着"西尔维亚·普拉斯曾在此居住"。西尔维亚·普拉斯（Slyvia Plath, 1932—1963）是美国现代派女诗人，其诗歌对当代诗坛产生过一定影响。不远处的菲茨罗伊（Fitzroy）街上，有爱尔兰诗人威廉·叶芝的居所。我乘坐274路公交车，去波特贝罗古玩市场（Portobello Market）寻觅老物件时，在路口竟然看到了乔治·奥威尔曾居住的老房子。如果没有这些牌子的说明，谁也不会特别留意那些平淡无奇的房屋。社会演进和文化思想，都少不了这些名人的贡献。当看到这些蓝牌时，自然对伦敦多了几分敬意。

名人牌是纪念过往名人对社会的贡献。这是议员维廉·爱瓦特（William Ewart）和亨利·科尔（Henry Cole）在1863年提议的。英国皇家艺术学会从1866年起开始落实这一倡议。此后，伦敦市政议会，大伦

第三辑　游走与凝视

敦议会和英国遗产组织都主持过名人牌评选和揭幕。2015年4月，英国遗产组织划分为三个机构，英国遗产基金会接管了蓝牌项目。从1866年安装第一块名人牌到2016年，恰好是150年。伦敦还举行了小规模的纪念活动。

首位获此殊荣的是浪漫诗人拜伦。其出生地是卡文迪什广场的赫尔斯街24号。这座房屋在1889年被拆。拿破仑三世的故居也在同一年挂上了蓝牌。当年皇家艺术学会只安装了35块，保留至今的不到一半。最初的设计图案是月桂树花环装饰。1938年，伦敦中央工艺学院的一位学生设计出了更简洁醒目的蓝牌，圆牌内侧是一圈白线，取代了月桂树花环。这个设计被伦敦市政议会采纳，并沿用至今。最初的名人牌制作使用了多种材料，以黄铜、陶瓷居多，颜色多是蓝色和褐色。褐色牌的制作价格较低，远不及蓝色醒目。蓝牌材料是耐腐蚀的陶瓷，厚5厘米，直径50厘米。经过两道涂釉工艺，两次烧制工序才算制作完成。伦敦现在有近900块，故名人牌也被统称为蓝牌。蓝牌项目一直由政府出资，专门拨款。2008年英国金融危机后，政府逐渐削减财政预算，英国遗产组织的经费被削减了34%，蓝牌项目被迫在2013年1月暂停。前两次暂停分别是在"一战"和"二战"期间，可见英国经济衰退的程度。2014年6月，在民间和私人的赞助下，英国遗产基金会重新启动了这一项目。凡是被英国遗产组织挂上了蓝牌的建筑，均被列入受保护的"英国遗产"。这些房屋可以买卖或出租，居住者不得随便改建或改变外形。

遴选名人牌的条件十分严格：此人为国家和民众福祉做出过重要贡献，去世20年以上；经过20年以上的时间沉淀后，此人依然被公认为所在领域的杰出人物。

挂牌的审议程序慎重而漫长：首先是地方机构或居民团体向英国遗产基金会写信举荐，然后由该机构的蓝牌专家委员会进行

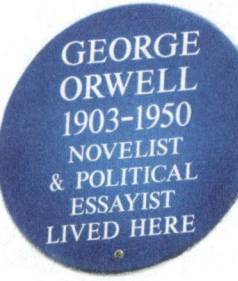
▲乔治·奥威尔故居上的蓝牌

▲老舍故居上的蓝牌

239

论证，这个委员会由9位专家组成，包括历史学家、前桂冠诗人、建筑史学家等。大约有1/3的推荐名单会被通过，然后再进行研究和比较。有些名人在审核中也遇到争议，如伦敦第一位脱衣舞女郎菲莉斯·迪克西（Phyllis Dixey）。当地居民坚持认为她应该得到纪念。蓝牌专家委员会建议使用"脱衣舞艺术家"。菲莉斯·迪克西曾经居住在伦敦圣马可希尔区（St Marks Hill）。当地居民认为"舞娘"（burlesque dancer）更适合她的身份。由于争执不下，这一提议暂被搁置。一个蓝牌要经过三年才能确定下来，得票靠前者入围12人名单。该组织每年最多只通过12块蓝牌。未被列入12人名单者，需要等10年后才能再次被推荐。

安装蓝牌也有规定：蓝牌必须固定在名人实际居住过的房子上。如果当时的建筑已被拆毁，则要固定在位置相当的新建筑正面。所选位置必须是公众容易看到的墙面。蓝牌不能固定在下列位置：两座建筑之间，大门上，教育建筑、宗教建筑以及律师学院的墙上。如果一个名人在伦敦搬迁过多次，英国遗产基金会只在最重要的寓所钉上蓝牌。其他的居所一般由伦敦各区负责安装。每次揭幕式都有一个小型活动，很多名人和亲属都会前来参加揭幕仪式。2010年，约翰·列农的蓝牌在蒙塔古广场揭幕时，他的遗孀小野洋子参加了这一仪式。

对于曾经居住在英国的外国名人，英国人也给予应有的尊重。遴选条件更为苛刻，外国名人必须有国际影响，并且是本国的重要作家、政治家或艺术家。评选标准也不是以该名人对待英国文化和体制的态度为依据。卡尔·马克思曾经号召全世界无产者推翻资本主义制度。作为老牌资本主义的英国，依然对马克思故居给予了应有的尊重。马克思和恩格斯故居都安装有蓝牌。现在有30多位外国人也获得了这一殊荣。2000年11月25日，伦敦为中国作家老舍先生曾经居住的房子挂牌纪念。地点是圣詹姆斯花园31号。蓝牌上的文字是："LAO SHE（老舍）1899—1966,Chinese Writer（中国作家），1925~1928 曾经住在这里。"这是一栋维多利亚式的黄砖联排建筑，算上地下室共四层，铁栅栏连着台阶，是伦敦中产家庭的典型居所。老舍先生于1924~1929年在伦敦大学东方学院教授中文。前后住过四个地方。这里是他住过的第二个地方。他于1925年4月搬到了这里，连续住了三年。

房屋的第三层有两室一卫,英国汉学家克莱门特·埃杰顿夫妇(Clement Egerton)住大间,窗户面对大街。老舍住小间,后窗下面是一个小花园。老舍先生在这里生活,并创作了《老张的哲学》、《赵子曰》和《二马》的前半部等。老舍把 Marble Arch 译为"玉石牌楼",把离大英博物馆不远的 Gordon Street 叫作"戈登胡同",透露着一股子京味儿。他还在这里协助埃杰顿将《金瓶梅》译成了英文。老舍在《我的创作经验》一文中提到自己写小说的动因:"倘若我始终在国内,

▲老舍曾在伦敦居住过的地方

我不会成为小说家。到了英国,我就拼命地念小说,拿它作学习英文的课本。念了一些,我的手痒痒了。离开家乡自然想家,也自然想起了过去几年的生活经验。为什么不写呢?"可以说,在伦敦的生活是促使老舍成为小说家的机缘。

　　伦敦的 32 个区都有自己的名人举荐团队,得票最高者就会被列入地方名人榜,在其居住过的房子上固定一块名人牌。这些名人牌的形状和颜色各有特色,如伊斯灵顿区用的是绿色名人牌。伦敦金融城则有自己独立的蓝牌项目,通常为长方形蓝色陶瓷牌,上面有伦敦金融城盾徽。这种形式可以增强每个区的自豪感,也让名人故事变得具体生动,而不是只停留在传说和书籍中。我是小说家乔治·奥威尔的忠实粉丝。每当我路过他的寓所时,我的脚步都会慢下来,仔细观看周围的一草一木,还要深呼吸,仔细回忆和品味奥乔治·奥威尔当年生活的模样。历史名人已经超然于世外,对后人的追问和祭奠无动于衷。英国人把这种挂牌搞成了一种仪式,一种传统,这是对历史的承认,对文化的尊重。

英国风物记  A Cultural Guide to the British

舰队街

舰队街（Fleet Street）是从河岸街（Strand）到路德门丘街（Ludgate Hill）的一段街区。它曾是英国新闻界的代名词。舰队街上走出了世界上首位战地记者。这里的记者敢于直面社会黑暗、揭露事实真相。著名记者奥康纳（T. P. O'Connor）、约翰·威尔克斯（John Wilkes）是这个群体的代表。72~78号建筑前有奥康纳雕像。雕像下面刻着这样一句话："他用寥寥几笔，就能展示一本书的精髓，就能剖开一个政治家的灵魂。"真正的记者需要有独立的思考精神，用公正和良心进行报道。

Fleet 有港湾的意思，译成"港湾街"更接近原意。这里有一条源自伦敦北部汉普斯泰德的地下河，从这里汇入了泰晤士河。这条河混入了垃圾和污水，成了一条臭水河。这里最早是印刷一条街。1476年，英国人威廉·卡柯斯顿（William Coxton）把印刷技术从欧洲带到了英格兰，主要印刷《圣经》，以及关于礼仪道德、健康方面的书籍。卡柯斯顿去世后，他的助手维金·德·沃德（Wynkyn De Worde）在1500年把印刷厂搬到了舰队街，这是舰队街的第一个印刷车间。印刷业也是污染较重的行业。各种印油和废弃纸张被扔进了河道里，造成了污染。伦敦在1666年9月2日发生大火。在重建过程中，克里斯托弗·雷恩爵士试图整治这条臭水河，未取得明显效果。直到1766年被封闭起来，才解决了污染问题。

由于舰队街集中了伦敦主要印刷厂，这里成了图书和小册子的交易场所。这引起了政府的注意。国王查理一世在位期间，实施了书刊审查制度。小册子作者威廉·普林批评了一个教堂的主教，结果在 1634 年被割去双耳，还被套上手枷示众。当时政坛风云变幻，各种小册子满天飞。这忙坏了伦敦印刷业者和书店老板。查理一世 1649 年在伦敦白厅被斩首后，政治气氛并没有变得宽松。1662 年议会通过了《新闻出版许可法案》(Licensing Act)，政府建立了新闻审查制度。官方新闻《伦敦公报》(London Gazetee) 于 1665 年创刊，每周出版两次。控制新闻业的媒体许可证体制在 1679 年 5 月被取消后，各类政治小册子、单页传单和讽刺文章涌入咖啡馆。

1702 年，舰队街出现了《每日新闻》(Daily Courant)。这被视为最早的正规报纸之一。当时申请办报的程序十分简单。申办者首先要到政府部门登记注册，支付印花税。印花税印在报纸上，作为税收凭证。当时印刷车间设在大楼底层，楼上是记者和编辑工作室。记者们把刚撰写出来的稿件交给编辑，编辑立刻编排版面，然后拿到楼下印刷。报社雇佣四轮马车将报纸分发到各个销售点。邮政系统在 17 世纪 80 年代已经覆盖全国，人们可以通过邮政订阅报纸。到了 1801 年，伦敦报纸发行了 700 万份。一份报纸每天至少发行 1500 份以上才能盈利。报纸上的广告数量也越来越多，既增加了报社的盈利模式，还有助于提升报纸销量。

议会和咖啡馆是谈论政治最多的地方。咖啡馆里的咖啡、啤酒与新闻结合在一起后，具有了更大能量。一首匿名讽刺诗这样写道："在平盘里烘焙、在罐子里煎煮，所用的第三件器具，就是印刷品的诽谤和造反密

▲ 舰队街的老建筑上还可见当年的新闻媒体广告

英国风物记  *A Cultural Guide to the British*

▲ 舰队街上的老咖啡馆依然在经营

谋。"政府一度把咖啡馆当作阴谋的策划地。政府用法律手段指控反对自己的报纸，罪名通常有：传播谎言、煽动教唆、泄露国家机密导致外交被动、鼓吹分裂等。政府对这类报纸的指责，反而推高了报纸销量。1819年《共和者》（*The Republican*）的主编被逮捕后，报纸发行量竟然提高了50%。当意识到报纸的政治影响力后，各党派都开始寻找支持自己的报纸，甚至出钱办报。首相沃波尔（Robert Walpole）利用掌管财政部的便利条件，每年拨款扶持支持自己内阁的报纸。反对派攻击沃波尔每年用两万英镑来补贴拥护自己党派的报纸。这未免有些夸张。不过，沃波尔是英国历史上第一位用国库资金扶持报纸的首相，也是第一位因为舆论反对而被迫辞职的首相。

英国报纸崇尚独立精神，记者也有直面真相的勇气。1853年10月克里米亚战争爆发。英法两国于1854年3月对沙俄宣战。《泰晤士报》首次派出了战地记者威廉·拉塞尔（William Howard Russell，1821—1907）。拉塞尔与英军士兵同吃同住，目睹了陆军军官的官僚作风。一批治疗坏血病的橙汁到达补给港口后，两个月内却无人来卸货。士兵们却不断死于坏血病、疟疾和伤寒。英军士兵病死人数高出阵亡人数7倍。拉塞尔的战地报道在《泰晤士报》发表后，震惊了国民，报纸销量大增。在民众舆论的谴责下，阿伯丁内阁（Aberdeen ministry）于1855年1月底解散。克里米亚战役后，英国陆军改革了后勤保障、战场救治和士兵服役等系统。英国陆军同皇家海军和皇家空军一样，成了尊严和强大的象征。这在一定程度上归功于拉塞尔公正客观的新闻报道。

在此后的战争报道中，英军加强了对战地记者的管控。澳大利亚新闻通讯社驻伦敦的总编辑凯思·默多克（Keith Murdoch，1885—1952）赴前线报道达达尼尔海峡战役时，必须与军方签署战地报道承诺书。凯思·默多克在承诺书中写道："除了接受官方的新闻审查以外，不去试图寻找任何其他发表新闻的通道和途径。"在达达尼尔海峡战役中，英军最高指挥频频失误，"澳新军团"伤亡惨重。由于有承诺书的限制，凯思·默多克无法把这种新闻报道发回去。他回到伦敦后，给澳大利亚总理写了一封长信，详述了澳大利亚士兵的死亡状况和英军将领的无能。英国首相阿斯奎斯（Herbert Henry Asquith）获得此消息后，要到了信件副本，并让英国军事将领接见了这位澳大利亚记者。在听了凯思·默多克的陈述后，英军最高将领经过协商，撤销了汉密尔顿将军的前线指挥权，并做出了撤军计划。凯思·默多克对战争的智慧披露方式，对结束这场战争发挥了重要作用。他于1952年因心脏病发去世，正在牛津大学读书的鲁珀特·默多克（Rupert Murdoch）赶回家中，替父亲处理后事。经过鲁珀特·默多克的苦心经营，澳大利亚的家族新闻业转亏为盈，然后把经营重点转向了英国。鲁珀特·默多克在英国收购了多家老牌报纸，对报道内容和手法进行了全面改造，投资电视和电影行业，成了名副其实的新闻传媒大亨。

　　默多克按着市场需要来打造新闻报纸。《太阳报》的内容多为名人癖好、性爱传闻等八卦消息，里面的文章短小精悍。有一段话新闻，一句话新闻，力图用简单信息来激发出读者的想象空间。《太阳报》第三版是雷打不动的脱衣女郎图片。身材姣好的女郎以前穿着单薄的衣服，直到1970年，报纸主编要求图片女子脱掉外衣，只穿三角内裤。在一年之内，报纸销量提升了40%，从150万份猛增到了210万份。虽然受到了女权主义者的抗议，该报主编唯一的承诺是，只刊登有天然乳房的女郎图片，禁止用填充物撑大乳房的女郎图片，这是要让女性注重自然美。这份娱乐性报纸抓住了男性国民的喜好，在社会中下层具有相当的影响力。由于默多克旗下的报纸影响力巨大，历届政府高官总是把默多克奉为座上客，有明显讨好或拉拢的意图。如果一位政治人物得罪了小报记者，第二天你就会读到这样一条新闻：某政要人物傍晚出现在了红灯区附近。当这位政要愤怒地驳斥，要求报纸澄清事实时，报纸就会来一条：某政要说他没有出现在红灯区附近。这又是一条吸引

英国风物记  A Cultural Guide to the British

▲ 英国的杂货亭都出售报刊杂志

眼球的新闻。英国政客对媒体可以说是爱恨交加。

英国人有阅读报纸的习惯，70%的成年人都会阅读报纸。报纸销售量维持在1200万份，人均拥有量高居世界第一。英国人说，一个事件总会有不同版本的报道。多一种报纸解读，民众就有了更多选择，更容易对事件做出自己的分析判断。中产阶级人士喜欢阅读《泰晤士报》、《卫报》和《金融时报》等，约占读者群16%。《泰晤士报》和《每日电讯报》的观点属于中偏右，《卫报》和《独立日报》则是中偏左。读者知道哪些报纸值得信赖，哪些报纸可以提供乐趣，哪种报纸信息量大。

随着互联网传输和印刷手段的更新，地理位置便不再具有任何优势。1985年，默多克预感到舰队街的老旧格局难以适应新传媒的特点。他把旗下的报纸编辑部迁到了金融城东部的沃平（Wapping）。这引发了舰队街的一场"地震"，报社先后都搬离了舰队街。只有路透社坚持到了2005年，才搬到了金丝雀码头。新闻大楼都改换了门庭。街道上匆匆行走的记者换成了金融界人士。餐馆和酒吧依然热闹，那是金融分析师在交流信息。

我经常走在舰队街上，总觉得街道两端的建筑格局颇具象征意味，暗合了英国的社会结构。西端是伦敦的政治文化中心、四所法学院，以及英国皇家司法院，这些机构制定社会行为规则；东端是圣保罗大教堂和中央刑事法庭（Old Bailey），制约着人的灵魂，负责审查一个人的行为。正是街道两端的机构，才保证了英国的言论自由，新闻记者才能触及社会的各个角落。

第三辑　游走与凝视

老炮儿记者

伦敦很大。如果这座大都市少了言论自由，则大得令人沉重。言论自由是流淌在街巷广场的风，让人心情舒畅。用笔捍卫言论自由的先驱是报人和政治家约翰·维尔克斯（John Wilkes）。他的雕像伫立在舰队街旁的费特巷（Fetter Lane）口。在他的呼吁和抗争下，国王收敛了特权，议会自废武功，放弃了提供通用逮捕令的权力，为媒体公开报道议会辩论扫清了法律障碍。

维尔克斯于1725年10月出生在一个酒商家庭里。他在1747年迎娶了庄园主艾尔斯伯里的女儿，跻身乡绅行列。他不属于那种文雅绅士。他生性放荡，长着一副斗鸡眼，说话刻薄，颇有正义感，为后人留下了很多嘲讽国王和政治对手的段子。一次，他被邀请打牌，他来了一句："别找我，我是个蠢蛋，根本分不清楚大王和杰克。"杰克有流氓无赖的意思。他借机发泄了对国王乔治三世的不满。他与政治对手三明治伯爵（Earl of Sandwich）有过激烈辩论。三明治伯爵发狠说："你不得好死。你要么死于瘟疫，要么被送上绞刑架。"维尔克斯反唇相讥："大人，这要看我是拥抱你的情人，还是接受你的处事方式了。"

乔治三世在1760年10月继位，企图把王权置于议会之上。他扶持第3代布特伯爵约翰·斯图亚特（John Stuart, Earl of Bute）担任首相，引发了民众抗议。布特伯爵创办了两份报纸《不列颠人报》（*Briton*）和《旁听者报》（*Auditor*），雇佣写手为他的政策辩护。社会上的反对声

英国风物记  A Cultural Guide to the British

▲ 费特巷内的威尔克斯塑像

淹没了布特伯爵的辩解声。布特伯爵只好在1763年辞职。威尔克斯在1762年创办了《北大不列颠人》，批评政府内阁和国王的专断行径。这份报纸被誉为新闻界的"纸老虎"。1763年4月19日，乔治三世在议会宣布《巴黎和约》已经顺利签订。维尔克斯在《北不列颠人》第45期上批评了乔治三世的独断行为。维尔克斯在文章中说："像英国这样的国家，如果人民受到了压迫，这种压迫越大，人民的自由精神就会越强烈。"这种言论让乔治三世极为震怒。国王下令让内阁起诉报社，发出了通用逮捕令，逮捕了49名报社人员，把维尔克斯囚禁于伦敦塔内。在审判期间，首席大法官布拉特以议员有豁免权的理由，将维尔克斯当庭释放。根据1689年通过的《权利宣言》规定，议员在议会有演说、辩论或议事的自由，且不得在议会之外的任何法庭受到审讯。

维尔克斯获释后，先后起诉了几位国务大臣和四位官员，控告他们非法闯入民宅，破坏了他的私人财物，这是犯了滥用职权罪。他把自己被捕和关押的细节、自己在法庭上的抗议写出来，刊登在伦敦的多家报纸上，呼吁民众反抗政府的独断行为。这为维尔克斯带来了更大声誉。他于1757年和1761年先后当选为议员。国王乔治三世命令政府官员寻找维尔克斯的"道德污点"。维尔克斯与托马斯·波特曾经模仿诗人亚历山大·蒲柏（Alexander Pope, 1688—1744）的《论男人》（*Essay on Man*），合作完成了《论女人》（*Essay on Woman*），意在讽刺上院议员约翰·蒙塔古的情人。蒙塔古用这首诗证明维尔克斯道德败坏。上院裁定这篇诗歌亵渎了女性和上帝。下院也裁定维尔克斯主办的报纸《北不列颠人》第45期有诽谤内容，是"对国王陛下前所未有的极大傲慢无礼和侮辱咒骂"。维尔克斯百口莫辩，只得逃往巴黎。下院趁机罢免了他

第三辑　游走与凝视

▲议会大厦一角

的议员资格。1764年1月19日，法院对他进行了缺席审判，判决他犯有诽谤罪。这反倒引发了法律界的三大质疑：第一，因言获罪是否违反了《权利法案》？第二，政府行动是否违反了议员所享受的言论特权？第三，英国有言论自由吗？这些政治压力再加上税收政策失误，使得政府失去民心。乔治·格伦维尔首相只在位两年就被迫辞职，成了国王的替罪羊。

　　1768年大选之前，维尔克斯冒险从巴黎回国参选，他在伦敦败选后，又来到米德尔塞克斯郡（Middlesex）参加竞选，结果顺利当选。维尔克斯前往伦敦高等法院"自首"，以换取当局撤销对他的通缉令。法官判他入狱2年和1000英镑的罚款。消息传出后，伦敦市民愤怒了。许多市民走过黑衣修士桥，来到泰晤士河南侧的圣乔治广场。1768年5月10日，聚集的人群多达15 000人。他们高呼口号"维尔克斯和自由"、"没有自由，就不要国王"。当时伦敦还没有警察维持秩序，民众可以自发组织游行。乔治三世震怒，表示"血腥镇压是恢复法制的唯一办法"。国王乔治三世下令向集会者开枪，结果造成了7人死亡，15人受伤，制造了震惊全国的"圣乔治广场屠杀事件"。

国王暗中操纵议会，依然想"灭掉"维尔克斯。当议会决定重新选举时，维尔克斯在3月份又一次当选，议会依然不承认。维尔克斯在4月份再次高票当选。下院竟然裁定竞选对手亨利获胜，社会舆论哗然。多家报纸认为这种做法侵犯了选民的权利，是对法律的嘲讽。《公众报》（Public Advertiser）在1768年5月27日评论道："如果公众自由的保障根基被动摇，如果权利法案被侵犯，如果公民的选举自由被少数腐败分子破坏，那么我敢肯定专制统治已经到来。一切都已消失，只留下了套在我们脖子上的绳索。"维尔克斯的支持者成立了权利法案支持者协会（SSBR），为他助威呐喊，帮助他偿还了1000英镑的罚款。1770年4月，维尔克斯获释出狱。民众一如既往地支持他。维尔克斯当选为伦敦市政官员。1774年当选为伦敦市长。在具有法制理念的社会里，民意完全可以遏制专制者的滥权行为。

维尔克斯表示，议会是民众的代表，民众有权知道议员们在议会里说了什么。只有记者允许报道议会辩论的全部内容，不受限制地评论时，社会才算享有真正的言论自由。很多议员对此表示反对，认为新闻报道违反了议会享有的特权。当年有两位出版商把议会辩论印成了小册子，竟然惹怒了议会下院。议会下院派出一名信使，准备逮捕这两名出版商。维尔克斯认为这种做法违反了伦敦市法律，反倒扣留了这位信使。下院要求维尔克斯和另外两名官员（恰好也是议员）去议会面见律师协会。两位市政官员按要求前往议会，却遭到了逮捕，被投入伦敦塔里的监狱，直到本期议会结束后才被释放出来。维尔克斯谴责了政府干涉言论自由的做法。在他的呼吁下，议会逐渐准许记者进行全面报道。他说，公民有权利了解法规制定过程，有权利通过民主方式选出自己信任的政府。

第三辑　游走与凝视

革命小道

北伦敦有一条"革命小道"。起点是樱草丘（Primrose Hill），终点在汉普斯泰德西斯公园（Hampstead Heath）。马克思和恩格斯当年经常沿着这条道路散步，故而得名。恩格斯在 1870 年 9 月从曼彻斯特回到伦敦后，住在樱草丘旁边的摄政公园路（Regent's Park Road）122 号。这是一幢三层的联排房。马克思此前也从苏荷区的迪恩街（Dean Street）搬到了附近。

恩格斯的寓所位于樱草丘东北侧。他在这里接待各国工人运动领导人、爱尔兰工人。他们喝酒争论，十分热闹。英国政府一直关注共产主义组织的走向。当局甚至派出便衣警察，整日坐在对面的女王酒馆里，记录有哪些人进出恩格斯家，却很少干预他们的政治讨论。当天气晴好时，恩格斯便走出家门，向右直行，然后拐弯跨过铁道，走到乔克农场（Chalk Farm）后，再转到梅特兰德公园路（Maitland Park Road）。马克思一家就住在 41 号。恩格斯叩响马克思家的门扣。马克思很快走了出来。两人便沿着南安普敦路（Southampton Road）向北行走，穿过罗德里克路（Roderick Road），前往汉普斯泰德西斯公园。这是伦敦北部最大的原野公园，面积约 3.2 平方千米，有溪流、森林、草地和低丘。俩人在那里停留一下，然后沿路返回，继续讨论哲学问题。

这条道路是马克思和恩格斯友谊的最后见证。1842 年，恩格斯前往曼彻斯特纺纱厂前，特意前往《莱茵报》编辑部，拜访了马克思。俩人的思想观念十分吻合。1844 年 8 月底，恩格斯在巴黎再次会晤马克思，这缔结

英国风物记  A Cultural Guide to the British

▲ 恩格斯故居对面的女王酒馆

了他们一生的友谊。他们首次震动欧洲的合作就是《共产党宣言》。1847年11月29日至12月8日，两人在伦敦参加了共产主义者同盟第二次代表大会。大会委托他们起草同盟纲领。他们一起讨论了同盟纲领，然后由马克思执笔完成。马克思对资本主义的激烈抨击，引起了普鲁士当局的注意和干预。马克思带着家人于1849年8月来到了伦敦。伦敦是欧洲最具有包容性的城市，其体制允许各种思想和观点存在。这也成了政府捍卫其社会体制的理由。马克思一家起先住在迪恩街64号，1851年搬到了迪恩街28号。1855年，燕妮从德国娘家继承了一笔遗产。马克思一家在1856年搬到了伦敦北部的格拉夫顿联排房（Grafton Terrace）9号。这是一个带小阳台的房子。马克思在这里写出了《资本论》第一卷、《政治经济学批判》等。马克思的德国朋友威廉·沃尔夫（Wilhelm Wolff）在1864年5月9日去世，马克思获得了这位朋友遗赠的820英镑。马克思一家又搬到了一街之隔的梅特兰德公园路（Maitland Park Road）41号。这座房子更加宽大，可以容纳马克思夫妇、保姆和三个女儿起居生活。马克思对这位慷慨的朋友心存感激。他把《资本论》第一卷献给了这位朋友。《资本论》

扉页上写着：献给我的不能忘记的朋友、无产阶级的勇敢忠实高贵的前卫战士威廉·沃尔夫。

马克思的收入主要靠撰稿和出书。这远远不能满足一家开销。其研究工作之所以能持续进行，离不开恩格斯的慷慨解囊。1845年，马克思被法国政府驱逐出境，从巴黎流亡到布鲁塞尔，恩格斯便开始资助马克思一家。为了能够在财务上持续资助马克思，他在1850年11月迁居曼彻斯特，重新在欧门-恩格斯纺织厂任职。最初两年，恩格斯每年只有100英镑的津贴和5%的分红，只要攒下了钱，哪怕是几英镑，恩格斯也要给马克思寄去，以免马克思一家陷入经济困境。马克思却从不肯戒掉烟酒。很多朋友前去拜访马克思时，都会提到马克思的书房里有浓重的烟草味。从1854—1859年，恩格斯的薪水从每年265英镑增长到1000英镑，给马克思的资助也相应增加。恩格斯在1864年成了公司股东，收入稳定。到了1870年，恩格斯认为收入不仅可以维持自己和女友的后半生，也能保障马克思一家的生活。他卖掉自己的股份，来伦敦继续研究。有学者统计过，恩格斯平均每年寄给马克思350英镑，相当于现在三四万英镑。当时邮局中层管理员的年薪为140英镑，足可以维持一家人的体面生活。马克思还有为报纸撰文的稿费、著作版税，同时还获得了家族和友人遗赠等。

到了晚年，马克思的身体逐渐衰落，几次外出度假疗养，也不见好转。丧妻失女的痛苦，加重了他的病情。妻子燕妮在1881年12月去世，大女儿燕妮·龙格在1883年1月去世。当年3月14日下午两点半，恩格斯来到了梅特兰德公园41号，探望病重的马克思，只见他正在壁炉旁的椅子上瞌睡，没过几分钟，马克思便安静地告别了这个世界。马克思的遗体安葬在伦敦海格特公墓一个偏僻角落，同他的妻子燕妮埋在一起。当时只有11个人参加了马克思的葬礼。料理完老友的丧事后，恩格斯放下手头的研究，开始整理马克思留下的手稿和遗作，为老友出版了《资本论》第二、第三卷和其他著作。过了74岁生日后，恩格斯的身体每况愈下，翌年被查出了食道癌。1895年6月初至7月24日，恩格斯前往英国东南部的海滨小镇伊斯特本（Eastbourne）疗养。他说自己奢望不大，只希望能活到新世纪。到了8月，恩格斯的病情恶化。他回到伦敦后，于8月5日

英国风物记  A Cultural Guide to the British

▲ 马克思故居上的蓝牌

▲ 恩格斯故居上的蓝牌

晚上病逝于医院。根据恩格斯的遗嘱,骨灰撒到了伊斯特本海湾。他遗留下了3万英镑,其中3/4都给了马克思的女儿和后人。

马克思在迪恩街28号的居所外墙上,钉上了一块椭圆蓝牌,上面写着马克思在1851—1856年曾在此居住。他在北伦敦的最后居所已被拆掉,没有留下任何痕迹。恩格斯居住的摄政公园路122号还在。门口右侧钉上了一

▲ 马克思在伦敦迪恩街居住过的地方

个椭圆蓝牌,上面写着:"恩格斯(1820—1895),政治家和哲学家,于1870—1894年在此居住。"这栋联排房保持着原有格局,只是在三层上加盖了一层,成了四层楼,仍有人居住。对面的女王酒馆依然在开张营业。周围环境十分安静,似乎恩格斯刚刚走出家门。

第三辑　游走与凝视

摄政运河

从我的寓所到办公室，步行需要 40 分钟。步行上下班成了我锻炼身体的方式。我穿过一片居民区，跨过铁桥，桥下就是摄政运河。这是一条旅游休闲的河道，石头和水泥块垒砌的堤岸布满青苔，水里有落叶和漂浮的泡沫。待一条小船划过，才能看到水的清澈。河的北岸有细径。独自一人行走。当身后响起一声清脆的自行车铃时，我便侧身到路边。骑车人一声道谢后，周围又恢复了宁静。

摄政运河上的雾气，总比外面散去得晚，大概是树丛遮蔽的缘故。尖锐的草叶，被雾气软化后，挂上一串串露珠，像小灯笼一样，为细小的昆虫打光发亮。河岸的另一侧是摄政公园的边缘和伦敦动物园。有豪宅的后院直通到运河堤岸，旁边放着一只可载两三人的小木船。一群群野鸭划破水面，云朵倒映在水里，如同潜水觅食的白天鹅。

英国最早的内陆货物运输主要是水路。四轮或两轮马车主要是客运和邮件运送。从 16 世纪下半叶，水路逐渐拓展成了运输大动脉，这引发了构建运河体系的设想。18 世纪是开凿运河的世纪。全国大约投资了 650 万英镑，一共开凿了 42 条运河。众多商人、工厂主和土地所有者踊跃购买运河股票。这些股票于 1811 年在伦敦证券交易所正式挂牌上市。到了 18 世纪末，伦敦的帕丁顿与伯明翰之间就有了水路运输，把英国中西部的工业产品运到了伦敦。1802 年，商业投资人托马斯·霍默（Thomas Homer）建议把帕丁顿运河与泰晤士河连接起来，货物可以通过运河直接从伯明翰

英国风物记  A Cultural Guide to the British

▲摄政运河的水闸

运输到泰晤士河码头。托马斯邀请约翰·纳什（John Nash）主持设计，运河在1812年10月7日正式开凿。由于纳什与摄政王关系密切，这条运河便命名为摄政运河。1820年8月1号正式开通，耗资77万英镑。第一年就运送了1.2万千克货物。

摄政运河曾经繁华热闹过一个半世纪。现在供行人和自行车通行的北河岸侧的小路，当年是供拖船使用的牵道，最早是马匹拖着货船，1953年开始用小型拖拉机替代了马匹。"二战"后，英国的陆路交通运输有了很大发展，运河功能逐渐降低，根据1947年通过的《运输法案》（Transport Act），摄政运河在1948年收回国有，归英国水务署管理（British Waterways）。进入20世纪后，火车成了最快捷的交通工具，运河逐渐衰落。当时，英国人对火车的描述还带有浓厚的"乡村风格"。他们称火车为"铁马"。这个铁马的缰绳、嚼子和笼头是一个铁把手。这个喷着热气的铁马，力气巨大又听指挥。铁路运输让煤成了一种廉价能源。随后牛奶、啤酒、木材和海产品都通过铁路运输到城市的各大市场。

到了60年代，摄政运河成了一条用于休闲旅游的河道。起点在西伦敦的小威尼斯，终点在泰晤士河的莱姆豪斯。运河上的桥梁大都采用铸铁，涂上黑漆。运河、桥梁与绿野林木，构成了运河沿途的道道风景。最有观光价值的部分在小威尼斯至伊斯灵顿之间，沿途有许多历史遗迹，有一座桥被命名为"爆炸桥"（Blow Up Bridge）。1874 年 10 月 2 日，一艘满载炸药的驳船在运河上突然爆炸，炸塌了这座桥。新建的铁桥遂命名为"爆炸桥"。铸铁桥墩上有竖沟。当拖船的缆绳捆绑在桥墩时，可以增加摩擦系数。长期使用，缆绳在上面勒磨出了道道深痕。再往东走，便是伦敦动物园的孔雀馆，行人可以免费观看。紧接着，运河向东拐去，河湾里的红舫船是一家中餐馆。一座中世纪风格的小城堡，名为海盗城堡。这里曾是一个繁忙的码头，现在改建成了小商品市场。码头旁的卡姆顿水闸依然在使用，它控制着水位落差，这是 12 个水闸中的第一个，经过 12 道水闸后，运河的水位便下降到了泰晤士河。

在运河的运输货物地位下降后，沿途景观也有了变化。原来的仓库和小型加工厂被拆除或改建成了民居。铁桥附近逐渐出现了船上人家。这使得摄政运河多了生活色彩。温馨怡然中保持着原始和野趣。南岸上栖息着一只黑鸟，超然若隐士。有时也会见到一对鸳鸯凫来，他们情浓如初，忠贞相守，与岸边的树木绿草享受着岁月时光。到了春天，河对面是深草，仔细寻觅，会看到母鸭在孵蛋。鸭妈妈用鸭毛和杂草盖得很严实，白天黑夜卧着孵化自己的小宝宝，很少看到母鸭挪动觅食。没过几天，河水中有鸭妈妈带着六只小鸭子凫水，小鸭子激动又惶恐，鸭蹼使劲划水，半个身子都离开了水面。

最动人的景观则是母野鸭带着雏鸭在岸上歇息。它们跳上岸后，在阳光下晒着湿羽。野鸭细声絮叨，把孩子都围拢在身边。小雏不听话，有的啄飞虫，有的盯着水上的光斑。母鸭咕咕地叫着，不时警告自己的孩子。母爱是生命和灵性延续的基础，比性爱重要百倍。那个留下自己基因的鸭爸爸不知跑到哪里享乐去了。母鸭子根本不在意，明年还会有新基因。树木草丛中还有无数微弱的生灵，都在繁衍着自己的种族。太阳底下，每一分钟都如此短暂，都值得珍惜。

英国风物记  *A Cultural Guide to the British*

博物馆

　　大英博物馆里的每一件展品，都有强烈的叙事性，有一个深邃悠远的背景。黄金面具背后曾掩盖着一位国王的梦想，古罗马花瓶上浮动着一位帝王的奢华，佛像前有一位叹息着走远的王子。这些展品散发出的信息，需要用知识来梳理和捕捉。一旦获得了足够的信息，就转化成了历史表情，让过去露出了真面目。

　　大英博物馆里的 95 号展厅，展览着大卫·博西沃爵士（Sir David Percival）收藏的中国历代精美瓷器。其中 C645 号展品是明代青花开光人物盘。上面描绘着两位波斯女子、荷兰郁金香和中国传统装饰花纹。不同地域的图案融汇在一只青花瓷盘上，证明这是一件产自景德镇的青花外销瓷。它漂洋过海来到了岛国，进入了一位老贵族家。一位老贵族时常端详它，用食指弹一下边沿，瓷盘发出清脆悦耳的声音。又过了一个世纪，这只青花盘被大卫·博西沃爵士收藏。它背后有暗流涌动的东西方文化交流史、中国陶瓷史和英国航海史。这种联想有些缥缈，绝非不着边际。

　　展品中依然有很多疑团，漂浮在历史与想象之间。那种感觉如同我乘飞机时俯瞰大地一样。白云下面有蜿蜒的公路，汽车像甲壳虫一样爬动。汽车窗玻璃反射出一道阳光，如同向空中发射出的信号。我的目光锁定了一辆红色轿车，跟着它移动了一会儿，直到被云彩遮挡住。我不知道汽车里坐的是谁？他们的国籍？他们此刻的心情？我在博物馆里常涌起这种焦虑和渴求。每件展品的诞生都有一个故事，这些失落的故事便成了历史秘密，需要研究者去耐心破解。95号展厅的入口处是一对青花象鼻耳瓶。这对瓷瓶原供奉于北京智化寺。大卫·博西沃爵士在1927年收到其中一只，8年后买到了另一只，使之复合成双。1929年，英国学者霍布逊（R.L.Hobson）发现青花云龙纹象鼻耳瓶上有"元至正十一年"的字样。他的发现推翻了中国人"元代无精品青花"的说法。1952年，美国弗瑞尔艺术博物馆（The Freer Gallery of Art）研究员亚历山大·波普，以这个青花云龙纹象鼻耳瓶为"标准器"，对伊朗和土耳其的馆藏中国青花瓷进行了排比分析，查找到74件特征相同的青花瓷。他撰写的《中国14世纪青花瓷》，将中国青花瓷器的鼎盛岁月提前了一个朝代。

　　一切皆有学问。大英博物馆的墙壁上镌刻着英国诗人丁尼生（Alfred Tennyson，1809—1892）的诗句："让你的双脚，在此后的千百年里，都站在知识中间。"这就是博物馆的责任和力量。博物馆始于欧洲的文艺复兴时期，这是人类认识自我的开始。1682年，英国阿什莫林艺术和考古博物馆（Ashmolean Museum）向公众开放。老贵族阿什莫林将自己收藏的冷兵器、古币、徽章、服饰、古玩，以及民俗文物和动植矿物标本捐献给了牛津大学。这成了英国首家博物馆。汉斯·斯隆爵士在欧洲大陆旅游时，被希腊和罗马艺术所震撼，开始潜心研究和收集古希腊花瓶和欧洲古代艺术，共收藏7.1万多件文物。他回到伦敦后，担任了王室御医。为了能永久完好地保存的藏品，他将所有藏品转给了国王乔治二世，要求乔治二世象征性地为其后人支付2万英镑。乔治二世敕令建立博物馆，展出斯隆爵士的全部藏品。1753年6月7日英国议会通过法案，批准建立大英博物馆。1759年1月15日大英博物馆正式对公众开放。当时的博物馆是一栋17世纪的蒙塔古宫。博物馆的运作经费是博彩业提供的。很多贵族都捐出了自己的收藏，极大地丰富了大英博物馆的收

▲江西景德镇根据法国油画乐宴图烧制的瓷盘

英国风物记  A Cultural Guide to the British

▲ 元代青花云龙纹象鼻耳瓶

藏。汉密尔顿爵士把自己在欧洲大陆收藏的700多个古希腊花瓶、600件青铜器、6000枚硬币都捐给了大英博物馆。查理·汤尼捐赠了他在欧洲大陆收购的古希腊和古罗马雕塑。

伴随着大英帝国的崛起，英国考古学家深入到古文明发祥地，进行考古研究和收藏。古希腊石雕、埃及木乃伊、中国瓷器和西亚文明遗物，陆续汇集到了大英博物馆里。英国人很专业地管理了起来，开辟了埃及馆、希腊罗马馆、史前及早期欧洲馆、中世纪和近代欧洲馆、西亚馆、东方艺术文物馆等10个展厅，参观路径长达2.5千米。到了第二次世界大战之后，"文物主权"概念兴起。希腊政府多次要求收回雅典卫城上的石雕。"文物主权"其实是一个政治概念。当代人应该感谢那些古代文物的收藏者和保护者。那些被毁于内战的文物，毁在自己手里的文物，数不胜数，却无人忏悔和自责，最后只剩下了一声叹息。

大英博物馆的丰富收藏，为我们展示了人类变迁的不同侧面。里面的雕塑汇总排列在一起，就是一部人类雕塑美学史。古埃及重视几何图形，人物只会立正。到了古希腊，人懂得优雅和歇息。重力从双脚之间过渡到了一只脚上。人的脊柱如同一根莲茎，舒缓优雅，充满着律动感。到了欧洲文艺复兴时代，思辨精神让人找到了内心的平衡点。这种精神体现在雕塑上，便有了性格和精神。人物雕刻不仅传递出艺术审美，也有了精神内涵。艺术家似乎可以让石头具有表情和灵魂，让石头变成一团云朵，让观者有了一种飞扬向上的感觉。优秀的博物馆不仅有丰富的藏品，还可以最大限度地发掘出文物所蕴含的信息，展示其文化价值。

大英博物馆的镇馆之宝是埃及馆入口处的罗塞塔石碑（Rosetta Stone），高1.14米，宽0.73米，制作于公元前196年。一块石头上，刻上了一段文字，成了解读历史的钥匙。这就是文字的力量。石碑上用三种文字镌刻了古埃及国王托勒密五世登基的诏书，最上面是 14 行古埃及象形文，中间 32 行是埃及通用文字，再下面是 54 行古希腊文。当时的埃及臣服于希腊的亚历山大帝国，这就是碑文上有古希腊文字的原因。通过文字对比，考古学家就可以解读一直被视为"天书"的古埃及象形文字。这块罗塞塔石的来历十分曲折。拿破仑率领的法军在 1799 年占领了埃及，一位法军上尉在尼罗河三角洲上一个称为罗塞塔的港口发现这块石头。

▲大英博物馆的镇馆之宝罗塞塔石碑

法国军官认为这块黑色玄武岩石有研究价值，遂按其发现地被命名为罗塞塔石碑。1801 年，拿破仑的军队被英军打败投降。法军在撤退时，将罗塞塔石碑藏在一艘小船上，企图运回巴黎，却被英军截获。罗塞塔石碑在 1802 年时运抵英国，并且以英王的名义捐献给大英博物馆作为收藏，成了镇馆之宝。

希腊帕特农神庙石雕是又一镇馆之宝，又被称为埃尔金大理石雕像（The Elgin Marbles）。它是由第 7 代埃尔金勋爵托马斯·布鲁斯（Thomas Bruce）从希腊搬回英国的。当时托马斯·布鲁斯在 1798 年被英政府任命为驻奥斯曼帝国大使。托马斯·布鲁斯痴迷于古希腊雕塑。当时希腊在奥斯曼的统治下，卫城成了奥斯曼帝国的军事要塞。里面堆放着枪械和火药。统治者信仰伊斯兰教，对偶像和人物雕塑毫无兴趣。这些石雕经常被当地人烧成石灰，成为盖房的材料。埃尔金持有奥斯曼帝国苏丹王的特许证件，可以自由进出卫城。从 1801 年开始，托马斯·布鲁斯开始从帕特农神庙、雅典娜神庙上拆下石雕，整个过程历时 11 年，耗费 7 万多英镑。这些资金都是自掏腰包。他最初打算把这些石雕搬回自己在苏格兰的庄园，随之而来的离婚案让他几乎倾家荡产。当时很多欧洲买家打算高价收购这些石雕，托马斯·布鲁斯以低价卖给了英国政府。

这些精美壮观的古希腊石雕在 1816 年进入大英博物馆，与之相随的

▲ 本书作者采访大英图书馆研究员苏姗博士

还有那份苏丹王颁发的许可证，特许证原件已经不知去向，现存件是从意大利文翻译成英文。当年英国政府出资购买石雕，也是基于这份证书。有学者怀疑证书是伪造的。在当时的环境下，伪造证书也有可能。德国人辛德勒从纳粹手下拯救犹太人，用的也是伪造证件，结果是拯救无辜的生命。那些留在卫城里的石雕和石柱，长期遭受空气污染和酸雨的侵蚀。直到1993年，那些古希腊石雕才被搬到在卫城脚下的博物馆。在过去的三百年里，世界充满着动荡和暴力。大英博物馆是相对安全的地方。在第一次世界大战期间，大英博物馆担心伦敦遭受轰炸，于1917年把罗塞塔石碑等重要古物，转移到了霍本（Holborn）地铁站里，那里的地铁深达15米，可以抗御炸弹的轰炸。在第一次世界大战结束后，这些文物才又搬回到了大英博物馆。

　　大英博物馆收藏的中国文物达两万三千多件，囊括了中国艺术的全部类别，跨越了整个中国历史，包括刻本、书画、玉器、青铜器、陶器、饰品。主要是何鸿卿爵士（Sir Joseph Hotung）、大卫·博西沃爵士等名人捐赠的。大英博物馆内共有三处展出中国文物。第一处是33号展厅。这个展厅是香港商人何鸿卿爵士在1992年捐助200万英镑扩建而成。何鸿卿爵士爱好收藏，收藏有古玉、青铜器、瓷器和明清家具；第二处是比邻33号展厅的33b中国玉器展厅，该展厅集中展示何鸿卿家族收藏的中国玉器；第三处是95号中国瓷器展厅，主要是商人大卫·博西沃爵士收藏的中国历代瓷器精品近1700件。大卫·博西沃爵士在1950年把藏品捐赠给伦敦大学学院（UCL）。出于安保原因和观赏需求，大维德基金会把藏品转移到大英博物馆展出。除了这三处展馆，在1号启蒙展厅（Enlightenment）的贸易与发现主题展览中，也有中国民间神像、佛像，18世纪欧洲风格的中国瓷器、文房四宝等。

英国各类博物馆都与民间收藏有密切的互动联系。其中一些藏品就是来自民间。我去战争博物馆查阅鸦片战争的史料时，发现有英国军人在南京写给家人的信函。这是难得的一手史料。当我提出借阅时，馆员说这些都是家书，所有权归写信人的后代。博物馆只是代为保管，为它们编写了详尽的类别目录。借阅这些信函，需要首先通过博物馆联系写信人的后代。有的需要付费，有的则可以免费提供，但是使用时需要注明出处。这种博物馆的管理模式，最大限度地利用了民间收藏。这种经营和管理模式让伦敦拥有300多座博物馆。

英国还有很多小而奇的博物馆。割草机店主和工程师布莱恩·拉丹姆先生（Mr. Brian Radam）痴迷于收藏割草机。他在默西赛德郡的店铺二楼开办了割草机博物馆。从最早的大镰刀到马匹拉的割草机，从第一台半自动到全自动割草机，从名人割草机到专利设计图纸，完整展示了英国人的草坪修剪史，被誉为全球十大怪异博物馆之一。伦敦的街道里还藏着很多不知名的小博物馆。内尔·汉得利先生（Mr. Neil Handley）喜欢收藏各种眼球模型和老式眼镜，从古代的眼球解剖图，到维多利亚的人造眼球，还有老式眼镜等老物件。汉得利先生把地下室的两间屋子开辟成了博物馆。人们可以通过预约方式前来参观。他担任讲解，让眼球成了妙趣横生的人文知识。建筑大师约翰·索恩爵士（Sir John Soane）留给世人一座私家博物馆。他生前酷爱收藏，见到喜欢的老物件就购买，有青花瓷、印度象牙雕刻、伊朗琉璃、古罗马雕像、风景油画等。在他的居室里，他将收藏区和生活区分隔开来。这些古董让他陶醉和放松，也给他带来创意和灵感。他

▲孩子们在博物馆里上课学习，这样更直观也更有乐趣

英国风物记  A Cultural Guide to the British

▲ 维多利亚和阿尔伯特博物馆

去世时，留下了"应保证房间尽可能永远维持原状"的遗嘱。从这座博物馆里，我们可以窥见英国老贵族的爱好。自己活着时把玩欣赏老古董，去世后留给了社会，让后代参观和欣赏。

我个人十分喜爱维多利亚和阿尔伯特博物馆（V&A）。我把它视为艺术化的生活博物馆。这座博物馆有"快速反应收集"系统，主要收藏现代设计和家具工艺品，特别是那些与当代生活有密切联系的用品。这些展品按照主题、产地或年代划分，让人能在短时间了解到各类生活用品和艺术品的演变过程，如欧洲服饰和家具的历史沿革。很多展品将科学与艺术奇妙地结合在一起，充满感情和理性思维。这座博物馆里还收藏了一流的中国外销瓷和印度佛像。展品展示了各国的丰富历史文化，也启迪了思想家和艺术家们的思考。可以这样说，一个人对历史文化的认识有多深刻，对未来的理解也就有多透彻。

第三辑　游走与凝视

纪念碑

　　伦敦有各种纪念碑。纪念碑是对生命的尊重，对贡献者的纪念，也有对重大历史事件的记载和对政府失误的反思。各类纪念碑排列起来，足可以构成一部英国文化史。这些纪念碑是国民价值观的载体。当民众感到迷惘和无助时，纪念碑会告诉他们的来路，曾经的生命付出，进而激活国民的信心和思考。

　　在各类纪念碑中，军人纪念碑占据了最显眼位置。在英国政府机构所在地，有国家烈士纪念碑（Cenotaph）和"二战"妇女纪念碑。它们代表的是勇敢和舍生忘死。面对这两座纪念碑和军人塑像，两侧政府建筑如同列队致敬的将士，显得庄严肃穆。海德公园西侧的威灵顿凯旋门十分壮观，顶部铜雕是和平天使乘驷马战车报信。1815年6月，威灵顿公爵率领英国、荷兰、比利时和汉诺威联军，在滑铁卢击败了拿破仑率领的军队，改变了欧洲历史的走向。在伦敦市中心的特拉法加广场上，高44米的德文郡大理石柱上站着英国海军上将霍雷肖·纳尔逊。每当人们看到纳尔逊的雕像后，心头都会涌出纳尔逊反复强调的一句话，"英国要求人人恪尽职守"。正是在这句话的激励下，英国舰队打败了西法联合舰队，取得了特拉法加海战的胜利。纳尔逊面朝议会大厦，这是对英国议员的鞭策和期待。

　　大英图书馆汇集了人类的各类图书。当大英图书馆搬到新址圣潘克拉斯（St. Pancras）时，也小心翼翼地带走了一块铜匾。这块厚重的铜匾上铸造着150多个名字。他们是第一次世界大战期间应征入伍的大英图书馆馆

英国风物记  A Cultural Guide to the British

▲海军上将纳尔逊纪念柱

▲威灵顿凯旋门

▲伦敦白厅旁边的"二战"妇女纪念碑

▲英国的每个乡村都有烈士纪念碑

员,其中大部分战死疆场。这个铜匾镶嵌在员工出入的走廊一侧。我每次从这里走过时,都会不自觉地看一眼铜匾,心里有一种感动。这是对生命的尊重,也是在捍卫一种价值观。这个国家是将士们用鲜血和生命保卫下来的。活着的人都应该有一颗感恩之心。11月11日是第一次世界大战停战纪念日。为了不影响工作,纪念活动通常安排在11月的第二个星期日举行。到了这一天,英国王室和政要全体出动,在纪念碑前敬献花圈,默哀两分钟,纪念在"一战"和"二战"中牺牲的英国军人。全国民众都会自觉地在胸前别上一朵虞美人花。

威斯敏斯特教堂可以说是英国的石头博物馆。它是王室礼拜堂,也是国王加冕地。在这座教堂的圣坛旁、唱诗班席位中间和地下墓穴内,安葬着历代君主和名人。从登基御座到埋葬自己的墓穴,只有一步之遥。亨利七世的石棺位于中轴线末端,右侧是女王伊丽莎白一世,左侧是被她杀死的苏格兰女王玛丽。或许她们在天堂里已经握手言和。这里还有皇家飞行员礼拜堂。在1940年的不列颠空战中,皇家空军飞行员在这里祈祷后,迅速驾驶战机升空,抱着必死的决心,与德国纳粹飞机展开了惊心动魄的决战,最终赢得了胜利。礼拜堂的彩色玻璃窗上,描绘着飞行大队的徽章。在教堂里各种墓石和纪念碑中,最令人震撼的是一位无名烈士墓,里面埋葬着在"一战"中战死的英军士兵,无人知晓他的名字。他的遗体从欧洲战场运回来后,于1920年11月11日埋葬在教堂西端的大门内侧。这是教堂内唯一禁止踏足的墓地。

在这座王室教堂里面,"诗人角"的游客最多。这里的墓碑和塑像朴素,如同他们生前的日常生活。他们的政治地位不高,却吸引着最多的游客。这里会让人产生一种特殊的亲近感,仿佛是来到老朋友的墓地,还能记着他们说过的名句。教堂北廊矗立着多位科学家的纪念碑。牛顿的墓石位于教堂正面大厅中央,进化论创立者达尔文等许多重要科学家都安葬于此。这是英国人对科学和文化的尊重。科学家和文学家的地位,在英国甚至高于君主的地位。法国作家伏尔泰曾感慨:"走进威斯敏斯特教堂,人们所瞻仰的不是君王们的陵寝,而是国家为感谢那些为国增光的最伟大人物的纪念碑。这便是英国人民对于才能的尊敬。"

伦敦有很多学者、工程师和记者的纪念碑。这些雕塑都是具体的个人,而不是抽象的人民概念。知识分子和艺术家的雕像远多于政治家。伦敦舰队街附近的费特巷(Fetter Lane),矗立着约翰·维尔克斯(John Wilkes)的雕像。他是英国言论自由的倡导者和捍卫者,受到了民众的支持和尊敬。在金融城的皇家交易所旁有乔治·皮博迪(George Peabody,1795—1869)坐像。这位美国出生的金融家被誉为"现代慈善之父"。他在19世纪创立了皮博迪基金会,为伦敦贫民提供质高价廉的房子。他一直秉承着家族的清教徒传统,生活简朴,却乐善好施,向大学和研究机构捐助了800万美元。金融城授予了他荣誉市民称号。在皇家交易所背后的小巷内,有路透先生的石雕像。他于1851年在此地创立了路透社,向全世界提供时事新闻和金融数据。英格兰央行对面是工程师詹姆斯·格雷特黑德(James Greathead)塑像。世界上第一条地铁于1863年诞生在伦敦。当时开挖地下隧道极其复杂。工程师格雷特黑德研发出了气压盾构法施工工艺,能够在黏土层和含水沙层中施

▲ 地铁工程师詹姆斯·格雷特黑德纪念碑

工，奠定了现代化盾构法施工的基础。地铁的出现，极大地改变了都市人的出行方式。

伦敦不会忘记那些历史中的各路英雄。在泰晤士河北岸的国王霍华德七世纪念公园里，有英国航海家纪念石碑。1533 年 5 月，船长休·韦乐比爵士（Sir Hugh Willoughby）带领探险队，乘坐三艘帆船从这里出发，准备从东北航线，前往中国和印度寻找财富和香料。领航员是理查德·查斯勒（Richard Chancellor）。他们抵达挪威北角时遭遇巨大风浪袭击。船长和领航员失散，船长和几位探险者最后死在荒岛上。领航员理查德休整后继续前行，最后抵达莫斯科，打通了英格兰与莫斯科的海上贸易。

很多无辜牺牲者也有自己的纪念碑。这是后人的忏悔和反思。在克勒肯维尔（Clerkenwell）的圣詹姆斯教堂里，有一个木板上刻着被烧死的新教徒名字。玛丽一世在位 6 年期间，下令烧死了 200 多位新教徒，地点就在史密斯菲尔德（Smithfield）。玛丽女王企图用恐吓手段恢复天主教，最终还是失败了。1305 年，英格兰国王下令处死了苏格兰民族英雄威廉·华莱士，电影《勇敢的心》对这段历史有生动的描述。附近的圣巴塞洛缪医院（St Bartholomew's Hospital）墙壁上钉一块牌匾，纪念这位被残杀的英雄。这是伦敦无法回避的历史教训。这需要后人用坦诚心态看待自己的民族历史，而不是遮掩或保持沉默。这些纪念铭牌和纪念碑，是城市的良知，也是文明的里程碑。

第三辑　游走与凝视

行走伦敦

在伦敦住久了,就想换个角度细看伦敦。我询问老伦敦们哪里最值得深度游,答案几乎都一样,去圣保罗大教堂、白金汉宫、伦敦塔桥。他们接着补充一句,"过去比现在漂亮。现在游客太多啦!"老伦敦们很少去这些地方。他们更乐意躺在草坪上晒天阳,或者在长木椅上看书,像准备考试一样认真。其实就是图个清静。

伦敦似乎是一个独立王国,它与外面的精神连接是泰晤士河,物理连接是铁路和公路。它独立存在着。关于伦敦的旅游图书也是多如牛毛。这些作者或许留有私心,他们不鼓励游客们仔细观察他们的族群。这是英国文化的禁忌。我心里清楚,只有步行伦敦,才可以最大限度地贴近伦敦人的生活。一条条夹在街道小巷里的旅游路线,在上千年的厚重遗产中,脆弱如蜘蛛丝,却是牵引伦敦人前行的绳索。我们用两三天的时间,进行街巷深度游,从墙缝里抠出历史和人文气息,才会摸清伦敦的纹路肌理。

步行伦敦划分了29条行走路线。每条旅游路线的长度都在3.5—10千米。每条步道都有一个主题,有文学步道、美食步道、历史建筑步道,还有探访福尔摩斯的专门路线等。伦敦老城有三条步行路线:第一条是伦敦老城墙步道,主要是环绕着金融城的老城墙行走,沿途都镶嵌有铭牌和箭头;第二条是伦敦遗产游,主要是金融城内的历史文化遗产。伦敦金融城始于2000多年前的古罗马城堡,格局基本完整。金融城有自己的市长和警察系统。这让金融城有了不同的文化特征;第三条是为庆祝女王登基25

英国风物记  A Cultural Guide to the British

▲ 伦敦塔桥

周年设计的银禧之旅（Silver Jubilee Walk）。这些步行路线不仅可以带来视觉上的满足，还串联起了名人故居和历史大事件。它们是城市的血脉和神经。只有了解了它们的故事后，这座城市才会与你对话。

　　行走伦敦当然不必拘泥这些线路。你可以随意切入一个地方，然后以此为原点，展开自己的探索。每个社区居民都有近似的价值观念。或许是近似的价值观让他们聚合在了一起。大英博物馆附近的布卢姆茨伯里区（Bloomsbury）在1790年前后还是郊区。乔治四世下令在这里建造联排房。这里发展成了高档住宅区。到了维多利亚时期，中上层家庭更崇尚宽大的室内空间和精美装饰，不再欣赏那种紧凑朴素的乔治亚风格。这片高尚住宅区降为二流社区，房价随之大幅滑落。它所处的地理位置吸引了知识群体，逐渐形成了伦敦文人学者的聚居区。他们创作的文学作品也被称为布卢姆茨伯里流派。当维多利亚的繁复风格不再时髦，乔治亚风格再度兴起后，布卢姆茨伯里区又进入了高档社区行列。这里的环境是闹中取静，名人逸事荟萃。花园里的雕塑和简介会告诉你这里的演变过程。小说家和评论家住过的房屋外墙上，都钉着蓝色椭圆牌。

　　伦敦人尊重旧建筑，这使得伦敦保留着成片的维多利亚风格建筑。它们都有自己的故事和时代痕迹。在维多利亚时代，一栋楼里的住户可以分属不同阶层。底层是店铺，一楼住着店铺老板，这样便于看店和经营。二楼的售价最贵，有钱人通常住在二层。当时没有电梯，故三层以上居住者的社会地位逐渐降低，最上层是阁楼，仆人或打工者居住在那里。这种格局一直持续到了20世纪中期。电梯流行起来后，高层价格才变得昂贵起来。视野亮堂和安静是高层建筑的主要卖点。

在这个历史纵横的城市里，每个房子都恰好站在属于自己的位置，不远不近。它们是一个和谐的整体，看不到破坏天际线的广告。依据文物保护法，一些老朽不堪的建筑，只允许进行保护性改造，这保护了伦敦的精神和遗产。当你穿过一个广场，进入一条窄巷后，你在陌生中会发现惊喜，仿佛这个地方十分亲切，在静静等你的到来。紧接着，你会打量这个古朴的石头庭院。墙角有一个精致的石雕，底座布满绿苔。当你再拐入一条深巷时，似乎又进入了一个开放的建筑博物馆。即使某个重要建筑在战争中被毁，它们的位置也会清晰标识出来。肯辛顿的赫兰德公园曾有一座赫兰德公馆（Holland House）。这座詹姆斯风格的公馆曾经是伦敦名人的交际场所。浪漫诗人拜伦、作家狄更斯、苏格兰作家瓦尔特·司各特、保守党领袖本杰明·迪斯雷利等被邀请来这里参加宴会。这座公馆在"二

▼伦敦金融城的古迹

英国风物记  A Cultural Guide to the British

▲ 伦敦金融城旅游指示牌

战"期间被炸弹炸毁,幸存的部分改建成了青年旅社。这里有对原建筑的详细介绍。

我从寓所往东行走十多分钟,就到了樱草丘(Primrose Hill)。在这里可以眺望大半个伦敦。观景区前竖立着一块不锈钢指示牌,上面蚀刻着远处风景线上的建筑。从这里向南方眺望,视线越过摄政公园,落在伦敦眼和金融城的轮廓线上。我走下樱草山,搭乘274路公交车,只需四五站地,便抵达一个喧闹世界。喧闹的世界里有牛津街。从牛津街西行,直通海德公园,南行就到了白金汉宫。从白金汉宫辐射出的几条路,通向唐宁街和议会大厦。从商业中心到政治中心,是一种自然过渡。伦敦是一个多中心的都市,所有中心相互依托,又互为界限。

我最喜欢的是西区(West End)。西区方圆不足260万平方米,却集中40多家剧院。各种剧院海报贴在广告栏里,用霓虹灯照射到空中。西区在莎夫茨伯里大街(Shaftesbury Ave)和干草市场(Haymarket)两个街区范围内。现今的格局基本是20世纪30年代的模样。每家剧场年均上演388场。音乐剧《悲惨世界》和《歌剧魅影》的连续演出时间都超过30年。这两部歌剧分别在女王剧院和女王陛下剧院里演出。这些剧院一直坚守着老规矩,如剧院里严禁拍照。中场休息时,侍者们端着一个精致笸箩,兜售冰激凌、巧克力等零食。三楼吧台里出售果汁和红色果酒。在这里饮酒聊天的男人衣着讲究,女士穿着露肩长裙,保持着传统社交礼仪。女王剧院和中国城只有一街之隔,这里上演的是《悲惨世界》。广告上是衣衫褴褛的小女孩珂赛特。我在1988年赴英留学时,我的女儿还没有出生,珂赛特就站在那里。如今我的女儿已经在英国工作,她依然站在那里,俨然成了伦敦的一个文化地标。

人在社会中演绎出戏剧故事,又来到剧院观看戏剧化的人生。这是自我认知的过程。经常光顾剧院的人，身上自然就有了一种难以言说的气质。这让伦敦具有了其他都市难以模仿的文化品性。相比在伦敦的各种消费，剧院票价不算高，很多剧院都有打折票，让大众有机会接受戏剧文化的熏陶。我经常看到老师带学生们一起观摩歌剧，这是最好的教学体验课。我带着女儿去看歌剧《妈妈咪呀》时，发现所有观众几乎都能跟着哼唱。一些中年女观众戴着粉红丝巾，相约一起观看。到了剧情高潮时，她们站起来挥动丝巾，又扭又唱，如同进行着一次深度情绪按摩。

  风景和文化，唯有自己体验过了，才会印象深刻。在北伦敦的灰暗街道里，我看到一帮阿拉伯孩子对行人怒目而视，一位棕色皮肤的佝偻老人，在咖啡餐厅前的垃圾桶里翻找食物。伦敦的高房价，可以榨干一个人的梦想。对于伦敦来说，我只是一位租客。人生原本如寄，总有离别之日。英国人告别时总是说 Goodbye。Goodbye 其实是 God be with ye（愿上帝与你在一起）的缩写和转音。有上帝的陪伴，心里会多一些安慰。古人死亡率高，一次告别可能是永远的告别，所以英国人还爱说 Take care（保重）。这如同一个句号，让双方转身，开始自己的下一段旅程或生活。人走远了、走散了都没有关系，依然可以有自己的回忆。无论走到哪里，只要有适当的机会，那种记忆都会被激发出来，浮现出某个场景，或熟悉的味道。

参考书目

[1] Alain de Botton. The Art of Travel [M]. London: Penguin Group, 2002.

[2] Andrew Marr. A History of Modern Britain [M]. London: Macmillan, 2007.

[3] Bernard Price. The Story of English Furniture [M]. London: Butler & Tanner Ltd., 1979.

[4] Clotaire Rapaille. The Cultural Code [M]. New York: Broadway, 2006.

[5] David Hampshire. Living and Working in Britain [M]. London: Survival Books Limited, 2007.

[6] Felix Barker, Peter Jackson. London, 2000 Years of a City and its People [M]. London: Papermac, 1983.

[7] Henry Hitchings. Sorry! The English and Their Manners [M]. London: John Murray, 2013.

[8] Jeremy Paxman. The English [M]. London: Penguin Group, 1999.

[9] John Griffiths. Tea, A History of the Drink that Changed the World [M]. London: André Deutsch, 2011.

[10] Joseph, Frances Gies. Life in a Medieval Castle [M]. London: Harper & Row, 1979.

[11] Kate Fox. Watching the English, The Hidden Rules of English Behaviour [M]. London: Nicholas Brealey, 2008.

[12] Mary Russell Mitford. Our Village [M]. London: Bracken Books,

1992.

[13] Nick Martin. Guide to Modern Britain［M］. London：BBC Books，2009.

[14] Norah Lofts. Domestic Life in England［M］. Edinburgh：Morrison & Gibb Limited，1976.

[15] Sarah Lyall. A Field Guide to the British［M］. London：Quercus，2008.

[16] Simon Gunn，Rachel Bell. Middle Class，Their Rise and Sprawl［M］. London：Cassell & Co，2003.

[17] The Duchess of Devonshire. The House：Portrait of Chatsworth［M］. Pan Macmillan，1987.

[18] Tristram Hunt. The Frock-Coated Communist：The Revolutionary Life of Friedrich Engels［M］. London： Penguin Books，2009.

[19] Wikipedia 网站

[20] 阿萨·布里格斯. 英国社会史［M］. 北京：商务印书馆，2015.

[21] 保罗·索鲁. 到英国的理由：滨海王国之旅［M］. 合肥：黄山书社，2011.

[22] 葛桂录. 雾外的远音［M］. 银川：宁夏出版社，2002.

[23] 亨利·斯坦利·贝内特. 英国庄园生活：1150—1400年农民生活状况研究［M］. 上海：上海人民出版社，2005.

[24] 华盛顿·欧文. 英伦见闻录［M］. 上海：上海文艺出版社，2008.

[25] 姜德福，等. 转型时期英国社会重构与社会关系调整研究［M］. 北京：商务印书馆，2017.

[26] 马克曼·艾利斯. 咖啡馆的文化史［M］. 桂林：广西师范大学出版社，2007.

[27] 阎照祥. 英国史［M］. 北京：人民出版社，2014.

后　记

从伦敦回到北京的前一天，我从伦敦寓所去公司办点事。穿过繁花盛开的摄政公园，走在已经走了六年的路径上，我脑子里涌上很多画面。记得很早的一个夏日，我躺在公园草坪上晒太阳，土地蒸发出草的味道，草叶摩挲着我的脚丫。我闭着眼睛，听蜜蜂的嗡嗡声，感觉蜜蜂翅膀上粘满阳光。那年冬天落了细雪，我路过草坪时，竟然寻找起我曾晒太阳的那片草坪。那是属于我的个人记忆。当我最后一次走过这里，我放慢了脚步，搜寻我留在这里的痕迹。这已经是寻找当年的寻找了。如果我不写出来，我的记忆会如同那片雪地一样，慢慢融化掉。这成了我写本书的动因。手上有旅行笔记，读书心得。那些记忆和心底里的感受相互缠绕，牵动着我的思绪和情感。

作为职业记者，我在英国接触到了各行各业的人，上至首相和王室贵族，下至农夫和摊贩。我整日行走在英伦三岛。火车的哐当声、飞机的轰鸣声和汽车的马达声，时常与我的心跳有一种共振。这让我经常倾听内心的声音。这一职业培育了我的独特思维模式，既要尊重客观现实，也要有自己的分析和判断。如果鸡蛋确实好吃，则有必要探讨一下这只鸡蛋的来源。除了搞清楚母鸡的品种外，还要知道它吃的饲料，是自由散养，还是鸡笼饲养。一层层地深入探寻，才能由表及里。那些看似矛盾的社会现象，都会有合理的解释。

这需要深层次的文化解读。法裔美国学者克洛泰尔·拉帕耶（Clotaire Rapaille）在《文化密码》（*The Culture Code*）中总结了文化解读和分析的五大定律：第一，不要相信人们所说的话，而要研究他们为什么这么说。第二，情感是认知一切的内在能量。越能触及情感的内容，在大脑中烙下的印痕就越深刻。第三，在研究人的行为过程中，结构关系比行为更能传达本意。结构关系分为三部分，第一种是生物结构，如基因不同是区别人与动物的主要依据。第二种是文化结构，即每一种文化都有自己的语言、艺术和历史。第三种是人际关系。研究一个人与他人的关系，更容易了解此人的性格。第四，人记忆中所有印痕的形成都有时间窗口期。七岁以下孩子的活动范围主要在家庭。家庭环境对他们的成长和认知产生了重要影响。一个人接触的异域文化愈晚，其地域特征就愈明显。第五，若想了解一种文化含义，就需要掌握正确的文化密码。拉培雷的五大定律给我提供了思考的角度和分析方式。在撰写本书时，也帮我厘清了很多头绪。

英国是世界上被研究最多的欧洲国家。相比英国文化和议会政治对世界的影响，这种研究还远远不够。英国是一个多面体，每个人都可能有自己的解读。史实就在那里，如何翻检和解读，则需要研究者的视角和思考深度。一本书带着读者走多远多深，需要读者自己的体会和评判。从1988年去英国留学到现在，我一直在阅读英国历史文化图书，各种触动和不满足感，也是促使我撰写本书的动因之一。我深知我的文化视野不够宽阔，对英国政治和历史可能有误读，我衷心期待读者朋友的指正。

2018年3月16日

责任编辑：陈凤玲

图书在版编目（CIP）数据

英国风物记 / 张讴著. -- 北京：旅游教育出版社，2018.6

ISBN 978-7-5637-3737-6

Ⅰ．①英… Ⅱ．①张… Ⅲ．①英国—概况 Ⅳ．①K956.1

中国版本图书馆CIP数据核字(2018)第110671号

英国风物记

张讴 著

出版单位	旅游教育出版社
地 址	北京市朝阳区定福庄南里1号
邮 编	100024
发行电话	（010）65778403　65728372　65767462（传真）
本社网址	www.tepcb.com
E - mail	tepfx@163.com
排版单位	北京旅教文化传播有限公司
印刷单位	艺堂印刷（天津）有限公司
经销单位	新华书店
开 本	710毫米×1000毫米　1/16
印 张	17.5
字 数	291千字
版 次	2018年6月第1版
印 次	2018年6月第1次印刷
定 价	52.00元

（图书如有装订差错请与发行部联系）